本书受2019年国家民委教学改革研究项目"基于人力资源管理综合实训混合式教学设计"资助（

U0671457

人力资源管理综合实训

雷　婷　胡　玲/编著

■ 人力资源规划　　■ 组织结构设计　　■ 工作分析　　■ 员工招募与甄选
■ 培训与开发　　　■ 绩效管理　　　　■ 薪酬管理　　■ 员工关系管理

经济管理出版社
ECONOMY & MANAGEMENT PUBLISHING HOUSE

图书在版编目（CIP）数据

人力资源管理综合实训/雷婷，胡玲编著 . —北京：经济管理出版社，2020.6
ISBN 978 - 7 - 5096 - 7225 - 9

Ⅰ.①人…　Ⅱ.①雷…②胡…　Ⅲ.①人力资源管理—高等学校—教材　Ⅳ.①F241

中国版本图书馆 CIP 数据核字（2020）第 108239 号

组稿编辑：杨国强
责任编辑：杨国强　张瑞军
责任印制：黄章平
责任校对：张晓燕

出版发行：经济管理出版社
　　　　　（北京市海淀区北蜂窝 8 号中雅大厦 A 座 11 层　100038）
网　　　址：www. E - mp. com. cn
电　　　话：（010）51915602
印　　　刷：三河市延风印装有限公司
经　　　销：新华书店
开　　　本：720mm × 1000mm/16
印　　　张：18
字　　　数：333 千字
版　　　次：2020 年 8 月第 1 版　　2020 年 8 月第 1 次印刷
书　　　号：ISBN 978 - 7 - 5096 - 7225 - 9
定　　　价：58. 00 元

前　言

　　随着现代人力资源管理研究的深入，技能的不断提高，思维的不断创新，单一的人力资源理论教学已经不能满足高校教学的要求，激烈的就业竞争对学生的管理能力和实践能力提出了更高的要求。人力资源管理作为一门专业性、实践性较强的应用型学科，不仅要求学生有较强的理论功底，还需要学生具备解决工作中具体问题的能力。鉴于此，需要转变教学模式，通过实训教学和理论教学相结合的方式，平衡发展，突出实训教学的应用导向，将人力资源的专业知识、技能和方法渗透在实训中，并以学生为主导。本书的编写正是为了满足人力资源管理专业的实训教学改革要求。

　　本书以作者的实践教学经验为基础，从工商管理类专业的培养目标出发，以深化人力资源管理专业的理论知识、提高学生的应用实践能力。通过企业的实际背景，总结和提炼人力资源管理中涉及的常规工作，展现了企业人力资源管理工作的实践操作流程和内容。通过完成实际的工作任务，掌握人力资源管理的理论知识、工作方法和应用技巧，有助于提高学生在实际工作中解决问题的能力。本书根据企业人力资源管理的常规工作，一共分为八个章节，分别是人力资源规划、组织结构设计、工作分析、员工招募与甄选、培训与开发、绩效管理、薪酬管理和员工关系管理，每个章节包括理论知识回顾和实训项目两个部分，理论知识回顾对每个模块的理论知识进行了梳理，帮助学生在实训项目设计中查阅；针对每个模块的重点内容设计了 2～5 个实训项目，帮助学生提高实践操作和解决问题的能力，每个实训项目包括实训要求、知识要点、实训的实施流程、实训案例背景和实训报告五个部分。其中，人力资源规划、工作分析、员工招募与甄选、培训与开发、薪酬管理和员工关系管理是由北方民族大学管理学院人力资源系的雷婷老师完成的，组织结构设计和绩效管理是由北方民族大学管理学院副院长胡玲完成的，在前期整体结构设计和后期资料整理工作中，北方民族大学管理学院人力资源系的光晖老师、曹建巍老师、周浩宇老师也提出了建设性的意见，在此表示衷心的感谢！

　　本书适用于高等院校经济管理类专业本科生、研究生的学习和教学使用，既能够作为人力资源课程的实训教材，也能够作为理论课程的课后辅导；既能够按照章节顺序依次学习,也能够由授课教师灵活选择部分章节进行练习。本书从学生的角度出发,希望采用丰富多样的实训形式帮助学生掌握人力资源管理专业的知识、技能和技巧,熟练地将理论知识应用于实践,将课堂所学转化为自身的实际经验,从而适应新形势下经济管理类专业人才培养的需要。同时,本书也适用于企业及相关部门的在岗或者岗前培训,也可供对人力资源管理感兴趣的人员自学,或者作为人力资源管理人员熟悉实践操作的补充读物。

本书在编写的过程中,参考了一些教材、论文和网络资源等,借鉴并吸收了许多人力资源管理专家和同行的经验及成果,在本书后均有列出,在此一并表示感谢!

由于时间和水平有限,本书难免存在疏漏,敬请各位同行和读者予以批评指正。

目　录

第一章 人力资源规划设计

第一节 理论知识回顾

一、人力资源规划的概念

关于人力资源规划的概念分为狭义和广义两个方面。狭义方面：企业从战略规划和发展目标出发，根据其内外部环境的变化，预测企业未来发展对人力资源的需求，以及为满足这种需要所提供人力资源的活动过程。广义方面：企业所有各类人力资源规划的总称，是战略规划与战术计划（具体的实施计划）的统一。从规划的期限上看，人力资源规划可区分为长期规划（5 年以上）和短期计划（1 年及以内），介于两者之间的为中期规划。

二、人力资源规划的内容

人力资源规划包括两个层次，即总体规划与各项业务计划。

总体规划是关于计划期内人力资源开发利用的总目标、总政策、实施步骤及总的预算安排。

各项业务计划包括人员补充计划、人员使用计划、提升计划、教育培训计划、薪资计划、退休计划、劳动关系计划等。

其中，以下几个计划需要不断地更新与调整：

（1）晋升计划：晋升计划是使用计划中的重点，本质上是组织晋升政策的一种表达方式。对企业来说，有计划地提升有能力的人员，以满足职务对人的要求，是组织的一项重要以能；从员工个人角度看，有计划地提升能满足员工自我实现的需要。晋升计划一般用指标表达，如晋升到上一级职务的平均年限和晋升比例。

（2）补充计划：补充计划也是人事政策的具体体现，目的在于合理填补组织中长期内可能产生的职位空缺。补充计划是与晋升计划密切相关的。由于晋计划的影响，组织内的职位空缺逐级向下移动，并最终积累在较低层次的人员需求上。这同时也说明，低层次人员的吸收、录用必须考虑若干年后的使用问题（如退休等）。

（3）培训开发计划：培训开发计划的目的是为企业中长期内所需弥补的职位空缺事先准备人员。在缺乏有目的、有计划的培训开发计划的情况下，员工自己也会培养自己，但效果未必理想，也未必符合组织中职务的要求。当我们把培训开发计划与晋升计划、补充计划联系在一起时，培训的目的性就很明确了，培训的效果就明显提高。

（4）调配计划：组织内的人员在未来职位的分配上是通过有计划的人员内部流动来实现的，这种内部流动计划就是调配计划。

（5）薪酬计划：为了确保未来的人工成本不超过合理的支付限度，薪酬计划也是必要的。未来的薪酬总额取决于组织内的员工是如何分布的，不同的分布状况则其成本是不同的。

三、人力资源规划的程序

人力资源规划的程序即人力资源规划的过程，一般可分为以下几个步骤：收集研究信息资料、人力资源供求预测、人力资源规划的制定、人力资源规划的执行。

（一）收集研究信息资料

信息资料是制定人力资源规划的依据。一般情况下，与人力资源规划有关信息资料包括三个方面：①经营战略；②经营环境；③人力资源现状。

（二）人力资源供求预测

在收集和研究与人力资源供求有关的信息后，就要选择合适的预测方法，对人力资源的供求进行预测。

（三）人力资源规划的制定

根据供求预测的不同结果，对供大于求和供小于求的情况分别采取不同的政策和措施，使人力资源达到供求平衡。同时，应注意各项业务计划的相互关系，以确保它们之间的衔接与平衡。

（四）人力资源规划的执行

执行人力资源规划是人力资源规划的最后一项工作，主要包括实施、审查与评价、反馈三个步骤。

四、人力资源需求分析与预测

（一）人力资源信息分析

人力资源信息的分析，指的是根据人力资源规划的任务和目的，将通过人力资源调查所取得的原始数据进行分类和汇总，并对其进行再加工，使之成为人力资源评价指标的过程。

通过广泛的人力资源调查，可以得到大量的人力资源信息，但这些繁杂的人力资源信息并不能直接用于人力资源的规划工作，而是需要经过专门的加工。只有对原始的人力资源信息进行加工和处理后，才能使之转变成为各种符合规范的、具有规划价值的人力资源指标。

1. 人力资源信息

（1）人力资源数量。人力资源规划中对人力资源数量的分析，重点在于探求现有的人力资源数量是否与企业的业务量相匹配，也就是检查现有的人力资源配置是否符合一个机构在一定业务量内的标准人力资源配置。人力资源数量是一个重要的分析指标。

（2）员工类别。通过对员工类别进行分析，可体现一个企业业务的重心所在。员工类别包括了诸如业务序列（如营销人员、生产人员、技术人员）和职能序列（如行政人员、财务人员）等。

（3）员工素质。指对员工素质的分析，分析现有工作人员的受教育程度及受培训状况，如学历等。一般而言，受教育与培训程度在一定程度上反映了工作知识和工作技能的情况。

（4）年龄结构。对员工的年龄结构进行分析，可以按年龄段统计出公司人员的年龄分配情况，得出公司人员的平均年龄。从而了解员工是日趋年轻化还是日趋老化，员工吸收新知识、新技术的能力，员工工作的体能负荷，工作职位或职务的性质与年龄大小的可能的匹配要求，这些均将影响组织内员工的工作效率和组织效能。企业员工的理想年龄分配应呈金字塔形，顶端代表 50 岁以上的高龄员工；中间部位次多，代表 35~50 岁的中龄员工；底部人数最多，代表 20~35 岁的低龄员工。

（5）职位结构。根据管理幅度原理，主管职位与非主管职位应有适当的比例。通过分析人力结构中主管职位与非主管职位，可以显示组织中管理幅度的大小，以及部门与层次的多少。如果一个组织中主管职位太多，可能导致组织结构不合理，管理控制幅度太狭窄，部门与层次太多，工作程序繁杂，沟通协调的次数增加，浪费很多的时间，并容易导致误会和曲解。由于本位主义，造成相互牵制，势必降低工作效率，出现官僚作风。

此外，还有人力资源存量信息，如员工期初数、期末数等；人力资源效率信息，如人均工资、人均利润等；招聘效率信息、培训效率信息、绩效信息等。

2. 人力资源信息的分析过程

第一阶段是对原始人力资源信息的审核阶段。通过初次审核，对发现的问题进行及时补救或纠正。

第二阶段是分类汇总阶段。采用相关的技术，对初次审核通过的人力资源信息进行分组、汇总和计算。

第三阶段是二次审核阶段。对整理好的人力资源信息再一次进行审核，并根据审核中发现的问题，再次进行补救或纠正。

第四阶段是形成信息资料阶段。用精练的文字、直观的数据和图表等表达形式，简明扼要地描述人力资源信息。

第五阶段是综合分析阶段。采用各种分析技术和手段，对人力资源信息进行综合分析和计算，按评价指标体系的规范要求形成各种可用来进行规划的数据。

3. 人力资源信息的分析方法

人力资源信息分析的方法可以按照定性和定量进行分类。人力资源信息分析的定量方法是统计分组法。统计分组法是指将大量的原始人力资源信息（或资料）分组归类后，把同质的信息归纳在一起，并进行统计。根据数量的多少，被统计的人力资源信息的性质和特征会显现出来。统计分组法既是人力资源信息处理的基本方法，也是人力资源信息分析的基本方法之一。由于统计分组法是社会经济统计中的一种重要方法，很多有关统计方面的书籍都有详细的介绍，这里不再赘述。

人力资源信息分析的定性方法通常包括分析法和综合法。分析法是把人力资源信息按内容不同分解为个别属性、某一局部或某一方面；综合法是把人力资源信息的各个属性、各个部分或每个方面归纳为一个整体加以阐述。在分析法和综合法中，分析是综合的基础，综合是分析的总结。通过分析和总结可以更进一步地了解和把握企业整体和各个部分的人力资源状况，由对人力资源现象的观察发展成对人力资源状况的全面认识，由感性认识上升为理性认识，为人力资源规划工作打下坚实可靠的信息基础。

4. 人力资源信息分析报告的撰写

人力资源信息分析资料是对企业相关人力资源信息分析的结果，由于这些分析资料往往以分析报告的形式呈现，因而一般也称为人力资源信息分析报告。人力资源信息分析报告对人力资源现象的内在联系和发展规律进行了高度概括，是人力资源规划的重要依据。

一份人力资源信息分析报告，在结构框架上一般包括四部分内容。首先要明确提出所要分析的问题，其次要有分析问题的过程，再次要有分析问题的结论，最后要提出相应的对策措施。

在编写人力资源信息分析报告的时候，需要注意以下五个方面的问题：

（1）主题要突出。人力资源信息分析报告要围绕主题来确定整个报告的结构和脉络。

（2）论点和论据要一致。人力资源信息分析报告既要有明确的论点，又要有可靠的论据作为支撑，或者说观点和材料要统一，材料是观点的基础，而观点是对具体材料的归纳和概括。

（3）定性分析和定量分析相结合。性质和数量是各种人力资源信息的两个方面，在对人力资源信息进行分析的时候，缺一不可。在定性分析中要善于应用例证，在定量分析中要用好各种人力资源数据。

（4）分析推理要具有逻辑性。分析报告中使用的概念要明确，思路要清晰，方法要科学，推理要严密，判断要有理有据。

（5）文字要简练，语言要通俗。人力资源信息分析报告都是短文章，文字要简练，语言要通俗，不要使用晦涩难懂的词汇和追求华丽的修辞。

（二）人力资源需求预测

人力资源需求预测是指根据企业的发展规划和内外条件，选择适当的预测技术，对人力资源需求的数量、质量和结构进行预测。人力资源需求预测是人力资源规划中最重要、最复杂的方面之一。人力资源需求预测要在内部条件和外部环境的基础上做出，必须符合现实情况。人力资源需求预测所涉及的影响因素与企业经营过程中所涉及的影响因素是相同的。

1. 人力资源需求预测的影响因素

人力资源需求预测的影响因素有外部环境因素和内部因素。外部环境因素主要有劳动力市场的变化，政府相关政策的变化，行业发展状况的变化。内部因素主要有企业目标的变化，员工素质的变化，组织形式的变化，企业最高领导层的理念。

此外，在进行人力资源需求预测时，还要掌握预测中的定性、定量、时间和概率四个基本要素，以及四个要素之间的相互关系。人力资源需求预测的定性要素是指在预测之前，必须先对企业人力资源发展的性质进行叙述性的、非定量的描述，以便对企业人力资源发展的大致方向和趋势有初步的了解。定性要素是人力资源需求预测的出发点，是企业进行正确的人力资源需求预测的基础。人力资源需求预测的定量要素是指利用具体的数据来描述企业人力资源发展的规模、速度和结构等多方面的特征，对企业人力资源进行定量的较为具体的描述。

由于企业的人力资源发展和变化是一个以时间为基本变量的函数，随着时间的变化，企业人力资源数量、结构等都会随之发生变化。因此，时间要素是企业进行人力资源需求预测中不可或缺的重要因素之一。企业在进行人力资源需求预测时，需要对所预测的诸如人力资源数量、结构等预测对象实际发生变化的可能性，即概率进行估计和描述，以确定预测对象发生变化的可能，因此，概率也是企业人力资源需求预测中一个不可或缺的重要因素。

2. 人力资源需求预测方法

（1）定性方法。

1）德尔菲法。德尔菲法是 20 世纪 40 年代末在兰德公司的"思想库"（位于加利福尼亚州的圣大莫尼卡）中发展起来的。该方法的目标是通过综合专家的意见来预测某一领域的发展。德尔菲法是一种特别的专家意见咨询方法，是一种能避免专家之间的相互影响及"从众行为"，并能够逐步达成一致意见的结构化方法。专家们的选择依据是专家们对影响组织的内部因素的了解程度。专家既可以是组织内部的专家，也可以是外聘专家。例如，在估计未来某公司对人力资源的需要时，可选出公司的计划、人事、市场、生产和销售等部门的经理作为专家。

使用该方法时，必须避免专家们面对面地集体讨论，因为成员间存在着身份和地位的差别，这会使一些专家因不愿批评其他专家而放弃自己的合理主张。为此，还必须有一个中间人或协调员把第一轮预测过程中专家们提出的意见集中起来加以归纳后反馈给专家们，然后重复这二循环，使专家们有机会修改自己的预测并说明修改的原因。一般重复 3~5 次后，专家们的意见可趋于一致。

使用德尔菲法应遵循下列原则：

第一，给专家提供充分的信息使其能够做出判断，即给专家提供已收集到的历史资料及有关的统计分析结果。

第二，所问的问题应是被问者都能回答的问题。

第三，不要求精确，允许专家们预计数字，并让专家们说明预计数字的肯定程度。

第四，尽量简化，特别是不要问没有必要问的问题。

第五，保证所有专家能从同一角度去理解自己的定义、概念及分类等。

第六，向高层领导部门和决策人说明预测的益处，特别是说明其对生产率和经济收益的影响，以争取高层领导和决策人的支持。

2）经验预测法。经验预测法是企业根据以往的经验对人力资源进行预测的方法，简便易行。采用经验预测法是根据以往的经验进行预测，预测的效果受经验的影响较大。企业在有人员流动的情况下，如晋升、降职、退休或调出等，可以采用与人力资源现状规划相结合的方法来制定规划。

3）现状规划法。现状规划法是一种最简单的预测方法，较易操作。现状规划法是假定企业保持原有的生产技术不变，则企业的人力资源也应处于相对稳定的状态，即企业各种人员的配备比例和人员的总数将完全能适应预测规划期内人力资源的需要。在此预测方法中，人力资源规划人员所要做的工作是先测算出在规划期内有哪些岗位上的人员将得到晋升、降职、退休或调出本组织，然后准备调动人员去弥补。

4）分合性预测法。分合性预测法是一种常用的预测方法，采取先分后合的方式。这种方法的第一步是企业组织要求下属各个部门、单位根据各自的生产任务、技术设备等的变化情况对本单位将来对各种人员的需求数进行综合预测，在此基础上，把下属各部门的预测数进行综合平衡，从而预测出整个组织将来某一时期内对各种人员的需求总数。分合性预测法要求在人事部门或专职人力资源规划人员的指导下进行，使下属各级管理人员能充分发挥其在人力资源预测规划中的作用。

5）描述法。描述法是人力资源规划人员对本企业组织在未来某一时期的有关因素的变化进行描述或假设，并从描述、假设、分析和综合中对将来人力资源的需求进行预测规划。由于这是假定性的描述，因此人力资源需求有几种备选方案，目的是适应和应对环境因素的变化。

6）标杆法。标杆法是选取国内外本行业中最先进的企业作为标杆，与其主要的经济和人力资源管理指标进行对照比较，找出差距，明确追赶发展方向的方法。该方法在 20 世纪 90 年代开始流行。

（2）定量方法。

1）回归分析法。回归分析法是一种定量的预测方法，是通过建立人力资源需求与其影响因素之间的函数关系，从影响因素的变化来推测人力资源需求量的变化的一种数学方法。回归分析既有一元回归、二元回归和多元回归之分，又有线性回归和非线性回归之别。此处主要讨论一元线性回归和多元线性回归预测法。①一元线性回归预测法。一般只有在某一因素与人力资源需求量具有高度线性相关关系时才运用一元线性回归预测法。在应用一元线性回归预测法进行预测时，首先必须预测自变量和因变量之间的相关系数。②多元线性回归预测法。在实际工作中，影响企业人力资源需求的因素往往不止一个，而是多个主要因素共同决定了企业人力资源需求量，且多个主要因素与人力资源需求量之间呈线性关系，因此需要建立多元线性回归方程。多元线性回归预测法与一元线性回归预测法不同，多元线性回归预测法是一种根据事物变化的因果关系进行预测的方法：该方法不再把时间、产量或收入单个因素作为自变量，而是将多个影响因素作为自变量。多元回归分析能够确定多个变量之间的关联模式，运用事物之间的各种因果关系，根据多个自变量的变化来推测与之相关的因变量的变化。

2）趋势外推法。趋势外推法是时间序列法中最简单的一种方法。时间序列法还包括移动平均法、指数曲线法，由于这两种方法不经常使用，因此这里只介绍比较简单易行的趋势外推法。

趋势外推法是当企业人力资源需求量在时间上表现出明显的均等趋势时才使用的方法。具体做法是将企业人力资源需求量作为纵轴，时间作为横轴，在坐标轴上直接绘出人力资源需求曲线。

根据人力资源需求曲线可以预测企业未来某一时间点的人力资源需求量。趋势外推法的缺点是过于简单，只能预测人力资源需求量的大概走势，不能提供有关人力资源质量的数据，趋势外推法的优点是实用性比较强，只要将横坐标换成对人力资源需求影响显著的因素如工作任务、销售额、销售量、生产率等，就可以用这种方法来预测完成一定的工作量所需的人力资源数量。具体操作方法是先对同类工作所需要的人力资源数量的散点图进行分析，再根据散点的走势来判断工作量或其他因素的变化对人力资源数量的影响。

3）比率分析法。比率分析法是以组织中某些关键因素和所需要的人力资源数量两种因素的比率为依据，某些因素包括销售额、关键技能员工的数量等。

4）工作负荷预测法。工作负荷预测法是指按照历史数据、工作分析的结果，先计算出某一特定工作每单位时间（如一天）内每人的工作负荷（如产量），再根据未来的生产量目标（或者劳务目标）计算出所需要完成的总工作量，然后依据前一标准折算出所需要的人力资源数量。这种方法考虑的对象是企业工作总量和完成工作所需的人力资源数量之间的关系，是每位员工的工作负荷和企业总体工作量之间的比率。可用公式表示：未来每年所需员工数 = 未来每年的工作总量/每年每位员工的工作负荷 = 未来每年的总工作时数/每年每位员工的工作时数。

因此，工作负荷预测法的关键部分是准确预测出企业总的工作量和员工的工作负荷。当企业所处的环境、劳动生产率增长速度比较稳定时，这种预测方法比较方便，预测效果也比较好。

5）劳动定额预测法。劳动定额是对劳动者在单位时间内应完成的工作量的规定。$N = W/Rq$，其中，N 为企业人力资源需求量，W 为计划期任务总量，q 为企业制定的劳动定额，R 为部门计划期内生产率变动系数。$R = R1 + R2 + R3$，其中，$R1$ 为企业技术进步引起的劳动生产率提高系数，$R2$ 为由经验积累产生的劳动生产率提高系数，$R3$ 为由于员工年龄增长及某些社会因素产生的劳动生产率下降系数。

6）计算机模拟预测法。计算机模拟预测法是人力资源需求预测中最复杂也是最精确的一种方法。计算机模拟预测法被比喻为在"虚拟的世界"里的实验，能综合考虑各种因素对企业人员需求的影响。该方法主要应用在计算机模拟的虚拟环境中，对组织可能面临的外部环境的变化及自身复杂的动态进行分析，从而得到未来人力资源需求的配置方案。随着信息技术的广泛应用和计算机的普及，这种方法将逐渐得到普遍应用。

3. 人力资源需求预测步骤

人力资源需求预测分为现实人力资源需求、未来人力资源需求和未来流失人力资源需求预测三部分。具体内容如下：

（1）根据职务分析的结果，确定职务编制和人员配置。

（2）进行人力资源盘点，统计出人员的缺编、超编及是否符合职务的资格要求。

（3）将上述统计结论与部门管理者进行讨论，并修正统计结论。

（4）该统计结论为现实人力资源需求预测。

（5）根据企业发展规划，确定各部门的工作量。

（6）根据工作量的增长情况，确定各部门还需增加的职务及人数，并进行汇总统计。

（7）该统计结论为未来人力资源需求预测。

（8）对预测期内退休的人员进行统计。

（9）根据历史数据，对未来可能发生的离职情况进行预测。

（10）将（8）、（9）统计和预测的结果进行汇总，得出未来流失人力资源需求预测。

（11）将现实人力资源需求、未来人力资源需求和未来流失人力资源需求预测进行汇总，即得企业整体人力资源需求预测。

五、人力资源供给预测

人力资源供给预测是预测在未来某一时期，企业内部所能供应的（或经由培训可能补充的）及外部劳动力市场所提供的一定数量、质量和结构的人员，以满足企业为达成目标而产生的人员需求。从供给来源看，人力资源供给分为外部供给和内部供给两个方面。

（一）人力资源供给的影响因素

人力资源的供给主要受外部的人力资源市场和企业内部的人力资源市场两个因素的影响。

1. 外部人力资源市场

（1）社会生产规模的大小。一般来说，社会生产规模越大，企业的数量越多，规模越大，对人力资源的需求越多。

（2）国家的经济体制。经济体制是国民经济管理制度和方法的总称，合理、有效的经济体制有利于形成合理的区域和产业经济结构，有利于资源的高效配置，吸收容纳更多的社会人力资源，扩大社会人力资源的需求数量。

（3）经济结构状况。经济结构对人力资源需求的影响，主要是通过产业结构和所有制结构表现出来的。产业结构一般分成第一产业、第二产业和第三产业。三次产业的资本有机构成明显不同，第二产业中的重工业最高，轻工业和第三产业次之，第一产业最低。一般来讲，对企业进行同样的投资，资本有机构成高的企业对人力资源需求较少，而资本有机构成低的企业对人力资源需求较多。因此，合理的产业结构对人力资源需求具有十分重要的影响。

（4）所有制结构。所有制本质上取决于生产的技术水平和行业的要求。一般来说，技术水平越高，吸收一个劳动力需要的投资越大，或者说同样的投资，投入高科技行业的所有制企业较少需要一般的劳动人员。而技术水平越低，同样的投入会吸收更多的人力资源就业。在我国，一般是大型国有企业技术水平较高，集体企业技术水平次之，小型私有企业最低。因此，根据生产力发展水平、国家整体技术水平调整所有制结构，尤其是大力发展与现有生产力发展水平相适应的民营经济，更有利于扩大对社会人力资源的需求。

（5）科学技术进步。科学技术进步对人力资源需求的影响体现在两个方面。一是科学技术进步引起了劳动生产率和资本有机构成的提高，使提供同样一个就业岗位所需的资金增加，而且通过提高原有的固定资产的资本有机构成，也绝对地减少了企业对劳动力的需求量。二是科学技术进步又促进了人力资源需求的增加，主要表现在科技进步使劳动生产率提高，使企业利润增长速度高于工资上涨速度，有利于利润的增加和生产规模的扩大，因此扩大了对人力资源的需求；科技进步导致新兴工业部门的出现和领域的扩展，从而扩大了对人力资源的需求；科技进步大力促进了生产力的发展和人民生活水平的提高，充分满足了人民的各种需要，促成了大量新职业的出现和第三产业的发展，使人力资源需求进一步扩大。

2. 企业内部人力资源市场

企业内部人力资源市场遵守企业内部的惯例、章程或者制度等进行活动。

企业内部人力资源供给主要是分析在职员工的年龄分布和离职及退休人数，从人员减少和流动的情况来分析探讨人力资源供给情况。此外，在企业内部人力资源的充分利用方面，如提升、转岗等活动也是值得研究的。

分析企业内部人力资源供给时应先从现有的员工着手。一般情况下，企业人力资源供给除了考虑社会人力资源市场的供需情况外，还需考虑其他企业的竞争。为了避免人力流失或损耗，管理人员必须对造成员工损耗的因素加以分析。

导致员工损耗的因素可分为员工受到企业外部的吸引所引起的"拉力"和企业内部所引起的"推力"。

"拉力"的内涵包括：员工渴望转到其他企业，以求较高的收入和较好的发展机会；社会就业机会多，员工到外边可找到较好的工作；员工的心理问题；员工已到退休年龄、已婚妇女怀孕或因结婚而不外出工作等。以上这些都可能导致人力资源耗损。

"推力"的内涵包括：企业对人力资源的规划不完整，人事政策不稳定，裁减员工等；员工对工作认识不够深入，或不能适应新的工作环境，员工缺勤多、流失多造成的人手不足，诸多因素造成现职员工的压力大，迫使员工辞职；人际关系的冲突容易造成员工的不满；工作性质或工作标准的改变，会使某些员工对工作失去兴趣或无法适应而辞职。

（二）人力资源供给预测方法

1. 企业内部人力资源供给预测

（1）技能清单法。一般是将员工技能依次罗列出来，体现员工的特征和能力，包括所接受的培训课程、以前的经验、持有的证书、通过的考试、监督判断能力，甚至包括对其实力或耐心的测试情况。技能清单能体现各种关键能力，便于对公司人力资源的充分了解和对人力资源的协调，尤其是在公司裁员或者改变组织结构时尤为重要。

一般来说，技能清单应包括七大类信息：①个人数据。年龄、性别、婚姻状况。②技能。教育经历、工作经验、培训经历。③特殊资格。专业团体成员、特殊成就。④薪酬和工作历史。现在和过去的薪酬水平、加薪日期、承担的各种工作。⑤公司数据。福利计划数据、退休信息、资历。⑥个人能力。在心理或其他测试中的测试成绩、健康信息。⑦个人特殊爱好。地理位置、工作类型。

技能清单的主要优点是提供了一种迅速和准确地估计组织内可用技能的工具，尤其是随着计算机和网络技术的广泛使用，技能清单的制作和使用都越来越便利。除了为晋升或调动决策提供帮助之外，技能清单还可以用于规划未来培训甚至员工招聘工作。

技能清单既可以用于所有员工，也可以仅包括部分员工，当然不同员工类型的技能清单，其具体项目可以根据需求进行修改和调整，以反映员工类型的主要特征。例如，管理人员技能清单除了上述七类主要信息外，还应包括管理者过去的绩效、优缺点、提升潜力评估等信息。

（2）马尔可夫分析法。马尔可夫分析方法是找出过去人事变动的规律，以此推测未来人事变动趋势的一种常用方法。

（3）管理人员接替计划法。对于管理人员供给的预测，最简单有效的方法是制订管理人员接替计划，如加拿大安大略省交通部共有员工10300人（管理人员2600人，工会会员7700人），对1300个中、高层管理职位制订接任计划，将工作分成5种主要职能和8种次要职能，在每年鉴评后由主管确定后备人员在下一年度是否提升，形成人员接替模型。

2. 企业外部人力资源供给预测

预测外部人力资源供给所面对的影响因素有很多，如技术进步，消费模式及消费者行为、喜好、态度的改变，本地及国际市场的变化，经济环境及社会结构的转变，政府政策法规的修订等。企业外部的人力资源供给受整个社会经济及人口结构因素影响，政府的教育政策和劳动、人事政策也有一定的影响力。原则上，统计局应该提供社会整体就业、整体劳动、人事政策及增加的人力资源的数量和素质等情况，作为预测人力资源供给的依据。

（三）人力资源供给预测步骤

在预测未来的人力资源供给时，要明确的是企业内部人员的特征，包括年龄、级别、素质、资历、经历和技能。必须收集和储存有关内部人员的发展潜力、可晋升性、职业目标，以及参与的培训项目等方面的信息。

技能档案是预测人力资源供给的有效工具，包括每个人员在技能、能力、知识和经验方面的信息，这些信息的来自工作分析、绩效评估、教育和培训记录等。技能档案不仅可以用于人力资源规划，而且可以用来确定人员的调动、提升和解雇。

外部人力资源供给预测通常可参考公布的统计资料，如每年大学毕业生的人数，企业的用人情况等。预测某些人力资源的市场供给情况是供大于求还是供小于求，以便采取相应的对策。

（1）人力资源供给预测是对将来能从内部和外部得到的员工的数量和质量进行预测。

（2）人力资源供给预测的具体步骤：①进行人力资源盘点，了解企业员工的现状。②分析企业的职务调整政策和历史员工的调整数据，统计出员工调整的比例。③向各部门的人事决策者了解可能出现的人事调整情况。④将②、③的情况汇总，得出企业内部人力资源供给预测。⑤分析影响外部人力资源供给的地域性因素。⑥分析影响外部人力资源供给的全国性因素。⑦根据⑤、⑥的分析，得出企业外部人力资源供给预测。⑧将企业内部人力资源供给预测和企业外部人力资源供给预测汇总，得出企业人力资源供给预测。

六、人力资源供求平衡

（一）人力资源供求平衡的影响因素

虽然一些企业业务高速发展却缺乏相应的人才，员工的频频辞职或跳槽使工作难以为继，工作效率的低下使企业的竞争力大受影响。通过人力资源规划，能够达到企业人力资源的供求平衡。

企业人力资源短缺的原因，即影响人力资源供求平衡的因素主要包括以下几个方面。

（1）业务高速发展。业务高速发展与企业有无人员的短期需求规划、业务长期发展有无妥当的人才梯队建设、业务面临突破或转型时有无人才储备等因素有直接的关系。

（2）人员流动。人员流动通常包括人员的流入、流出、晋升、降职及退休、离职等情况。人力资源规划必须掌握本行业、本企业的人员流动率有多少，各类型的流动占总流动的比例，有没有对人员流动做好准备，尤其是对关键业务的人员储备是否充分。

（3）培训与开发。企业的有些岗位经常缺乏合适的人才，重要的原因就是没有预先规划，培训不足，造成员工的称职度较低。同样，由于晋升通道的狭窄和不确定，很多员工感觉在企业的职业生涯已经到顶，为求更好的发展而离职。

（4）绩效管理。企业现有人员的绩效不高，使人员相对缺乏，其原因往往是由于在规划中缺乏科学的绩效管理办法。绩效管理可以确定合理的人员安排方案，对优秀的人才选拔晋升，对绩效欠佳者及早培训，将不合格的员工调岗或辞退。

（二）人力资源供求动态平衡

企业人力资源供求达到平衡（包括数量和质量）是人力资源规划的目的。企业人力资源供求关系有三种情况：人力资源供求平衡；人力资源供大于求，导致组织内部人浮于事，内耗严重，生产或工作效率低下；人力资源供小于求，企业设备闲置，固定资产利用率低，也是一种浪费。人力资源规划是要根据企业人力资源供求预测结果，制定相应的政策措施，使企业未来人力资源供求实现平衡。

（1）企业人力资源供求平衡。企业人力资源供求完全平衡这种情况极少见，甚至不可能，即使是供求总量上达到平衡，也会在层次、结构上发生不平衡。企业应依具体情况制定供求平衡规划。

（2）企业人力资源供不应求。当预测企业的人力资源在未来可能发生短缺时，要根据具体情况选择不同方案以避免短缺现象的发生。①将符合条件而又处于相对富余状态的人调往空缺职位。②如果高技术人员出现短缺，应拟订培训和晋升计划，在企业内部无法满足要求时，应拟订外部招聘计划。③如果短缺现象不严重，且本企业的员工又愿延长工作时间，则可以根据有关法规，制订延长工时适当增加报酬的计划，这只是一种短期应急措施。④提高企业资本技术有机构成，提高员工劳动生产率。⑤聘用临时工。如返聘已退休者或聘用小时工等。

总之，以上这些措施，虽是解决组织人力资源短缺的有效途径，但最为有效的方法是通过科学的激励机制，以及培训提高员工生产业务技能，改进工艺设计等方式，来调动员工积极性，提高劳动生产率，减少对人力资源的需求。

（3）企业人力资源供大于求。解决企业人力资源供大于求的常用方法如下：①永久性辞退某些劳动态度差、技术水平低、劳动纪律观念差的员工。②合并和关闭某些臃肿的机构。③鼓励提前退休或内退，对一些接近而还未达退休年龄者，应制定一些优惠措施，如提前退休者仍按正常退休年龄计算养老保险工龄，有条件的企业，还可一次性发放部分奖金（或补助），鼓励提前退休。④提高员工整体素质，如制订全员轮训计划，使员工始终有一部分在接受培训，为企业扩大再生产准备人力资本。⑤加强培训工作，使企业员工掌握多种技能，增强其竞争力。鼓励部分员工自谋职业。⑥减少员工的工作时间，随之降低工资水平。⑦采用由多名员工分担以前只需一名或少数几名员工就可完成的工作和任务，企业按工作任务完成量来计发工资的办法。减少员工工作时间，降低工资水平。

在制定平衡人力资源供求的政策措施过程中，不可能是单一的供大于求、供小于求，往往最大可能出现的是某些部门人力资源供过于求，而另几个部门可能供不应求，也许是高层次人员供不应求，而低层次人员却供过于求。所以，应具体情况具体分析，制定出相应的人力资源部门或业务规划，使各部门人力资源在数量、质量、结构、层次等方面达到协调平衡。

七、人力资源规划的编写

（一）制定人力资源规划的原则

（1）充分考虑内部、外部环境的变化。人力资源计划只有充分地考虑了内、外环境的变化，才能适应需要，真正做到为企业发展目标服务。内部变化主要指销售的变化、开发的变化，或者说企业发展战略的变化，还有公司员工的流动变化等；外部变化指社会消费市场的变化、政府有关人力资源政策的变化、人才市场的变化等。为了更好地适应这些变化，在人力资源计划中应该对可能出现的情况做出预测和风险变化，最好能有面对风险的应对策略。

（2）确保企业的人力资源保障。企业的人力资源保障问题是人力资源计划中应解决的核心问题。它包括人员的流入预测、流出预测、人员的内部流动预测、社会人力资源供给状况分析、人员流动的损益分析等。只有有效地保证了对企业的人力资源供给，才可能进行更深层次的人力资源管理与开发。

（3）使企业和员工都得到长期的利益。人力资源计划不仅是面向企业的计划，也是面向员工的计划。企业的发展和员工的发展是互相依托、互相促进的关系。如果只考虑企业的发展需要，而忽视了员工的发展，则会有损企业发展目标的达成。优秀的人力资源计划，一定是能够使企业个员工达到长期利益的计划，一定是能够使企业和员工共同发展的计划。

（二）人力资规划的编写步骤

由于各企业的具体情况不同，编写人力资源计划的步骤也不尽相同。下面是编写人力资源计划的典型步骤，读者可根据企业的实际情况进行裁减。

（1）制定职务编制计划。根据企业发展规划，结合职务分析报告的内容，制定职务编制计划。职务编制计划阐述了企业的组织结构、职务设置、职务描述和职务资格要求等内容。制定职务编制计划的目的是描述企业未来的组织职能规模和模式。

（2）制定人员配置计划。根据企业发展规划，结合企业人力资源盘点报告，制定人员配置计划。人员配置计划阐述了企业每个职务的人员数量，人员的职务变动，职务人员空缺数量等。制定人员配置计划的目的是描述企业未来的人员数量和素质构成。

（3）预测人员需求。根据职务编制计划和人员配置计划，使用预测方法，预测人员需求预测。人员需求中应阐明需求的职务名称、人员数量、希望到岗时间等。最好形成一个标明有员工数量、招聘成本、技能要求、工作类别，以及为完成组织目标所需的管理人员数量和层次的分列表。实际上，预测人员需求是整个人力资源规划中最困难和最重要的部分。因为它要求以富有创造性、高度参与的方法处理未来经营和技术上的不确定性问题。

（4）确定人员供给计划。人员供给计划是人员需求的对策性计划。主要阐述了人员供给的方式（外部招聘、内部招聘等）、人员内部流动政策、人员外部流动政策、人员获取途径和获取实施计划等。通过分析劳动力过去的人数、组织结构和构成以及人员流动、年龄变化和录用等资料，可以预测出未来某个特定时刻的供给情况。预测结果勾画出了组织现有人力资源状况以及未来在流动、退休、淘汰、升职及其他相关方面的发展变化情况。

（5）制定培训计划。为了提升企业现有员工的素质，适应企业发展的需要，对员工进行培训是非常重要的。培训计划中包括了培训政策、培训需求、培训内容、培训形式、培训考核等内容。

（6）制定人力资源管理政策调整计划。计划中明确计划期内的人力资源政策的调整原因、调整步骤和调整范围等。其中，包括招聘政策、绩效考评政策、薪酬与福利政策、激励政策、职业生涯规划政策、员工管理政策等。

（7）编写人力资源部费用预算。主要包括招聘费用、培训费用、福利费用等费用的预算。

（8）关键任务的风险分析及对策。每个企业在人力资源管理中都可能遇到风险，如招聘失败、新政策引起员工不满等，这些事件很可能会影响公司的正常运转，甚至会对公司造成致命的打击。风险分析是通过风险识别、风险估计、风险驾驭、风险监控等一系列活动来防范风险的发生。

人力资源计划编写完毕后，应先积极地与各部门经理进行沟通，根据沟通的结果进行修改，最后在提交公司决策层审议通过。

第二节　实训项目一　人力资源需求预测

一、实训要求

要求学生理解人力资源需求预测的概念，掌握影响人力资源需求预测的主要因素、预测人力资源需求的主要方法等理论知识。做好实训前的知识储备，如梳理理论知识、相关书籍、典型案例等。

要求学生运用所学知识，结合案例背景，选择恰当的方法对背景公司的人力资源需求进行初步预测。

二、人力资源需求预测的一般流程

（1）梳理企业中各个部门的职务，根据职务分析的结果，确定职务编制和人员配置。

（2）进行人力资源盘点，确定企业员工性别、年龄、学历等基本信息的人数及分布情况，确定企业是否存在与现在各岗位的编制数量不符的情况。

（3）把上述两个步骤的统计结果进行汇总，分析企业目前人力资源存在的主要问题，并与相关部门管理者进行讨论，修正统计结果，形成人力资源的实际需求情况。

（4）根据人力资源的需求进行未来人力资源的需求预测，根据企业整体的战略规划，确定各部门工作量。根据工作量的增长情况，确定各部门还需要增加岗位人数，并进行汇总设计。

（5）汇总结果与各部门和管理者进行讨论，最终确定的结果即是未来人力资源的需求。

（6）统计预测期内的退休人数，或者根据历史数据，估计未来可能发生的离职人数。把统计和预测结果进行汇总，得出未来流失的人力资源需求。

（7）将现实人力资源需求、未来需求和未来流失需求汇总，得到整体的人力资源需求预测。

三、实训的实施流程

（1）做好实训前准备，根据提前准备的资料和相关理论梳理，结合背景公司的人力资源管理现状，列出影响其人力资源需求的因素及特点。

（2）将学生分为 4～6 人的小组，以便于进行讨论。

（3）每组学生根据分析的结果，确定采用哪几种方法对案例中的人力资源需求进行分析。

（4）调动学生积极发言，让每组学生进行充分的分析和讨论，并在小组内部形成统一的结论，由小组代表进行汇报。

（5）各小组根据讨论内容编写实训报告。

四、实训案例背景①

某连锁快餐店人力资源规划

某深圳连锁快餐店至 2019 年末共有 30 家分店，分店全部位于深圳。该快餐店总部设有：总经理（1 名）、人事部（经理 1 名，员工 7 名）、财务部（经理 1 名，员工 10 名）、市场部（经理 1 名，员工 15 名）、采购部（经理 1 名，员工 15 名）。每家分店设有：店长 1 名、收银员 1 名、电话接听员 1 名、服务员 5 名、外卖员 5 名、厨师 5 名、理菜员 5 名。员工全部为全职员工。该快餐店处于高速上升阶段，但该快餐店顾客投诉居高不下，顾客抱怨种类繁多。该快餐店为改善管理于 2019 年末制定企业经营战略：认为企业应该快速地给顾客提供绿色、营养的餐点，并且为顾客提供满意的服务。为了形成企业核心竞争力，企业应当坚持差异化战略，不断地为顾客推出新的餐品，满足顾客多样化的口味需求。抓住时机，在高质量发展的基础上追求高速度发展。为了该战略的有效实施，企业决定在人力资源管理上做出规划与管理改善。

该快餐店认为短期内应当扎根深圳，争取在三年之内成为深圳领先的本地快餐业龙头企业，在 2020 年，公司准备新开 10 家门店，而到 2022 年末快餐店有望拥有 50 家分店。据调查显示，顾客普遍抱怨点餐排队太长，服务员太忙，服

---

① 耿华章. B 公司组织结构优化设计［D］. 西北大学博士学位论文，2019.

务不周，而且外卖送餐速度太慢。为改善顾客满意度，经过时间研究，快餐店认为应当将每家分店收银员增至4名，服务员增至8名，外卖员增至8名。快餐店同时发现，深圳本地高校许多学生有兼职打工诉求，这些学生工资要求不高，但素养高，是可以利用的有效资源。快餐店决定每家分店使用50%的兼职学生员工，考虑到学生的本职为学习，只能中午或晚上工作半天，设定2名学生员工顶一名全职员工，也就是标准快餐分店人员配置为：6名收银员（其中4名为兼职），服务员12名（其中8名为兼职），外卖员12名（其中8名为兼职）。其他类别员工公司不打算招聘兼职员工。

快餐店总部为改善外卖点餐效率和妥善处理电话投诉，打算将所有投诉电话接听、外卖点餐业务集中到总部，准备取消各分店电话接听员，设立客服部，该客服部采用信息化技术处理外卖点餐业务，预设经理1名，员工10名。公司这一决定让现有各分店电话接听员人心惶惶，不知未来何去何从。为加强对各快餐店规范化的管理，用规范化的途径改善顾客投诉，准备设立管理部，主要职责为视察、监督各分店的运营状况，预设经理1名，员工5名。同时快餐店认识到人力资源的重要作用，只有优秀的员工才能从根本上解决顾客抱怨、改善顾客满意度，因此准备扩充人力资源部，员工将增设5名，总员工人数达到10名。在关注人力资源部的同时，快餐店发现员工流动率很高，外卖员和服务员的年离职率达到20%，而其他岗位离职率也在10%。所幸现有员工队伍普遍还比较年轻，没有员工在短期内退休。为留住优秀员工，公司决定推行内部晋升制，将内部员工优先提升、员工吃苦耐劳精神、优秀的素养作为公司的三条用人原则。

快餐店发现，如果要满足顾客多样化的口味需求，必须像麦当劳、真功夫那样经常性地推出新餐品，这对厨师的要求很高，这类厨师是市场上的稀缺资源，很难从外部获得，厨师队伍的培养，厨师创新积极性的激发提上日程。同时，采取怎样的规范化服务方式与服务态度以更好地满足顾客也应该成为快餐店中所有员工学习的共同内容，企业文化的建设与宣传应当同时跟上。最好在新员工入职时就应当将对待顾客和对待创新的思想与行为灌输进新员工的脑海里。公司决定起用学生兼职员工，那么这类新员工的培训问题也应当得到重点的关注。

实训任务：

（1）可以采用哪些分析计算基数进行该次人力资源需求预测？请说明理由。

（2）对该企业现阶段的人力资源进行需求预测。

五、实训报告

在实训结束后，每位同学必须撰写实训报告，实训报告要求文字简练、条理清晰、观点明确。实训报告的参考模板如下所示：

人力资源需求预测

一、人力资源现状分析

1. 人力资源盘点

（1）人员分布情况（企业各类员工）：

职位类型	管理人员	技术人员	营销人员	操作人员	……
占比情况					

结果分析：

（2）年龄分布情况：

年龄分布	25～30岁	31～35岁	36～40岁	……
占比情况				

结果分析：

（3）学历分布：

学历分布	专科及以下	专科	本科	……
占比情况				

结果分析：

（4）离职率：

年份	2017	2018	2019
人力资源总量			

结果分析：

（5）地域分布：

地域分布	本地	西部	……
分数（百分比）			

结果分析：

（6）现状分析结果汇总：

2. 人力资源现状：

3. 人力资源存在的主要问题

二、人力资源需求预测及分析

1. 企业战略目标

2. 人力资源战略

3. 企业未来五年人力资源调整计划

第一年：

第二年：

第三年：

第四年：

第五年：

4. 根据战略目标预测人力资源总需求

年份＼类型	管理人员	技术人员	营销人员	……	辅助人员
总需求					

原因分析：

5. 人力资源的净需求

年份＼类型	管理人员	技术人员	营销人员	……	辅助人员
净需求					

第三节　实训项目二　人力资源供给预测

一、实训要求

要求学生理解人力资源供给预测的含义、步骤、主要内容和方法等理论知识，做好实训前的知识储备。

要求学生运用所学知识，结合案例背景，通过查找资料、走访相关行业等工作进行人力资源供给预测。

二、人力资源供给预测的一般流程

（1）进行人力资源盘点，了解员工现状。

（2）分析组织的职务调整政策和历史员工调整数据，统计出员工调整的比例。

（3）向各部门的人事决策者了解可能出现的人事调整情况。

（4）将（2）和（3）的情况汇总，得出组织内部人力资源供给预测。

（5）分析影响外部人力资源供给的地域性因素。

（6）分析影响外部人力资源供给的全国性因素。

（7）根据（5）和（6）得出组织外部的人力资源供给预测。

（8）将组织内部人力资源供给预测和组织人力资源供给预测汇总，得出组织整体的人力资源供给预测。

三、实训的实施流程

（1）做好实训前准备，根据提前准备的资料和相关理论梳理，结合背景案例的人力资源管理现状和需求，对企业内部和外部的人力资源供给进行预测。

（2）将学生分为4~6人的小组，以便于进行讨论。

（3）每组学生根据分析的结果，得出组织整体的人力资源供给预测。

（4）调动学生积极发言，让每组学生进行充分的分析和讨论，并在小组内部形成统一的结论，由小组代表进行汇报。

（5）各小组根据讨论内容编写实训报告。

四、实训案例背景

本实训要求根据《某连锁店餐点人力资源规划》的背景资料，结合本模块实训项目的要求，自行查找快餐行业的内外部环境资料，对公司人力资源供给的主要因素进行分析，并进行初步的人力资源供给预测，且撰写一份调查报告。

实训任务：

（1）分析影响企业人力资源供给的因素。

（2）撰写企业人力资源供给预测的调查报告。

五、实训报告

在实训结束后，每位同学必须撰写实训报告，实训报告要求文字简练、条理清晰、观点明确。实训报告的参考模板如下所示：

人力资源供给预测

一、员工调整比例

1. 调整依据

2. 调整比例

类型	管理人员	技术人员	营销人员	……	辅助人员
调整比例					

二、内部人力资源供给预测

1. 内部环境分析

2. 内部供给的影响因素

3. 内部人力资源供给分析

类型	管理人员	技术人员	营销人员	……	辅助人员
供给数量					

三、外部人力资源供给分析

1. 外部环境分析

2. 地域性因素

3. 全国性因素

4. 内部人力资源供给分析

四、人力资源供给分析

1. 内部人力资源供给

2. 外部人力资源供给

3. 供求关系分析

第四节　实训项目三　人力资源规划撰写

一、实训要求

要求学生理解人力资源规划的原则、内容和步骤等理论知识，做好实训前的知识储备。

要求学生运用所学知识，结合案例背景，通过查找资料、走访相关行业等工作，尝试编制基本的年度人力资源规划。

二、人力资源规划编写的一般流程

（1）制定职务编制计划。

（2）制定人员配置计划。

（3）预测人员需求。

（4）确定人员供给计划。

（5）制定培训计划。

（6）制定人力资源管理政策调整计划。

（7）编写人力资源部费用预算。

（8）关键任务的风险分析及对策。

三、实训的实施流程

（1）做好实训前准备，根据提前准备的资料和相关理论梳理，结合背景案例的人力资源管理现状和需求，编写相应的人力资源规划。

（2）将学生分为 4~6 人的小组，以便于进行讨论。

（3）每组学生根据分析的结果，确定编写人力资源规划案例时需要考虑的因素。

（4）调动学生积极发言，让每组学生进行充分的分析和讨论，并在小组内部形成统一的结论，由小组代表进行汇报。

（5）各小组根据讨论内容编写实训报告。

四、实训案例背景

张某几天前才调到一个生产电机公司的人力资源部当助理，就接受了一项紧迫的任务，要求他在 10 天内提交一份本公司 3 年的人力资源规划。虽然张某从事人力资源管理工作已经多年，但面对桌上一大堆文件、报表，不免一筹莫展。经过几天的整理和苦思，他觉得要编制好这个规划，必须考虑下列各项关键因素：

首先是本公司现状。公司共有生产与维修工人825人，行政和文秘性白领职员143人，基层与中层管理干部79人，工作技术人员38人，销售员23人。其次，据统计，近五年来职工的平均离职率为4%，没理由预计会有什么改变。不过，不同类别的职工的离职率并不一样，生产工人离职率高达8%，而技术人员和管理干部则只有3%。再者，按照既定的扩产计划，白领职员和销售员要新增10% ~15%，工程技术人员要增加5% ~6%，中、基层干部不增也不减，而生产与维修的蓝领工人要增加5%。有一点特殊情况要考虑：最近本地政府颁布了一项政策，要求当地企业招收新职工时，要优先照顾妇女和下岗职工。本公司一直未曾有意排斥妇女或下岗职工，只要他们来申请，就会按同一种标准进行选拔，并无歧视，但也未予特殊照顾。如今的事实却是，销售员除一人是女性外全是男性；中、基层管理干部除两人是妇女外，其余也都是男性；工程师里只有三名妇女；蓝领工人中约有11%妇女或下岗职工，而且都集中在最低层的劳动岗位上。

张某还有5天就要交出计划，其中包括各类干部和职工的人数、从外界招收的各类人员的人数以及如何贯彻市政府关于照顾妇女与下岗人员政策的计划。此外，电机公司刚开发出几种有吸引力的新产品，所以预计公司销售额五年内会翻一番，张某还要提出一项应变计划以备应付这类快速增长。

实训任务：

（1）通过查询与案例同行业的现状，分析张某在编写人力资源规划时需要考虑到哪些因素？

（2）为该企业编制一份3年的人力资源规划。

五、实训报告

在实训结束后，每位同学必须撰写实训报告，实训报告要求文字简练、条理清晰、观点明确。实训报告的参考模板如下所示：

人力资源规划

一、概述

（一）目的

（二）适用范围

（三）基本原则

二、内外环境分析

（一）企业内部信息

1. 企业战略

2. 业务计划

第一阶段：略

第二阶段：略

第三阶段：略

为了便于阶段性工作的了解和操作思路的清晰，下面把基础阶段的工作分别进行具体阐述：略

（二）外部环境信息

1. 宏观经济形势和行业经济形势

2. 竞争现状

3. 劳动力市场状况

4. 人口和社会发展趋势

三、人力资源现状分析

（一）企业战略

（二）人力资源战略

（三）人力资源现状分析

（四）人力资源管理存在的主要问题

四、人力资源需求预测

（一）公司整体人力资源结构现状分析

（二）公司人力资源未来流失预测

（三）人力资源需求分析

1. 招收补充方面

2. 引进、素质培养提升方面

（四）人力资源需求人员分析

职位、任职要求、工作职责

（五）人力资源净需求

（六）人力资源需求预测结果

五、人力资源供给预测

（一）人力资源供给分析

1. 内部劳动力市场分析

2. 外部劳动力市场分析

（1）宏观经济状况

（2）劳动力市场

（3）法令法规

（二）人力资源供给预测

1. 内部劳动力市场供给预测（范文示例）

预测内容主要包括：技能清单、员工职位、年龄、工作经历、技能、学历和职责、所掌握的语言、兴趣和嗜好（若有需要）、持有的牌照和证书、潜能强项和弱项、训练课程、研讨会和进修记录、职业设计和工作意愿、工作地域意愿、下属及工作项目和特派职务等。

2. 外部劳动力市场供给预测

外部人力资源供给预测常可参考公布的统计资料，如每年大学毕业生的人数，企业的用人情况等。预测某些人员的市场供给情况是供大于求还是供小于求，以便于采取相应的对策。

六、人力资源供需平衡分析

1. 预估人力资源可供量

2. 确定人力资源净需求

七、人力资源具体规划的制定

（一）人员配置计划

人员配置计划是关于公司中长期内不同职务、部门或工作类型的人员的分布状况的计划方案。具体描述公司未来的岗位设置、需要人员数量、资格要求以及职位空缺情况等。

（二）人员补充计划

围绕战略规划目标，对人力资源的人员补充计划是结合公司确定的政策和措施，根据公司需要补充人员的岗位、数量及对人员的要求等，选择人员补充渠道、补充方法，并据此制定人员招聘计划、晋升计划、内部人员调整计划和相关预算等的计划方案。

1. 外部招聘

2. 内部整合

（三）培训开发计划

培训需求分析是培训工作的首要问题，主要是了解组织的培训出于何种目的及需求要素如何等。一般从组织、工作及人员三个方面进行分析。

1. 培训方式

2. 措施及要求

八、绩效与薪酬福利计划

九、职业生涯规划或职业发展计划

十、员工关系计划

十一、人力资源费用预算

第二章　组织结构设计

一、组织结构的概念

在管理学中，可以从静态和动态两个方面理解组织的含义。静态方面，指的是组织结构，即反映人、职位、任务以及它们之间的特定关系的网络。动态方面，指的是维持与变革组织结构以实现组织目标的工作过程。正确认识组织结构的含义，必须把握三方面的要素：

（1）组织结构决定了组织中的正式报告关系；

（2）组织结构明确了将个体组合成部门、部门再组合成整个组织的方式；

（3）组织结构包含了确保跨部门沟通、协作的制度设计。

二、常见的企业组织结构类型

（一）直线制

直线制是企业发展初期一种最简单的组织结构，如图 2-1 所示。

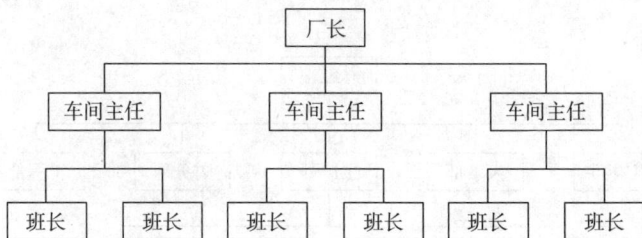

图 2-1　直线制组织结构

（1）特点。领导的职能都由企业各级主管一人执行，上下级权责关系呈一条直线。下属单位只接受一个上级的指令。

（2）优点。结构简化，权力集中，命令统一，决策迅速，责任明确。

（3）缺点。没有职能机构和职能人员当领导的助手。在规模较大、管理比较复杂的企业中，主管人员难以具备足够的知识和精力来胜任全面的管理，因而不能适应日益复杂的管理需要。

这种组织结构形式适合于产销单一、工艺简单的小型企业。

（二）职能制

职能制组织结构与直线制恰恰相反。它的组织结构如图2-2所示。

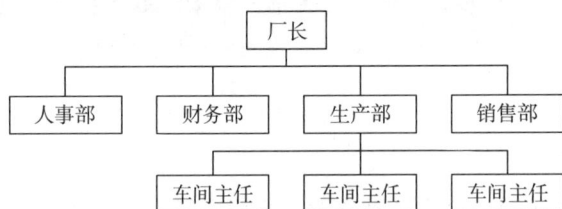

图2-2　职能制组织结构

（1）特点。企业内部各个管理层次都设职能机构，并由许多通晓各种业务的专业人员组成。各职能机构在自己的业务范围内有权向下级发布命令，下级都要服从各职能部门的指挥。

（2）优点。不同的管理职能部门行使不同的管理职权，管理分工细化，从而能大大提高管理的专业化程度，能够适应日益复杂的管理需要。

（3）缺点。政出多门，多头领导，管理混乱，协调困难，导致下属无所适从；上层领导与基层脱节，信息不畅。

（三）直线职能制

直线职能制吸收了以上两种组织结构的长处而弥补了它们的不足，如图2-3所示。

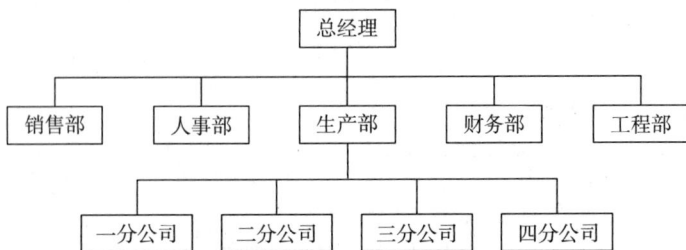

图2-3　直线职能式组织结构

（1）特点。企业的全部机构和人员可以分为两类：一类是直线机构和人员；另一类是职能机构和人员。直线机构和人员在自己的职责范围内有一定的决策权，对下属有指挥和命令的权力，对自己部门的工作要负全面责任；而职能机构和人员，则是直线指挥人员的参谋，对直线部门下级没有指挥和命令的权力，只能提供建议和在业务上进行指导。

（2）优点。各级直线领导人员都有相应的职能机构和人员作为参谋和助手，因此能够对本部门进行有效的指挥，以适应现代企业管理比较复杂和细致的特点；而且每一级又都是由直线领导人员统一指挥，满足了企业组织的统一领导原则。

（3）缺点。职能机构和人员的权利、责任究竟应该占多大比例，管理者不易把握。

直线职能制在企业规模较小、产品品种简单、工艺较稳定又联系紧密的情况下，优点较突出；但对于大型企业，产生或服务品种繁多、市场变幻莫测，就不适应了。

（四）事业部制

事业部制是目前国外大型企业通常采用的一种组织结构。它的组织结构如图2-4所示。

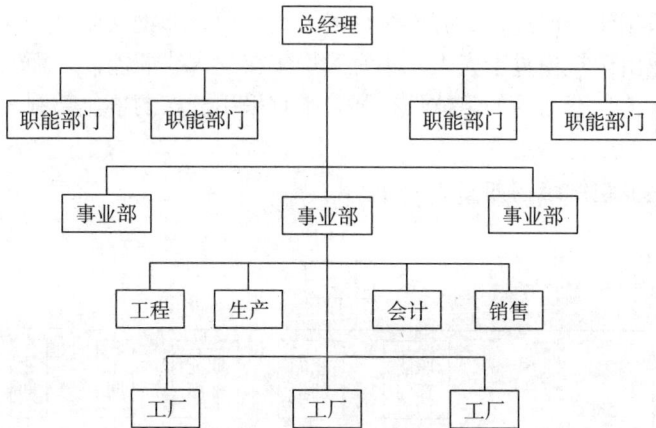

图2-4 事业部制组织结构

（1）特点。把企业的生产经营活动，按照产品或地区的不同，建立经营事业部。每个经营事业部是一个利润中心，在总公司领导下，独立核算、自负盈亏。

（2）优点。有利于调动各事业部的积极性，事业部有一定经营自主权，可以较快地对市场做出反应，一定程度上增强了适应性和竞争力；同一产品或同一地区的产品开发、制造、销售等一条龙业务属于同一主管，便于综合协调，也有利于培养有整体领导能力的高级人才；公司最高管理层可以从日常事务中摆脱出来，集中精力研究重大战略问题。

（3）缺点。各事业部容易产生本位主义和短期行为；资源的相互调剂会与既得利益发生矛盾；人员调动、技术及管理方法的交流会遇到阻力；企业和各事业部都设置职能机构，机构容易重叠，且费用增大。

事业部制适用于企业规模较大、产品种类较多、各种产品之间的工艺差别较大、市场变化较快及要求适应性强的大型联合企业。

（五）模拟分散管理制

模拟分散管理制又叫模拟事业部制，是介于直线职能制与事业部制之间的一种组织结构。

（1）特点。它并不是真实地在企业中实行分散管理，而是进行模拟式独立经营、单独核算，以达到改善经营管理的目的。具体做法是：按照某种标准将企业分成许多"组织单位"，将这些单位视为相对独立的"事业"，它们拥有较大的自主权和自己的管理机构；相互之间按照内部转移价格进行产品交换并计算利润，进行模拟性的独立核算，以促进经营管理的改善。

（2）优点。简化了核算单位，在一定程度上能够调动各组织单位的积极性。

（3）缺点。各模拟单位的任务较难明确，成绩不易考核。

它一般适用于生产过程具有连续性的大型企业，如钢铁联合公司、化工公司等，这些企业由于规模过于庞大，不宜采用集权的直线职能制，而其本身生产过程的连续性又使经营活动的整体性很强且不宜采用分权的事业部制。

（六）矩阵制

矩阵制企业组织结构如图2-5所示。

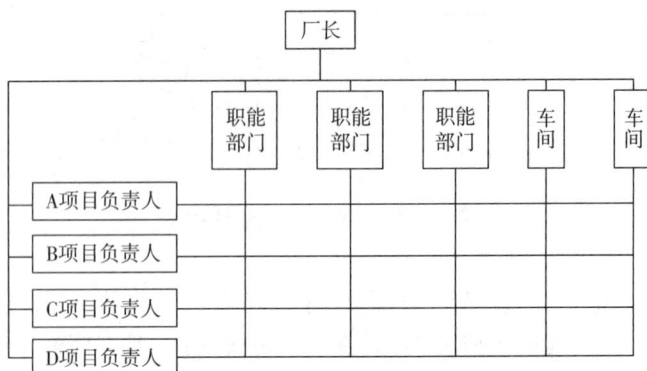

图2-5　矩阵制组织结构

（1）特点。既有按照管理职能设置的纵向组织系统，又有按照规划目标（产品、工程项目）划分的横向组织系统，两者结合，形成一个矩阵。横向系统的项目组所需工作人员从各职能部门抽调，这些人既接受本职能部门的领导，又接受项目组的领导，一旦某一项目完成，该项目组就撤销，人员仍回到原职能部门。

（2）优点。加强了各职能部门间的横向联系，便于集中各类专门人才加速完成某一特定项目，有利于提高成员的积极性。在矩阵制组织结构内，每个人都有更多机会学习新的知识和技能，因此有利于个人发展。

（3）缺点。由于实行项目和职能部门双重领导，当两者意见不一致时令人无所适从；工作发生差错也不容易分清责任；人员是临时抽调的，稳定性较差；成员容易产生临时观念，影响正常工作。

它适用于设计、研制等创新型企业，如军工、航空航天工业的企业。

（七）网络型组织结

网络型组织结构是利用现代信息技术手段，建立与发展起来的一种新型的组织结构。该网络组织结构的核心是一个小规模的销售公司，它们的工作是直接监督公司内部开展的各项活动，并协调同其他制造、分销和执行网络组织的其他重要职能的外部机构之间的关系。

（1）特点。网络型组织结构是一个精干的中心机构，以契约关系的建立和维持为基础，依靠外部机构进行制造、销售或其他重要业务经营活动的组织结构形式。

（2）优点。降低管理成本，提高管理效率。实现了更大范围内供应链与销售环节的整合。简化了机构和管理层次，实现了充分授权式的管理。

（3）缺点。需要科技与外部环境的支持。

采用网络型结构的组织需要相当大的灵活性以对环境的变化做出迅速反应，它适合于需要低廉劳动力的组织，比如玩具和服装制造业等。

三、组织结构设计的程序

企业组织结构的设计只有按照正确的程序进行，才能达到组织设计的高效化。组织结构设计的程序如下：

（一）业务流程的总体设计

业务流程设计是组织结构设计的开始，只有总体业务流程达到最优化，才能实现企业组织高效化。

业务流程是指企业生产经营活动在正常情况下，不断循环流动的程序或过程。企业的活动主要有物流、资金流和信息流，它们都是按照一定流程流动的。

企业实现同一目标，可以有不同的流程。这就存在一个采用哪种流程的优选问题。因此，在企业组织结构设计时，首先要对流程进行分析对比、择优确定，即优化业务流程。优化的标准是：流程时间短，岗位少，人员少，流程费用少。

业务流程包括主导业务流程和保证业务流程。主导业务流程是产品和服务的形成过程，如生产流程；保证业务流程是保证主导业务流程顺利进行的各种专业流程，如物资供应流程、人力资源流程、设备工具流程等。首先，要优化设计的是主导业务流程，使产品形成的全过程周期最短、效益最高；其次，围绕主导业务流程，设计保证业务流程；最后，进行各种业务流程的整体优化。

（二）按照优化原则设计岗位

岗位是业务流程的节点，又是组织结构的基本单位。由岗位组成车间、科室，再由车间、科室组成各个子系统，进而由子系统组成全企业的总体结构。岗位的划分要适度，不能太大也不能太小，既要考虑流程的需要，也要考虑管理的方便。

（三）规定岗位的输入、输出和转换

岗位是工作的转换器，就是把输入的业务，经过加工转换为新的业务输出。通过输入和输出就能从时间、空间和数量上把各岗位纵横联系起来，形成一个整体。

（四）岗位人员的定质与定量

定质就是确定本岗位需要使用的人员的素质。由于人员的素质不同，工作效率也不同，因而定员人数也不同。人员素质的要求主要根据岗位业务内容的要求而确定。要求太高，会造成人员的浪费；要求太低，保证不了正常的业务活动和一定的工作效率。

定量就是确定本岗位需用人员的数量。人员数量的确定要以岗位的工作业务量为依据，同时要以人员素质为依据。人员素质与人员数量在一定条件下成反比。定量就是在工作业务量和人员素质平衡的基础上确定的。

（五）设计控制业务流程的组织结构

这是指按照流程的连续程度和工作量的大小，以确定岗位形成的各级组织结构。整个业务流程是个复杂的系统，结构是实现这个流程的组织保证，每个部门的职责是负责某一段流程并保证其畅通无阻。岗位是保证整个流程实施的基本环节，应该先有优化流程，后有岗位，再组织车间、科室，而不是反过来。流程是客观规律的反映，因人设机构，是造成组织结构设置不合理的主要原因之一，必须进行改革。

四、组织结构图的制作

企业中所有的工作都确定后，有必要明确分工，形成职能部门，并描绘出组织结构图。图2-6描述了企业中各项工作的关系，同时也是管理体制和管理模式的反映。

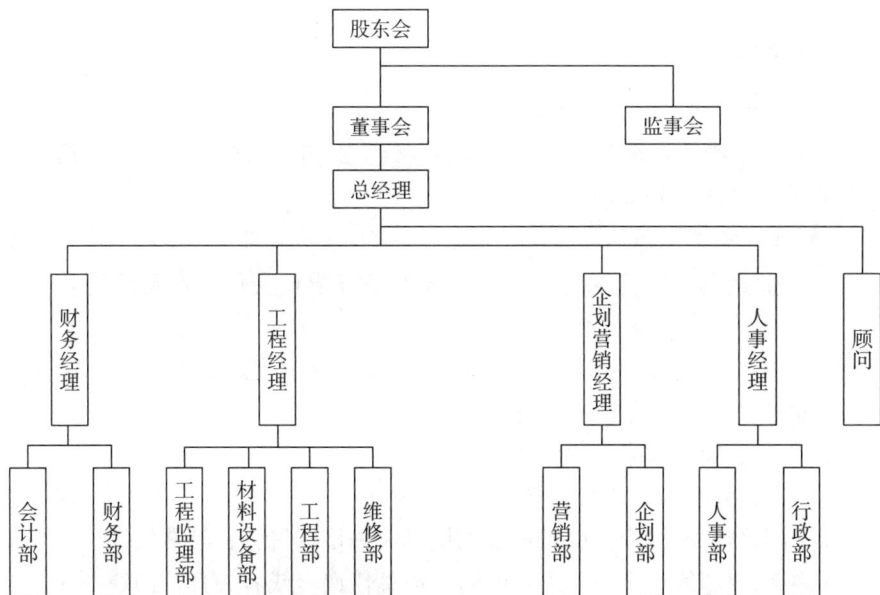

图2-6　组织结构

制作图2-6时应考虑以下几个问题：

（1）图的主题。确定图的范围，是一个系统、一个部门、一个地区，还是整个公司的组织结构图。

（2）简洁明了。尽量使图简洁清楚，强调主要机构。

（3）名称。用职务名称来描述工作水平和职能，如"主管"是不明确的，要尽可能说明责任，如"行政主管"；含义较明朗的，不必进一步阐明，如"总经理"或"秘书"。

（4）次序。不要先写组织中的人员名称，首先要确定职能，然后再将负有相应责任的人名填上去。

（5）职务。在一个矩形框里描述组织各部门的职务。

（6）等级。用垂直线描述不同等级的相关工作，用水平线描述相似等级的工作。

（7）职权。用水平直线或垂直线表示直接权力，用点线表示间接权力。

在一个有活力的组织里，图会非常复杂，因为可能会有双重的关系存在。例如，一个设计工程师也许既要向工程经理汇报，又要向负责审核和管理的首席工程师汇报，这种类型的组织叫作"矩阵组织"。现在有越来越多的企业使用这种组织结构，尤其在工程施工和高科技行业里。

五、组织变革

（一）概念

组织变革是指随着企业内外部环境的变化，对组织结构中不适应发展的部分进行调整、变革乃至重新架构。

（二）组织变革的原因

（1）企业经营的环境变化。全球和国内经济增长变化，宏观经济政策法规调整，用户、供应商需求的变化等因素。

（2）组织内部的环境变化。组织目标、社会价值观念、人力资源结构、工作生活质量、财务、信息技术等因素。

（3）企业发展的战略变化。

（三）企业需要变革的四种症状

（1）组织结构不健全，决策速度太慢，失去市场机会，经常失误。

（2）组织内部信息交流渠道不畅通，信息传递慢或者失真，沟通不充分。

（3）企业的主要职能没有尽职完成。

（4）企业员工缺乏创新精神，用户抱怨，组织发展与成长停止。

（四）组织变革的目标

组织结构的完善、组织功能的优化、组织社会心理气氛的和谐、组织效能的提高。

（五）组织变革的内容

（1）结构变革。结构变革是对组织的构成要素、整体布局和运作方式所做的较大调整。结构所涉及的内容主要有：①权力重新分配；②结构再设计；③工作再设计；④绩效评估和奖励制度的改变；⑤控制系统的改变。

（2）技术变革。一个组织的技术水平标志着该组织将投入转化为产出的能力。

（3）人事变革。人事变革是管理者着重于改变人员的态度、价值观和需要的种类与层次，通过转变人员的工作态度促使人们修正自己的行为，从而达到改进工作绩效的目的。具体包括组织变动和组织发展两个方面的内容。

（六）组织变革的模式

1. 激进式变革

（1）概念：激进式改革是指力求在短时间内，对企业组织进行大幅度的全面调整，以求彻底打破初态组织模式并迅速建立目的态组织模式的过程。有时也特指国际货币基金组织在俄罗斯推行的"休克疗法"，或称"大爆炸""创世纪"式改革。

（2）特点：幅度大，全面性，调量大。在较短的时间内和在较大的空间范围内实现理想的改革目的。

（3）优点：①快速，成果具有彻底性；②有利于摧毁改革中可能出现的"可逆转性"，避免改革过程中出现逆转和反复。

（4）缺点：①平稳性差，严重的时候会导致组织崩溃；②忽视了既得利益集团对改革的阻挠以及为此付出的经济代价；③改革风险很大。

2. 渐进式变革

（1）概念：渐进式变革则是通过对组织进行小幅度的局部调整，力求通过一个渐进的过程，实现初态组织模式向目的态组织模式的转变的过程。选择的是"渐进"的战略，这种战略主张采取温和、渐进和自我完善的方式来变革现实，更多地把改革理解为一个主要是修正、充实、完善和提高的波浪式前进的由量变而达质变的过程。

（2）特点：在时间上"分步到位"地达到最终的改革目标；在空间上"由点及面"地逐步推广改革的方案和成果；持续性，幅度小，稳定性好。

（3）优点：①较低层次的不确定性和极少脱离本意的结果；②减少时间方面的压力；③拉大重大变革的间距；④减少对资源的要求；⑤对组织产生的震动较小，而且可以经常性地、局部地进行调整，直至达到目的。

（4）缺点：导致企业组织长期不能摆脱旧机制的束缚。

（七）组织变革的模型

组织变革是一个复杂、动态的过程，需要有系统的理论指导。管理心理学对此提出了行之有效的理论模型，适合于不同类型的变革任务。

1. 勒温模式

（1）解冻。创设变革的动机。鼓励员工改变原有的行为模式和工作态度，采取新的适应组织战略发展的行为与态度。主要内容包括：①需要对旧的行为与态度加以否定；②要使干部员工认识到变革的紧迫性；③比较评估——把本单位的总体情况、经营指标和业绩水平与其他优秀单位或竞争对手加以一一比较，找出差距和解冻的依据，帮助干部员工"解冻"现有态度和行为。

（2）变革。勒温认为，变革是个认知和学习的过程，由获得新的概念和信息得以完成，给干部员工提供新信息、新行为模式和新的视角，指明变革方向，实施变革，进而形成新的行为和态度。这一步骤中，应该注意为新的工作态度和行为树立榜样，采用角色模范、导师指导、专家演讲、群体培训等多种途径。

（3）再冻结。在再冻结阶段，利用必要的强化手段使新的态度与行为固定下来，使组织变革处于稳定状态。为了确保组织变革的稳定性，需要注意使干部员工有机会尝试和检验新的态度与行为，并及时给予正面的强化；同时，加强群体变革行为的稳定性，促使形成稳定持久的群体行为规范。

2. 系统变革模型

系统变革模型是在更大的范围里解释组织变革过程中各种变量之间的相互联系和相互影响关系。

（1）输入。输入部分包括内部的强点和弱项、外部的机会和威胁。基本内容：①组织的使命——组织存在的理由；②愿景——组织所追求的长远目标；③相应的战略规划——实现长远目标而制订的；④有计划变革的行动方案。

（2）变革元素。变革元素包括目标、人员、社会因素、方法和组织体制等元素。这些元素相互制约和相互影响，组织需要根据战略规划，组合相应的变革元素，实现变革的目标。

（3）输出。输出部分包括变革的结果。根据组织战略规划，从组织、部门群体、个体三个层面，增强组织整体效能。

3. 卡斯特（Kast）的组织变革过程模型

卡斯特提出了组织变革过程的六个步骤：①审视状态，对组织内外环境现状进行回顾、反省、评价、研究。②觉察问题，识别组织中存在问题，确定组织变革需要。③辨明差距，找出现状与所希望状态之间的差距，分析所存在问题。④设计方法，提出和评定多种备择方法，经过讨论和绩效测量，做出选择。⑤实行变革，根据所选方法及行动方案，实施变革行动。⑥反馈效果，评价效果，实行反馈。若有问题，再次循环此过程。

4. 施恩（Schein）的适应循环模型

施恩认为，组织变革是一个适应循环的过程，一般分为六个步骤：①洞察内部环境及外部环境中产生的变化；②向组织中有关部门提供有关变革的确切信息；③根据输入的情报资料改变组织内部的生产过程；④减少或控制因变革而产生的负面作用；⑤输出变革形成的新产品及新成果等；⑥经过反馈，进一步观察外部环境状态与内部环境的一致程度，评定变革的结果。

5. 吉普森模式

吉普森（J. L Gibsun）提出的计划性模式，将组织变革分成七个方面的步骤：①了解变革的压力，来自组织内部和外部两个方面；②对问题的察觉与识别，关键在于掌握组织内部的多种信息；③对问题的分析，包括需要纠正的问题、问题的根源、需要哪些变革、何时变革、变革的目标与衡量方法；④识别限制条件，即分析变革中的限制因素，包括领导作风、组织结构和成员特点等；

⑤贯穿方案，通常考虑三方面的问题，即实施的时机、发动的地点、变革的深度；⑥评价变革的效果；⑦反馈，即反馈评价结果，使管理人员了解是否达到预期的目标。

第二节　实训项目一　组织结构设计

一、实训要求

要求学生了解组织结构设计的要素，掌握组织结构的类型和特点；了解影响组织结构变革的因素以及组织结构变革的发展趋势。结合案例背景，确定组织的形式和企业的基本职能，分析关键职能，设计企业的组织结构并定岗定编。

二、组织结构设计的一般流程

（1）分析组织结构的影响因素（组织环境的复杂程度、组织规模大小、组织战略目标和信息沟通），确定组织结构的基本形式。

（2）根据所选的组织结构类型，将组织划分为不同的部门，并确定其基本职责。

（3）分解各部门的关键职能，为各部门选择合适的部门结构，进行组织机构设置。

（4）将各部门联合起来，形成特定的组织结构。

（5）根据组织的战略目标和部门职责，设置各部门的岗位，并确定各岗位的人数。

三、实训的实施流程

（1）做好实训前准备，根据提前准备的资料和相关理论梳理，结合背景案例的组织发展现状，列出影响组织结构设计的具体因素并选择最佳的组织结构形式。

（2）将学生分为4~6人的小组，以便于进行讨论。

（3）每组学生根据分析的结果，确定采用哪几种组织形式比较适合背景企业。

（4）调动学生积极发言，让每组学生进行充分的分析和讨论，并在小组内部形成统一的结论，由小组代表进行汇报。

（5）各小组根据讨论内容编写实训报告。

四、实训案例背景

D 公司一直以房地产业为主，集娱乐、餐饮、咨询、汽车维护、百货零售等业务于一体的多元化实业公司，已经成为本市乃至周边地区较有竞争实力和有知名度的企业。由初创时的几个人、1500 万元资产、单一开发房地产的公司，发展到今天的 1300 余人、5.8 亿元资产。

作为公司创业以来一直担任主帅的 S 总经理在成功的喜悦与憧憬中，更多了一层隐忧。在今天的高层例会上，他在发言时也是这么讲的："公司成立已经 6 年了，在过去的几年里，经过全体员工努力奋斗与拼搏，公司取得了很大的发展。现在回过头来看，过去的路子基本上是正确的。当然也应该承认，公司现在面临着许多新问题：一是企业规模较大，组织管理中管理信息沟通不及时，各部门协调不力；二是市场变化快，我们过去先入为主的优势已经逐渐消失，且主业、副业市场竞争都渐趋激烈；三是我们原本的战略发展定位是多元化，在坚持主业的同时，积极向外扩张，寻找新的发展空间，应该如何坚持这一定位？"面对新的形势，就公司未来的走向和目前的主要问题，会上各位高层领导都谈了自己的想法。

管理科班出身、主管公司经营与发展的 L 副总经理在会上说："公司的成绩只能说明过去，面对新的局面必须有新的思路。公司成长到今天，人员在膨胀，组织层级过多，部门数量增加，这就在组织管理上出现了阻隔。例如，总公司下设 5 个分公司，即综合娱乐中心（下有戏水、餐饮、健身、保龄球、滑冰等项目）、房地产开发公司、装修公司、汽车维修公司和物业管理公司。各部门都自成体系，公司管理层次过多，如总公司有 3 级，各分公司又各有 3 级以上管理层，最为突出的是娱乐中心的高、中、低管理层次竟达 7 级，且专业管理机构存在重复设置现象。总公司有人力资源开发部，而下属公司也相应设置人力资源开发部，职能重叠，管理混乱。管理效率和人员效率低下，这从根本上导致了管理成本加大，组织效率下降，这是任何一个公司的发展大忌。从组织管理理论的角度看，一个企业发展到 1000 人左右，就应以制度管理代替'人治'，我公司可以说正是处于这一管理制度变革的关口。我们公司业务种类多、市场面广、跨行业的管理具有复杂性和业务多元化的特点，现有的直线职能制组织结构已不能适应公司的发展，所以进行组织变革是必然的，问题在于我们应该构建一种什么样的组织机构以适应企业发展需要。"

坐在 S 总经理旁边的另一位是公司创立三元老之一的始终主管财务的大管家 C 副总经理，他考虑良久，非常有把握地说："公司之所以有今天，靠的就是最早创业的几个人，他们不怕苦、不怕累、不怕丢了饭碗，有的是闯劲、拼劲。一句话，公司的这种敬业、拼搏精神是公司的立足之本。目前，我们公司的发展出现了一点问题，遇到了一些困难，这应该说是正常的，也是难免的。如何走出困境，关键是要强化内部管理，特别是财务管理。现在公司的财务管理比较混乱，各个分部独立核算后，都有了自己的账户，总公司可控制的资金越来越少。如果要进一步发展，首先必须做到财务管理上的集权，该收的权力总公司一定要收上来，这样才有利于公司通盘考虑，共图发展。"

高层会议各领导的观点在公司的管理人员中间亦引起了争论，各部门和下属公司也产生了各自的打算：房地产开发部要求开展铝业装修，娱乐部想要租车间搞服装设计，物业管理部提出经营园林花卉的设想，甚至有人提出公司应介入制造业，成立自己的机电制造中心。

公司目前的发展很显然遇到了管理"瓶颈"：公司规模不断发展壮大，公司业务也不断增加，已经呈现了多元化的特点，而公司目前的组织机构依然是创立时期的直线职能制结构，已经出现了管理层级过多、管理信息沟通不及时、财务管理混乱等情况，这些都严重影响了企业的发展。因此，此时进行组织结构的变革正当其时。关键的问题在于：如何根据公司业务发展特点和公司目前的管理状况，选择一种合适的组织结构类型，然后构建公司的组织结构，明确部门职责，并进行组织变革。

实训任务：

（1）请根据以上信息，为该公司设计一套合适的组织机构，并画出相应的组织结构图。

（2）选择该公司中的一个具体部门，为该部门设计一个合适的部门职责。

五、实训报告

在实训结束后，每位同学必须撰写实训报告，实训报告要求文字简练、条理清晰、观点明确。实训报告的参考模板如下所示：

组织结构设计

一、企业组织发展现状分析

二、影响企业组织结构的主要因素

1. 内部因素

2. 外部因素

三、企业组织结构的基本形式及选择依据

1. 组织结构的基本形式

2. 组织结构基本形式的选择依据

四、企业的部门划分

1. 企业的基本职能

2. 企业的关键职能及部门划分

3. 企业各部门的组织结构

五、设计企业的组织结构

六、定岗定编

1. 对各部门定岗定编

2. 明确各部门的部门职责

第三节 实训项目二 组织结构优化

一、实训要求

要求学生了解组织变革的概念、主要内容、模式等理论知识，做好实训前的知识储备。

要求学生运用所学知识，结合案例背景，通过查找资料、走访相关行业等工作，尝试对现有的组织结构进行优化。

二、组织结构优化的一般流程

（1）对组织的内外部环境进行分析，明确企业组织的运行现状。

（2）识别企业组织运行过程中存在的问题，确定企业组织变革的原因。

（3）明确企业组织现状与所希望状态之间的差距，分析其所在问题。

（4）提出多种变革方法，经与企业管理者讨论做出选择。

（5）根据所选择的方法进行企业组织结构优化。

（6）对变革过的组织运行效果进行反馈。

三、实训的实施流程

（1）做好实训前准备，根据提前准备的资料和相关理论梳理，结合背景案例的组织发展现状，对现有的组织结构进行优化。

（2）将学生分为 4~6 人的小组，以便于进行讨论。

（3）每组学生根据分析的结果，得出组织结构优化的必要性和方法。

（4）调动学生积极发言，让每组学生进行充分的分析和讨论，并在小组内部形成统一的结论，由小组代表进行汇报。

（5）各小组根据讨论内容编写实训报告。

四、实训案例背景①

B公司成立于2016年底，是一家中小型企业。主要经营范围包括酒类、保险、汽车、旅游等。目前公司发展十分迅速，二级区域代理超过30个。目前，企业处于盈利状态。但目前，公司面临的最大问题是，由于代理产品的复杂性、不同地区代理产品的差异性和管理者的经验不足，公司发展太快，赶不上管理层的要求。目前，公司现有的组织结构也存在诸多弊端，需要科学合理地优化组织结构，以促进公司的发展。与仍然采用相对主要的单线或单一功能组织结构的省份的一些小型外贸公司相比，B公司在多年的发展中稳步增长，B公司主要按照职能组织结构进行组织架构设计，按照自身的经营特点和企业的发展目标。

B公司将现有的组织结构分为两个部分，围绕公司的战略发展目标：首先，确保公司的总体董事，公司副总经理和财务部门按照规章制度正常运作；其次，根据专业分工，如机械工程和工业产品贸易部、商务部、报关部门、人事部和公司综合办公室。公司现有职能部门的职责是在专业职责范围内负责进出口贸易活动、报关、人事管理和内外接待工作。公司的这些职能部门仅担任首席执行官和副首席执行官，以及助理，帮助公司的管理层做出有关公司业务和战略发展的决策，并对各种活动和活动的实施负有特殊责任。每个部门的负责人只能在其职责范围内控制和管理下属人员的工作，也不能在未经许可的情况下下达命令或做出业务决策。

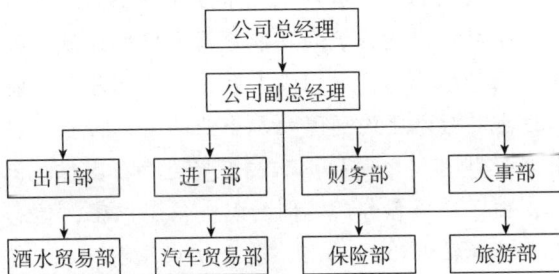

图2-7 企业原有的组织结构

---

① 耿华章. B公司组织结构优化设计［D］. 西北大学博士学位论文，2019.

现阶段企业原有的组织结构存在以下问题：①职能重叠、职责混淆。综合管理、工程、财务和公司管理部门、人力资源、技术科学研究所、财务部门和其他部门的职能部分重叠。市场、技术、生产和管理部门的资源不能充分利用，通信和协调工作需要很长时间。虽然已经建立了市场和技术平台，但属于不同部门的市场和技术部门仍然独立，协调机制不够有效，影响决策和行动的效率。②关键业务流程系统性效率低下。B公司的关键业务流程包括订单执行过程、战略管理过程、财务规划过程、效率管理过程等。管理层对公司控制采用了集中控制模式。这个过程分为不同的功能部分和业务部分。这个过程相对分散。过程和过程之间没有接口，内容不一致，信息传输缓慢，执行时间长，两个业务部门之间的协调不好，组织缺乏灵活性。关键过程的内部管理不是标准化的，而是公司内部各组织之间的责任分配尚不清楚是什么加重了公司内部管理的负担。公司和生产调度车间多层次的规划部管理使生产管理和信息管理以及折扣和逃避责任的情况长期低效，常常导致生产计划延迟。关键过程的信息水平很低，无法与信息技术相协调。这只需要一个信息系统而不是手动操作，从而在减少简单的重复工作方面取得了一些成果，但不能充分利用公司关键业务中的信息管理，也不能学会有效地管理关键过程。使水流成为可能。这一过程的效率正在大幅下降。由于缺乏对关键航空产品的系统开发，航空产品的材料和过程相对陌生。③绩效指标体系不科学。B公司的绩效指标体现在缺乏事实的目标设定和评估有效性的过程中。现有绩效指标不能根据公司的战略，目标和长远利益促进各级员工的行为，导致员工行为与公司的一般或长期利益之间存在差异。④部门合作不够密切。作为公司的两个功能管理部门，办公室和财政部还没有有效地了解整个情况，因为它的创建时间很短，在商业部的协调和管理方面发挥了很小的作用。

原有组织结构问题的成因主要有以下几个方面：①职能部门之间缺乏横向的沟通和协调。由于线性功能结构强调在功能分离和职能分散过程中对专业分工的渴望，原则上不同职业的职能部门之间没有联系，因此每个职能部门通常只考虑地方利益的问题，这也导致水平沟通障碍。企业的整体功能难以充分发挥。在实际工作中，公司B各职能部门之间协调和相互规避存在困难。例如，财务部门报告公司财务数据时，由于公司各部门之间的财务信息保密，信息分开报告，信息传递不及时财务报表不能按时准确填写，甚至造成纳税申报工作中的纸质泄露；各部门所需的邮件人才无法与人事部门进行有效沟通。②人员配置与岗位设置不科学。公司目前项目组织结构还不够清晰，组织架构优化仍在不断进步和发展，公司对于办公室岗位定位不清晰、认识不透彻，因此无法"人尽其才"将公司人才放到最合适的位置。③公司对绩效考核的认知不够充分。B公司在组织和准备绩效评估方面不够完善，导致个别员工对公司产生抵触心理，相较于普通员工一些能力水平素质较高的员工，在公司引入绩效考核后，绩效考核的最终结果将会有很大的偏差，如果评估结果无法保证公平有效，这对员工积极性将是一个很大的打击。一些评估分数较低的员工，他们将逐渐失去对工作的信心，失去工作的动力与进取精神。此外，如果员工认为绩效评估会对薪酬调整产生重大影响，这将在整个企业中形成紧张气氛，不仅会妨碍企业效率目标的实现，还会降低企业员工凝聚力。④职能部门管理奉劝不足导致工作效率低下。虽然职能组织结构可以在公司中提供有序和统一的决策，但单个团队的副作用也是显而易见的，即公司内部缺乏权力下放会导致对核心管理层的过度影响。由于专业职能部门在公司中负有重要责任，因此存在许多问题，特别是与部门的工作，专业和内部方面有关的问题，必须由职能部门自己解决，并及时送到下属的工作部门。B公司的主要管理部门过多地限制了下属的功能单元，阻碍了公司业务的发展。每个职能部门在许多方面都没有自主权，如奖惩、雇用和使用部门的资金等。对于下属单位。毫无疑问，这严重削弱了公司应对变化和降低工作效率的能力。权力集中在高级管理人员手中也使他们花费大量时间和精力来管理公司的日常业务，因此很难专注于公司的战略决策。

实训任务：

（1）分析企业现有的组织结构如何限制了企业的发展，明确组织结构优化的必要性？

（2）对该企业的原有组织结构进行优化。

五、实训报告

在实训结束后，每位同学必须撰写实训报告，实训报告要求文字简练、条理清晰、观点明确。实训报告的参考模板如下所示：

组织结构优化

一、企业的内外部环境分析

1. 内部环境分析

2. 外部环境分析

二、企业组织运行过程中存在的问题

1. 组织运行过程中存在的问题

2. 组织运行过程中存在问题的原因分析

3. 组织结构优化的必要性分析

三、组织结构优化方案

1. 组织结构优化设计的原则

2. 组织结构优化相关影响因素

3. 企业之组织结构优化目标

四、优化后的组织结构设计

1. 企业核心业务流程优化

2. 企业组织结构优化

3. 企业关键职能优化

4. 企业关键绩效指标

五、企业组织结构优化措施

六、组织运行效果反馈

第三章　工作分析

第一节　理论知识回顾

一、工作分析的含义

工作分析指通过进行一系列有关工作信息的收集、分析、综合来完整地确认工作整体，说明工作内容、要求、责任、胜任素质及工作关系、工作环境条件从而为人力资源管理提供工作方便资料的活动过程。也就是说，工作分析就是把每个职务的内容加以分析，清楚地掌握该职务的固定性质和组织内职务之间的相互关系的特点，从而确定该职务的工作规范，并确定工作人员在履行职务上应具备的技术、知识、能力与责任。

由于工作分析与职位以及职位对应的工作活动是紧密联系在一起的，因此有必要弄清与之相关的一些概念。

（1）要素，又称工作要素，是指工作中不能再分解的最小动作单位。例如，酒店里负责接待客人的服务员在客人刚刚来到酒店时要帮助客人运送行李，而运送行李这项工作中就包括有将行李搬运到手推车上、推送行李、打开客房的行李架、将行李搬运到行李架上四个工作要素。

（2）任务，指工作中为了达到某种目的而进行的一系列活动。任务可以由一个或多个工作要素组成。例如，生产线上的工人给瓶子贴标签这一任务就只有一个工作要素，而上面提到的运送行李任务中包含了四个要素。

（3）职责，任职者为了实现一定的组织职能或完成工作使命而进行的一个或一系列工作。例如，营销部的经理要实现新产品推广的职责就需要完成一系列工作，包括制定新产品推广策略、组织新产品推广活动和培训新产品人员等。

（4）职位。职位也叫岗位，担负一项或多项责任的一个任职者所对应的位置一个职位。例如，人力资源部经理这一职位，它所承担的职责有以下几个方面：员工的招聘录用，员工的培训开发，企业的薪酬管理，企业的绩效管理，员工关系管理等。在组织中的每一个人都对应着一个职位或岗位，因此从理论上说，职位的数量应该等于人员的数量，即有多少个职位应有多少个任职者。（但是在现实中，也会有不对应的情况出现，例如，对于倒班的工人来说，他们的工作内容完全一样的，只是工作的时间不一样，在这种情况下，职位的数量和人员的数量就不相等，人员的数量会大于职位的数量）

需要注意的是，职位是以"事"为中心确定的，强调的是人所担任的职位，而不是担任这个岗位的人。（这个在工作分析中尤其重要）

（5）职务，指主要职责在重要性和数量上相当的一组职位的集合或统称。例如，人力资源部设有两个副经理，一个主要分管招聘录用和培训开发，另一个主要分管薪酬管理和绩效管理。虽然这两个职位的工作职责并不完全相同，但就整个人力资源部来说，这两个职位的重要性和数量比较一致，因此这两个职位可以统称为副经理职务。

与职位不同，职位与员工是一一对应的，而职务却并非一一对应。一个职务可能不止一个职位，如上例，副经理职务应有两个职位与之对应。（这个问题在写职位说明书中经常遇到，这种情况下该写几份职位说明书？显然，是每个职位而非职务写一份）

职位与职务的区别在于：职务一般是一个名称，强调一个工作岗位所承担的任务，而职位更强调岗位在工作组织中的上下位置和关系。

（6）职业。职业是一个更为广泛的概念，它是指在不同的组织中从事相似活动的一系列职务。例如老师、会计、工人、工程师、司机等。

（7）职权。依法赋予职位的某种权力，以保障履行职责，完成工作任务。职责往往与职权是有密切关系的，特定的职责要赋予特定的职权，甚至是特定的职责等同于特定的职权。

（8）职业生涯，指一个人在其生活中所经历的一系列职位、职务或职业的集合或总称。例如，某人刚参加工作时是学校的老师，后来去了政府机关担任公务员，最后又到了公司担任经理，那么，老师、公务员、公司经理就构成了这个人的职业生涯。再如，某人的职业和工作单位虽然没有发生过变化，但他从办事员开始，经过主管、副经理、经理，一直干到副总经理，那么，办事员、主管、副经理、经理、副总经理也就形成了这个人的职业生涯。

（9）职系，指工作性质大体类似，但工作责任、难易程度不同的一系列职位。如按企业的职能分类，人力资源助理员、人力资源管理员、人力资源主管、人力资源经理、人力资源总监就属于同一职系，而助教、讲师、副教授、教授就是同一职系。

二、工作分析的内容

工作分析的内容取决于工作分析的目的与用途，不同的企业和组织都有各自的特点和亟须解决的问题。问题有的是为了制定切合实际的奖励制度，调动员工的工作积极性，还有的是为了根据工作要求改善工作环境，提高安全性。因此，这些企业和组织所要进行的工作分析的侧重点就不一样。一般来说，工作分析主要包括两方面的内容：即工作描述和工作要求。

（一）工作描述

工作描述就是确定工作的具体特征。包括以下几个方面的内容：

（1）工作名称：在进行工作描述时应有其特定的名称，便于记载活动及收集资料。

（2）工作活动和工作程序：这是工作描述的主体部分，包括所要完成的工作任务与负担的责任（工作职责）；执行任务所需的条件，如需用的原材料和机器设备；工作流程与规范；与其他人的正式工作关系；接受监督及进行监督的性质和内容等。

（3）工作条件和物理环境：包括正常的温度、适当的光照度、通风设备、安全措施、建筑条件、工作的地理位置等。

（4）社会环境：包括工作团体的情况、社会心理气氛、同事的特征及相互关系、各部门之间的关系等。此外，还应说明企业和组织内外以及附近的文化和生活设施。

（5）职业条件：由于人们常常根据职业条件判断和解释职务描述中的其他内容，因而这部分内容特别重要。职业条件说明了工作的各方面特点，如工资报酬、奖金制度、工作时间、工作季节性、晋级机会、进修和提高的机会、该工作在本组织中的地位以及关系等。

（二）工作要求（工作任职资格）

说明担任某项职务的人必须具备的生理要求和心理要求，包括有关的工作程序和技术要求、工作技能、独立判断与思考能力、记忆力、注意力、知觉能力、警觉性、操作能力（速度、准确性和协调等）、工作态度、各种特殊能力要求。职务要求还包括文化程度、工作经验、生活经历和健康情况等。

三、工作分析的程序

（1）准备阶段。①确定目的：为什么要进行工作分析？它的结果有什么用？能解决什么问题？②选择被分析工作：界定工作分析的范围，是所有的职位都进行分析呢？还是关键岗位进行分析？是技术岗位进行分析还是管理岗位进行分析？③建立工作分析小组：分配任务与权限。④制定工作分析规范。⑤做好分析前准备工作。

（2）设计阶段。①选择信息来源，如工作者、主管、顾客、分析专家、词典、文献资料等。②选择工作分析人。③选择收集信息的方法：可运用调查法、面谈法、观察法等来收集信息。

（3）收集、分析信息阶段。①按选定方法收集信息：收集工作分析的背景材料，企业的组织结构图、工作流程图、设计图、考核表、人事记录表、职务分类标准、岗薪等级培训手册等。②分析信息：对信息描述、分类、评估。③综合活动：将所得分类信息解释、转换并组织形成可用条文。

（4）结果表达阶段：用书面形式表达分析结果。常用形式包括：①工作说明书（包括工作描述、任职说明）；②任职资格说明（任职素质、资格详细说明）。

（5）运用阶段。制作具体应用文件，如提供录用文件、考核标准，培训内容，增强管理科学、规范。

（6）反馈调整阶段：①确认原分析适用性，不适则改进；②经营生产改变——工作消失、新生或性质内涵、外延改变——反馈、调整、修订。

四、工作分析的方法

（1）工作实践法，指工作分析人员亲自从事所需要研究的工作，由此掌握工作要求的第一手材料。这种方法的优点是可以准确地了解工作的实际任务和在体力、环境、社会方面的要求，适用于那些短期内可以掌握的工作，其缺点是不适用于需要进行大量训练和危险的工作。

（2）典型事例法（关键事件法），指对实际工作中工作者特别有效或无效的行为进行简短的描述，通过积累、汇总和分类，总结出该工作的关键特征和行为要求，得到实际工作对员工的要求。

（3）观察法（直接观察法、现场观察法），指工作分析人员观察所需要分析的工作的过程，以标准格式记录各个环节的内容、原因和方法，这可以系统地收集一种工作的任务、责任和工作环境方面的信息。其优点是工作分析人员能够比较全面和比较深入地了解工作的要求，适用于那些工作内容主要是由身体活动来完成的工作，如装配线工人、保安人员等；其缺点是不适用于那些脑力劳动成分比较高的工作和处理紧急情况的间歇性工作，有些工作包括许多思想和心理活动、创造性和运用分析能力，如律师、教师、急救站的护士等，这些工作就不容易使用直接观察法。此法最好与面谈法结合使用。

（4）面谈法（座谈法、访谈法），一般说来，正在承担某一项工作的员工对这项工作的内容和他的任职资格是最有发言权的，因此与工作的承担者面谈是收集工作分析信息的一种有效方法。很多工作是不可能由工作分析人员实际体会的，如飞行员的工作，是不可能通过观察来了解的，或者如脑外科手术专家的工作。在这种情况下，就需要通过与工作者面谈来了解工作的内容、原因和做法。面谈法的典型问题包括你做哪些工作？主要职责？如何完成？在哪些地点工作？工作需要怎样的学历背景、经验、技能条件或专业执照？工作的绩效标准？工作有哪些环境和条件？工作有哪些生理要求和情绪及感情上的要求？工作的安全和卫生状况？等等。此方法的优点是能够简单而迅速地收集工作分析资料，适用面广。由任职者亲口讲出工作内容，具体而准确。工作者自身有长期的工作体会，因此这种方法可以分析了解短期内可直接观察但不容易发现的问题。缺点是工作分析经常是调整薪酬的序幕，因此员工容易把工作分析看作变相的绩效考核，而夸大其承担的责任和工作的难度，这容易引起工作分析资料的失真，工作者既可能不信任工作分析人员，也可能怀疑其动机，同时，分析人员的问题也可能会因不够明确或不够准确而造成误解，因此，面谈法不应该作为工作分析的唯一方法，而应与其他方法配合使用。

（5）工作日志法（记实分析法），指任职者按时间顺序，详细记录自己的工作内容与工作过程，然后经过归纳、分析，达到工作分析的目的一种方法。

（6）问卷调查法，是一种根据工作分析的目的、内容所编制的结构性问卷调查表。由工作执行者填答后回收整理，提取工作信息的方法。国外常见的有职位分析问卷法（Position Analysis Questionnaire，PAQ）、管理职位描述法（Management Position Description Questionnaire，MPDQ）、职能工作分析法（Functional Job Analysis，FJA）。

工作问卷调查应包含的基本项目可在设计时参照使用。

（1）基本资料：姓名（可匿名）、性别、年龄、职称、部门、学历、现任工作、直接上司、薪酬等级和收入、任职时间。

（2）工作时间要求：正常工作时间、休息时间、加班情况、出差情况、工作时间的均衡性。

（3）工作内容：目标、概要、程序、事项（包括时间占用百分比）经办权限、工作结果。

（4）工作责任：①风险控制责任：可能出现的失误类型及影响程度；②成本控制责任：可能导致的浪费程度；③协调责任；④指导责任；⑤组织人事责任；⑥工作结果责任；⑦决策责任。

五、编制职位说明书

（一）职位分析

职位工作分析也就是职位分析，即是指对某工作进行完整的描述或说明，以便为人力资源管理活动提供有关岗位方面的信息，从而进行一系列岗位信息的收集、分析和综合的人力资源管理的基础性活动。很多企业由于缺乏准确的工作说明而付出了很大的代价，结果导致了很多人力资源工作缺乏针对性，难以开展。那么如何制定岗位工作说明书呢？岗位分析要从以下八个要素开始着手进行分析，即（7W）：

Who：谁从事此项工作，责任人是谁，对人员的学历及文化程度、专业知识与技能、经验以及职业化素质等资格要求。

What：在雇员要完成的工作任务当中，哪些是属于体力劳动的范畴？哪些又是属于智力劳动的范畴呢？

Whom：为谁做，即顾客是谁。这里的顾客不仅指外部的客户，也指企业内部的员工，包括与从事该工作的人有直接关系的人：直接上级、下级、同事、客户等。

Why：为什么做，即工作对从事该岗位工作者的意义所在。

When：工作任务应该被要求在什么时候完成呢？

Where：工作的地点、环境等。

What qualificatiaons：从事这项工作的雇员应该具备哪些资质条件呢？

How：如何从事或者要求如何从事此项工作，即工作程序、规范以及为从事该工作所需要的权利。

（二）职位工作说明书

职位工作说明书也称职位说明书，是表明企业期望员工做些什么、员工应该做些什么、应该怎么做和在什么样的情况下履行职责的总汇。岗位工作说明书最好是根据公司的具体情况进行制定，而且在编制时，要注意文字简单明了，并使用浅显易懂的文字填写；内容要越具体越好，避免形式化、书面化。

另外，在实际工作当中，随着公司规模的不断扩大，岗位说明书在制定之后，还要在一定的时间内，有必要给予一定程度的修正和补充，以便与公司的实际发展状况保持同步。而且，岗位工作说明书的基本格式，也要因不同的情况而异，但是大多数情况下，岗位说明书应该包括以下主要内容：

（1）岗位基本资料：包括岗位名称、岗位工作编号、汇报关系、直属主管、所属部门、工资等级、工资标准、所辖人数、工作性质、工作地点、岗位分析日期、岗位分析人等。

（2）岗位分析日期：目的是避免使用过期的岗位说明书。

（3）岗位工作概述：简要说明岗位工作的内容，并逐项加以说明岗位工作活动的内容，以及各活动内容所占时间百分比，活动内容的权限；执行的依据等。

（4）岗位工作责任：包括直接责任与领导责任（非管理岗位则没有此项内容），要逐项列出任职者工作职责。

（5）岗位工作资格：从事该项岗位工作所必须具备的基本资格条件，主要有学历、个性特点、体力要求以及其他方面的要求。

（三）职位说明书的填写

职位说明书的格式可以是多种多样的，关键是要在使用了统一格式的职位说明书后，应该用准确、简洁的语言，将上述的五大部分全部或主要部分加以表述，以便形成规范、准确、使用方便的管理文件。

众所周知，不同的企业和组织都有各自特点和亟须解决的问题。有的是为了设计培训方案，提高员工的技术素质；有的是为了制定更切合实际的奖励制度，调动员工工作的积极性；还有的是为了根据工作要求，改善工作环境、提高安全性。因此，这些企业和组织所要进行的岗位工作分析的侧重点就不一样。可一般来说，岗位工作分析主要包括两方面的内容。

1. 岗位描述

岗位描述就是确定岗位工作的具体特征。它包括以下几个方面的内容：①职位名称。即指岗位所从事的是什么工作。②职位活动和程序。包括所要完成的工作任务、工作职责、完成工作所需要的资料、机器设备与材料、工作流程、工作中与其他工作人员的正式联系以及上下级关系。③工作条件和物理环境。包括正常的温度、适当的光照度、通风设备、安全措施、建筑条件，甚至工作的地理位置。④社会环境。包括工作团体的情况、社会心理气氛、同事的特征及相互关系、各部门之间的关系等。此外，应该说明企业和组织内以及附近的文化和生活设施。⑤职业条件。由于人们常常根据职业条件来判断和解释职务描述中的其他内容，因而这部分内容特别重要。职业条件说明了工作的各方面特点：工资报酬、奖金制度、工作时间、工作季节性、晋级机会、进修和提高的机会、该工作在本组织中的地位以及与其他工作的关系，等等。

2. 岗位要求

岗位要求说明了从事某项工作的人所必须具备的知识、技能、能力、兴趣、体格和行为特点等心理及生理要求。制定工作要求的目的是决定重要的个体特征，以此作为人员筛选、任用和调配的基础。

岗位要求包括有关工作程序和技术的要求、独立判断与思考能力、记忆力、注意力、知觉能力、警觉性、操作能力（速度、准确性和协调性）、工作态度和各种特殊能力要求。岗位要求还包括文化程度、工作经验、生活经历和健康状况等。岗位要求既可以用经验判断的方法获得，也可以通过统计分析方式来确定。

基于以上岗位分析的基础理论，是从大的方面加以分析出岗位说明书的成果。若根据某公司职（岗）位说明书的描述，再加以细化分析，具体可从以下几个方面进行考虑：

（1）岗位基本信息。岗位基本信息也称为工作标识。包括岗（职）位名称、岗位编号、姓名、所属部门、直接上级、职等职级、定员等。

（2）工作内容描述。这是最主要的内容，此栏详细描述该职位所从事的具体的工作，应全面、详尽地写出完成工作目标所要做的每一项工作，包括每项工作的综述、活动过程、工作联系和工作权限。同时，在这一项中还可以同时描述每项工作的环境和工作条件，以及在不同阶段所用到的不同的工具和设备。

（3）任职资格。

1）教育背景。此项填写从事该职位目前应具有的最低学历要求。在进行工作分析时，经常有这样的情况：某职员是一位有多年工龄、经验丰富的高中学历的员工，但他的教育背景显然不能代表所需要的教育水平。在确定教育背景时应该考虑，如果让一位新员工来工作，他最低应是什么学历，而不一定是当前在职员工的学历。

2）经验。此项反映从事该职位之前应具有的最起码的工作经验要求，一般包括两方面：一是专业经历要求，即相关的知识经验背景；二是本组织内部的工作经历要求，尤其针对组织中的一些中、高层管理职位。

3）技能要求。此项反映从事该职位应具有的基本技能和能力。某些职位对专业技能要求较高，没有此项专业技能就无法开展工作。而另一些职位相比之下则对某些能力要求更为明确。

4）个性特质。指从事该岗位通常需要从业人员具备何种性格特征。

5）培训经历。此栏反映从事该职位前应进行的基本的专业培训，否则将不允许上任或不能胜任工作。具体是指员工在具备了教育水平、工作经验、工作技能之后，还必须经过哪些培训。

6）其他。例如反映该岗位通常表现的工作特性，在流水线上可能需要三班倒；在高科技企业中需要经常加班；建筑施工人员经常出差；一般管理人员则正常上下班等。

（4）责权范围。①责任：指此项工作所担负的职责和应当按时完成的任务。②权力：一定的工作岗位要承担一定的责任，必须要有相映成趣的人、财、物上的支配权力。

第二节　实训项目一　工作分析实施方案设计

一、实训要求

要求学生理解工作分析的概念，掌握工作分析的实施流程和实施方案的撰写要点等理论知识。做好实训前的知识储备，如梳理理论知识、相关书籍、典型案例等要求学生运用所学知识，结合案例背景，撰写工作分析实施方案。

二、工作分析实施方案的撰写要点

（1）说明组织实施工作分析的背景（组织有效运行受到阻碍、组织发生变革、引入新的流程或者技术、组织中各项人力资源管理工作缺乏依据或缺乏基础性的信息）。

（2）确定工作分析的目的和所侧重信息的类型。工作分析的目的不同决定了收集信息时的侧重点、工作分析的工作量、工作分析的人员选择及所需要的费用等。

（3）收集和分析有关的背景资料。主要应包括：企业的战略、文化、各项制度、组织结构、工作流程、部门职责、岗位设置以及原有的工作说明书。

（4）确定要收集的信息以及收集信息的方法。确定要收集的信息主要依据：工作分析的目的和侧重点，现有资料或者需要进一步调研的信息；按照"7W1H"的内容确定要收集的信息。

（5）确定参与人员，成立工作分析小组。

（6）工作分析的实施步骤和时间安排。

（7）明确实施过程中的监督机制。

三、实训的实施流程

（1）做好实训前准备，根据提前准备的资料和相关理论梳理，结合背景案例的人力资源管理现状，明确组织实施工作分析的必要性。

（2）将学生分为 4~6 人的小组，以便于进行讨论。

（3）每组学生根据分析的结果，确定收集信息的侧重点和工作分析的实施步骤，对背景公司进行工作分析。

（4）调动学生积极发言，让每组学生进行充分的分析和讨论，并在小组内部形成统一的结论，由小组代表进行汇报。

（5）各小组根据讨论内容编写实训报告。

四、实训案例背景①

H 公司岗位管理现状

H 公司成立于 2002 年，位于江西省南昌市高新技术开发区内，总占地面积

---

① 刘林珏. H 公司岗位分析与职位评价优化方案研究［D］. 南昌大学博士学位论文，2017.

23000 平方米，建筑面积28000 平方米，注册资本3000 万元。公司是一家集药品研发、生产、销售为一体的中小型民营制药企业。以独特的发展优势和创新理念在近5 年的发展中稳步增长，2016 年销售额达到9619 万元，员工人数接近200 人。

随着公司近几年的快速发展，经营规模不断扩大，员工数逐年增加，已从2009 年底的78 人发展至2016 年底的177 人。为适应公司在新形势下的发展，配合公司的人才战略的实施，原有的岗位管理体制已不能完全适应 H 公司的发展需要。随着自动化设备和信息化系统的使用，一部分岗位的工作内容、工作环境甚至是岗位价值都发生了变化。为了能在更加严峻的外部形势下使企业得以生存，H 公司当下必须开展岗位分析工作，为公司构建科学职位评价体系，确定科学合理的指标权重来进行职位评价，为公司实施内部专业技能职称和岗位技能等级评定提供依据，进而为 H 公司制定以专业技术职称和岗位操作技能等级为核心的薪酬体系奠定基础。

H 公司的组织架构变迁经历了两个阶段：

第一阶段是 H 公司发展初期，依据公司第一个战略规划的发展目标，公司的生产和销售从无到有，人员逐渐增多。因为管理和战略的需要，公司按照GMP 的管理要求编制了最初的组织架构和人员岗位职责，形成了第一阶段的组织架构，如图3 - 1 所示。

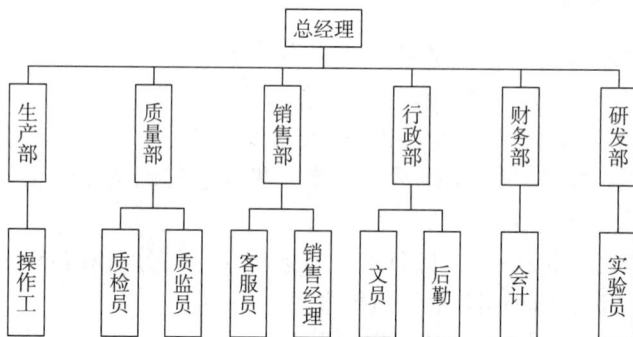

图3 - 1　公司发展第一阶段的组织结构

本阶段组织架构相对简单、人员较少，虽然管理体制不够完善，但组织构架已初现。本阶段公司生产和销售处于刚起步阶段，产量及销售量都较少，生产品种单一，工作量不饱和，人员岗位没有细化，承担工作较为笼统。如生产车间有提取、制粒、袋包及外包等工序，包括班长在内的操作工等生产岗位没有细分，只设立了操作工一个岗位，会根据工作量的多少安排具体岗位的工作；各部门管理人员在管理的同时还要承担不少基层人员工作。本阶段岗位数量为20个,主要岗位设置如表3-1所示。

表3-1 岗位管理发展第一阶段主要岗位设置

部门	主要岗位
生产部	生产部部长、操作工
质量部	质量部部长、质检员、质监员
销售部	销售部部长、销售经理、客服员
行政部	行政部部长、文员、厨师、保洁、门卫
财务部	财务部部长、会计、出纳
研发部	研发部部长、研发试验员

第二阶段是H公司目前发展所处的阶段。在经历了第一个战略规划时期的发展后,H公司生产和销售都已初具规模。生产线趋于饱和状态,员工工作量加大且无法兼顾几个工序同时进行,长期的加班又容易导致人员疲惫不堪,产品质量得不到保证,公司迫切需要通过招聘新员工来缓解这种状况。由于人员的增加和企业经营规模的壮大,组织架构的问题日益显现:

(1)未设立层级管理。第一阶段组织架构岗位少且人员少,通常都是一个部门一个领导直接负责该部门所有工作及人员的管理。但人员人数增加以后,一个人的管理能力和精力有限,管理工作很难开展。

(2)岗位设置没有细化。第一阶段组织架构在岗位设置时对因为岗位工作量不饱和,造成岗位工作职责和内容没有细化,较为笼统。在新员工入职之后,出现了岗位执行力低下,甚至出现了"吃大锅饭"的现象。有能力的人员承担更多的工作和责任,但跟工作能力不强、工作做得不多的同事拿着相同的工资,助长了不正之风。

面对上述管理难题以及日益增长的人员数量和产量,H公司需要更加完善的组织架构来规范公司的人员管理。依据第二个战略规划时期的目标,逐步建立健全组织架构,完善管理体系的建设。因此H公司将组织架构逐步细化,下设生产系统、行政人事系统、质量系统、营销系统、研发系统、工程设备系统、财务系统七大主要系统部门,如图3-2所示。

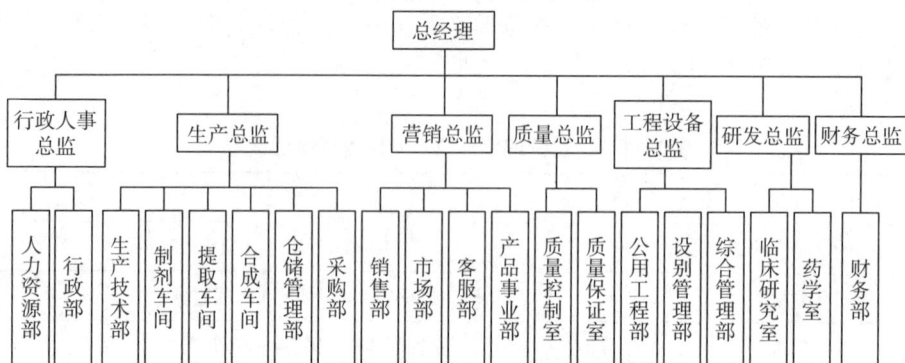

图 3-2　公司发展第二阶段的组织结构

H 公司第二阶段组织架构发展至今，根据第二个战略规划时期的要求，建立健全组织架构，完善岗位管理体系，设立了高层管理、中层管理、基层管理三个管理层级，并根据组织架构和工作内容对岗位进行了详细的设置和划分，现阶段岗位设置如表 3-2 所示。

表 3-2　岗位设置现状

部门	主要岗位
生产系统	生产总监、生产副总监、生产技术部部长、生产技术部工艺员、生产技术部管理员、生产技术部培训员、生产技术部安全监察员、生产技术部设备员、生产技术部统计核算员、生产总调度长、生产调度员、化学合成车间主任、化学合成车间副主任、化学合成车间工艺员、化学合成车间安全员、化学合成车间操作工、化学合成车间设备员、制剂车间主任、制剂车间副主任、制粒技术顾问、制剂车间工艺员、制剂车间设备员、制剂车间安全员、中间站负责人、制粒班长、制粒副班长、制粒操作工、压片班长、压片操作工、胶囊填充工、袋包班长、袋包操作工、滴丸班长、滴丸操作工、铝塑（铝）班长、铝塑（铝）操作工、装瓶班长、装瓶操作工、激光打码工、外包班长、外包副班长、外包包装工、外包辅助工、提取车间主任、提取车间副主任、提取车间班长、提取车间副班长、提取车间安全员、提取车间工艺员、提取车间设备员、仓储管理部部长、仓储主管、仓储保管员、仓储设备员、仓储质量员、仓储安全员、采购部经理、采购员、车间保洁
质量系统	质量总监、质量总监助理、质量授权人、质量保证部部长、质量监督员、文件管理员、偏差管理员、变更管理员、供应商评估员、验证管理员、质量风险管理员、稳定性考察管理员、质量评价员、投诉与不良反应管理员、质量控制部部长、质量控制部副部长、质量控制部部长助理、质量控制部组长、原辅包材检验员、滴定液标定溶液及标定员、微生物检验员、半成品/成品检验员、环境监测员、工艺用水检验员
营销系统	营销总监、营销副总监、销售部部长、销售经理、客服部部长、客服经理、市场部部长、市场经理、产品事业部一部部长、产品事业部一部销售经理、产品事业部二部部长、产品事业部二部销售经理、发运员、司机

部门	主要岗位
行政人事系统	行政人事总监、人力资源经理、人力资源副经理、招聘部主管、招聘专员、培训部主管、培训专员、绩效薪酬部主管、绩效薪酬专员、行政经理、行政副经理、后勤部主管、保洁员、食堂厨师、门卫、文秘部主管、文秘、公共关系部主管、外事专员、信息部主管、信息部专员
财务系统	财务总监、财务经理、财务副经理、成本费用会计、销售核算会计、资产和往来核算会计、税务会计、出纳
研发系统	研发总监、研发副总监、药学研究室主任、药学研究员、临床研究室主任、临床研究员
工程设备系统	工程设备总监、综合管理部部长、计量站站长、计量员、仪电班班长、公用工程部部长、公用工程部副部长、机修工、电工、动力班班长、锅炉工、设备管理部部长、设备员

由表3-2可以看出，H公司的岗位设置非常多，岗位数量多达147个。这主要是由于H公司组织架构设置理想化，导致岗位设置过于细化造成的。在这种理想化的岗位设置下，岗位空置或是一人多岗的现象在公司较为普遍。且由于岗位过于细分，存在岗位与岗位之间职责交叉或是职责不清的现象。

在组织架构和岗位设置的基础上，H公司组织人员开展了岗位说明书的编制工作，岗位说明书如表3-3所示。

表3-3 岗位说明书样例

岗位名称	外包辅助工	岗位人数	2	所属部门	制剂车间
岗位层级	基层员工	所属系统	生产系统	直属上级	外包班长
薪金标准		填写日期		下属人数	无

岗位概述：在车间外包班长的领导下，按照岗位SOP完成外包岗位工作，严格执行公司各项管理制度，对本岗的产品质量和安全负责

岗位职责：
①在车间外包班长领导下完成外包辅助工作，按照岗位操位SOP规范要求完成生产，认真执行劳动纪律、工艺纪律和公司各项管理制度
②根据包装指令装好橡皮字模，打印内容包括：产品批号，生产日期，有效期
③根据包装指令单核对所需外箱、合格证的品名、规格、批号、数量
④对本工序的产品质量负责，外箱打印要求位置对应，字迹清晰，同时打上产品序号和毛重，制箱应胶带粘贴应中间抹平，两端抹紧，合格证粘贴应整齐，热封后的整条小盒应平整，装箱时朝向应一致，打包后打包带粘合牢固，双带平行，寄库后按垛整齐码放，批号一面朝外
⑤按要求做好设备及辅助设施的维护保养工作，对当班安全生产负责
⑥认真填写本工序寄库记录，对记录的及时性、正确性、规范性负责
⑦定期参与GMP知识和各项操作技能培训，对岗位SOP、设备操作SOP、清洁SOP、维护保养SOP及生产记录填写要非常熟悉，能通过各项培训考核
⑧及时向班组长汇报生产过程中出现的各种突发事件和个人健康状况，协助车间管理人员解决各项问题
⑨服从安排，完成车间管理人员交代的其他工作

岗位权限：对违反指令单、岗位操作 SOP、安全操作规程的安排有权拒绝

任职资格

年龄要求	20～55 岁	性别要求		男
学历及专业要求	高中、中专含以上学历			
工作经验要求	①有一定的外包辅助工作经验 ②本岗位半年以上工作经历			
知识要求	①了解 GMP 基本知识 ②熟悉本岗位操作流程 ③熟悉本工序岗位操作 SOP，设备使用、清洁、维修保养 SOP			
技能技巧要求	①熟练操作本岗位机械设备 ②能够发现一般的质量问题 ③能够排除一般的设备故障			
素质要求	①工作责任心强、吃苦耐劳 ②有较强的质量观念			
工作环境说明	工作场所：制剂车间内 环境状况：基本舒适 危险性：基本无危险，无职业病危险			
编制		审核		审批	
编制日期		审核日期		审批日期	

由表 3-3 可以看出，该岗位说明书较为简单，包含了岗位职责、权限、层级任职资格等基本内容。但岗位说明书中还缺乏岗位工作关系、晋升方向等内容，不够完善。虽然岗位数量多能给员工更多发展的可能，但缺乏相应的晋升渠道和方向，反而让员工无法得到发展和提升。再加上过于理想化和细化的岗位设置造成岗位说明书在编制之初就脱离了实际，岗位说明书的内容也是理想化的编制。而随着生产设备的更新换代和信息化系统的使用，许多岗位的工作内容也发生了重大的改变，但多年来公司从未对岗位说明书进行修订，这使得岗位说明书在 H 公司的使用度非常低，基本流于形式。

实训任务：

（1）根据上述背景，明确该企业在工作分析中应收集哪些信息？

（2）撰写该企业工作分析的实施方案。

五、实训报告

在实训结束后，每位同学必须撰写实训报告，实训报告要求文字简练、条理清晰、观点明确。实训报告的参考模板如下所示：

工作分析实施方案

一、背景

二、目的

三、工作分析范围

四、工作分析内容

五、所需要的资料

六、工作分析方法

七、工作分析步骤、时间及人员安排（范例）

1. 工作分析项目小组成立及其架构

（1）为确保工作分析按计划高效有序地开展，成立项目小组，并明确相应责权

（2）工作分析项目小组成员组成及职责

2. 工作分析的步骤及人员时间安排

阶段一：准备阶段

阶段二：实施阶段

阶段三：结果整合阶段

第三节 实训项目二 工作分析的方法选择

一、实训要求

要求学生了解工作分析的常用方法、学会设计访谈提纲和调查问卷，熟练访谈法和问卷调查法获取工作分析过程中所需的信息和资料，并对收集的信息进行整理和归纳。

二、工作分析常见的方法

（1）工作实践法：指工作分析人员亲自从事所需要研究的工作，由此掌握

工作要求的第一手材料。这种方法的优点是可以准确地了解工作的实际任务和在体力、环境、社会方面的要求，适用于那些短期内可以掌握的工作，其缺点是不适用于需要进行大量训练和危险的工作。

（2）典型事例法（关键事件法）：指对实际工作中工作者特别有效或无效的行为进行简短的描述，通过积累、汇总和分类，总结出该工作的关键特征和行为要求，得到实际工作对员工的要求。

（3）观察法（直接观察法、现场观察法）：指工作分析人员观察所需要分析的工作的过程，以标准格式记录各个环节的内容、原因和方法，这可以系统地收集一种工作的任务、责任和工作环境方面的信息。其优点是工作分析人员能够比较全面和比较深入地了解工作的要求，适用于那些工作内容主要是由身体活动来完成的工作，如装配线工人、保安人员等；其缺点是不适用于那些脑力劳动成分比较高的工作和处理紧急情况的间歇性工作，有些工作包括许多思想和心理活动、创造性和运用分析能力，如律师、教师、急救站的护士等，这些工作就不容易使用直接观察法。此法最好与面谈法结合使用。

（4）面谈法（座谈法、访谈法）：一般说来，正在承担某一项工作的员工对这项工作的内容和他的任职资格是最有发言权的，因此与工作的承担者面谈是收集工作分析信息的一种有效方法。很多工作是不可能由工作分析人员实际体会的，如飞行员的工作，或者是不可能通过观察来了解的，如脑外科手术专家的工作。在这种情况下，就需要通过与工作者面谈来了解工作的内容、原因和做法。面谈法的典型问题包括你做哪些工作？主要职责？如何完成？在哪些地点工作？工作需要怎样的学历背景、经验、技能条件或专业执照？工作的绩效标准？工作有哪些环境和条件？工作有哪些生理要求和情绪及感情上的要求？工作的安全和卫生状况？等等。

（5）工作日志法（记实分析法）：指任职者按时间顺序，详细记录自己的工作内容与工作过程，然后经过归纳、分析，达到工作分析的目的一种方法。

（6）问卷调查法：问卷调查法是一种根据工作分析的目的、内容所编制的结构性问卷调查表。由工作执行者填答后回收整理，提取工作信息的方法。国外常见的有职位分析问卷法（Position Analysis Questionnaire，PAQ）、管理职位描述法（Management Position Description Questionnaire，MPDQ）、职能工作分析法（Functional Job Analysis，FJA）。

三、实训的实施流程

（1）做好实训前准备，根据提前准备的资料和相关理论梳理，结合背景案例的人力资源管理现状，选择恰当的方法进行工作分析。

（2）将学生分为 4~6 人的小组，以便于进行讨论。

（3）每组学生根据分析的结果，汇总该企业可以采用哪几种方法进行工作分析。

（4）调动学生积极发言，让每组学生进行充分的分析和讨论，并在小组内部形成统一的结论，由小组代表进行汇报。

（5）各小组根据讨论内容编写实训报告。

四、实训案例背景

本实训要求根据《H 公司岗位管理现状》的案例背景资料，结合本模块实训项目的要求，自行查找相关企业的资料和信息，选择该公司中的一类岗位进行分析，设计具体的访谈提纲和调查问卷，并撰写相应的实训报告。

实训任务：

（1）选择具体的一类岗位设计访谈提纲。

（2）设计调查问卷收集典型岗位的职位信息。

五、实训报告

在实训结束后，每位同学必须撰写实训报告，实训报告要求文字简练、条理清晰、观点明确。实训报告的参考模板如下所示：

工作分析访谈提纲

访谈法是访谈人员就某一岗位与访谈对象，按事先拟订好的访谈提纲进行面对面的交流和讨论，从中收集岗位信息的一种方法。

访谈对象包括该职位的任职者、对该工作较为熟悉的直接主管人员、与该职位工作联系比较密切的工作人员、任职者的下属等。

访谈提纲样例：

工作分析非结构化的访谈问题样本

1. 请问您的姓名、职务、职务编号是什么？

2. 请问您在哪个部门任职？直接上级主管是谁？部门经理是谁？

3. 您所在岗位的目标是什么？

4. 您工作的主要职责是什么？请列举一到两个实例。

5. 请问您工作中遇到的最大挑战是什么？有其他人员的协助吗？

6. 工作中哪些方面容易出错？错误产生的原因主要是什么？对其他工作有什么影响？

7. 任职岗位的任职资格要求大致有哪些？如教育背景、工作经验等。

8. 工作中需要和哪些部门的人员接触?

9. 企业经常从哪些方面对您的工作绩效进行考核? 您认为从这些方面来考核是否合理, 有无改进的建议。

10. 请描述一下您工作的环境, 有什么需要改善的吗?

11. 工作中需要哪些设备来开展工作, 使用频率高吗?

12. 工作中有什么不安全的因素吗?

13. 如果一位新员工担任此职位, 您觉得他(她)大概需要多长时间才能适应?

14. 如果企业进行培训, 您觉得该岗位需要补充哪方面的知识或者提升哪方面的技能?

结构化访谈提纲及记录表

1. 岗位基本信息

(1) 请问您的姓名, 所属部门, 所在的岗位?

(2) 工作汇报的对象, 谁负责指导您的工作?

(3) 与您同在一个岗位任职的同事有哪些? 总共有几人?

(4) 您是否承担管理他人的工作, 如果有, 主要是什么岗位上的人? 直接管辖的人数是多少?

岗位基本信息记录表

职位名称		所属部门	
直接上级职位		同岗位人数	
直接下级职位		下级人员数	
采访对象		采访日期	

2. 岗位设置的目的

(1) 该工作岗位最终要取得什么样的结果?

(2) 完成该岗位的工作任务对公司具有哪些重要意义?

3. 工作关系

工作关系指为完成本岗位的工作而与公司内外发生的联系。

(1) 为完成本岗位职责, 您需要从公司哪些岗位或部门获得所需信息资料及服务? 所获得的信息资料及服务达到什么样的标准才能使您感到满意?

(2) 为完成本岗位职责, 需要和公司外部的哪些机构发生联系, 联系的内容是什么?

(3) 工作中, 您接受谁的监督?

（4）工作中是否承担管理下属的职责？若是，您是怎么管理下属的？请简要说明每位下属的工作范畴及岗位存在原因？您经常和哪些下属接触？

工作关系记录表

内外关系	关系岗位	发生关系的内容	满意标准
与公司内各岗位发生工作关系			
与公司外部机构发生工作关系			

4. 工作职责和任务

工作职责包括工作的职能与任务，是工作描述的主体。

工作任务指为达到某一特定目标而进行的一系列相关活动，工作任务可细分为工作活动、活动程序等内容。

（1）您所在岗位的职责是什么？在各项职责中，分别需要完成什么工作？工作内容是什么？

（2）您是如何做这些工作的？

（3）请您对刚才所谈职责按重要性进行排序，并估计每项工作所用的时间比率？

（4）衡量您所做的工作的好坏标准是什么？

（5）除了日常工作外，每周、每月、每季或每年还需要承担哪些工作？

（6）您刚才所说的岗位职责是否有与其他工作岗位职责交叉的部分，如果有，是哪些？平时又是怎样协调分工的？

岗位职责和任务可以记录在如下表所示的记录表中。

岗位职责和任务记录表

重要性	工作职责或任务	花费的时间比	考核标准	备注

5. 工作特征

关于工作特征的描述如下表所示，根据职位及相关情况在每项对应处打"√"，并在括号里填写相应内容。

工作特征记录表

1. 是否经常按时上下班	□是　　　　　□否
2. 所从事的工作是否忙闲不均	□是　　　　　□否
3. 若工作状态是忙闲不均，则最忙发生在哪段时间	（　　）至（　　）
4. 是否经常需要出差	□是　　　　　□否
5. 若需要经常出差，则外出时间占总工作时间的比重是多少	比重（　　）
6. 工作负荷状况	□超负荷　　□饱满　　□基本饱满　　□不饱满

6. 工作中使用的设备和工作环境

员工所使用的设备和工作环境可以通过下表进行整理。

员工使用的工作设备和工作环境记录表

工作活动	使用设备	设备使用的频率	使用设备所需专业技术及其他	工作环境

7. 工作失误分析指分析工作中最容易出现失误的环节，如下表所示。

工作失误分析记录表

容易失误的工作环节	工作环境	产生的原因	产生的后果

为了防止失误的发生，需要注意什么问题，如何避免失误

8. 岗位任职资格

岗位任职资格是工作分析中的重点，如下表所示。

岗位任职资格记录表

问题			记录内容
专业知识和技能			
教育程度			
职业资格证书			
所需的培训			
工作经验			
能力要求	管理能力	领导决策能力	
		计划组织能力	
		沟通协调能力	
		激励能力	
		授权能力	
	人际沟通能力	人际关系处理能力	
		书面表达能力	
		语言表达能力	
		公关能力	
		沟通能力	
		谈判能力	
	其他能力		

9. 其他

（1）您认为工作中最大的挑战是什么？

（2）在处理这些棘手或重要问题时，您通常是怎样做的？

（3）在工作中，您最满意和最不满意的地方是什么？

（4）您是否经常与领导沟通？

（5）与领导的交谈过程中，您与他/她主要讨论什么问题？

（6）工作中，您是否曾做出过重大决定或举措？若是，请举例说明。

（7）您在工作中有哪些权限？

工作分析调查问卷（模板）

问卷填写须知

一、问卷填写目的：

二、填写原则：

三、填写方法：

四、其他

问卷填完后，请必须于_____月_____日前直接交与您的直接上级。

注意事项：

使用讲解：

工作分析调查表

岗位基本信息及岗位描述调查

姓名		所在部门		现任岗位名称		直接上级	
性别		学历		所学专业		职称/技能资格	
年龄		工龄		本单位工作时间（年）		从事本岗位时间（年）	

岗位目的	用一句简洁的话来表达该岗位存在的主要目的和价值 （主要回答：为何设置这一岗位？从公司角度来看，该岗位具有什么重要意义？这个岗位最终要取得怎样的结果？）

工作关系	您在从事本职工作时，与其他哪些部门哪些职位发生哪些联系？请列举关联内容。频率高低：1——偶尔，2——一般，3——经常，4——频率高

	公司内部部门	岗位名称	发生频率	公司内部部门	岗位名称	发生频率
	企业外部组织、机构名称		发生频率	企业外部组织、机构名称		发生频率

工作目标	您认为本职位的主要目标（注意：由本人填写，按重要性先后排序）	本职位的主要目标（注意：由您的直接上级填写，按重要性先后排序）
	1.	1.
	2.	2.

工作活动内容	本部分要求概述说明该职位应做些什么和产出结果是什么。请尽量明确列出本职位所发生的工作活动内容，并根据您自己的认识对其重要程度加以排序，并标明在各项职责上所耗费时间的百分比及权限。（如内容较多可以附纸填写）

名称（按重要性和发生频率高低列出）	结果	占总工作时间（%）	权限（在相应栏打"√"）		
			承办	需报审	全权负责

工作可能产生的差错分析	指最容易出现工作失误的环节有哪些？并简要说明产生原因及后果。（如内容较多可以附纸填写）

工作环节	原因	后果

请简要说明防止或纠正这些失误需要什么条件？存在哪些障碍？如何解决？

岗位基本信息及岗位描述调查

姓名		所在部门		现任岗位名称		直接上级	
性别		学历		所学专业		职称/技能资格	
年龄		工龄		本单位工作时间（年）		从事本岗位时间（年）	

<table>
<tr>
<td rowspan="4">考核
评价</td>
<td colspan="4">从事本职工作，您认为应该从哪些角度进行考核，标准是什么？（如内容较多可以附纸填写）</td>
</tr>
<tr>
<td colspan="2" align="center">本人填写</td>
<td colspan="2" align="center">您的直接上级填写</td>
</tr>
<tr>
<td>考核项目</td>
<td>考核标准</td>
<td>考核项目</td>
<td>考核标准</td>
</tr>
<tr>
<td>1.</td>
<td></td>
<td>1.</td>
<td></td>
</tr>
</table>

（表内含有 "2." 行）

考核项目	考核标准	考核项目	考核标准
2.		2.	

<table>
<tr>
<td rowspan="5">工作
权限</td>
<td colspan="2">为顺利开展工作，您需要哪些权限，其中包括目前已具备的权限及目前还没有具备，但是您认为工作职责需要具备的权限。</td>
</tr>
<tr><td>行政权限</td><td></td></tr>
<tr><td>财务权限</td><td></td></tr>
<tr><td>人事权限</td><td></td></tr>
<tr><td>其他权限</td><td></td></tr>
</table>

<table>
<tr>
<td rowspan="6">工作
条件</td>
<td colspan="4">主要指工作的物理环境、安全状况、职业危害性等，填写者可根据工作现状，填写目前存在的或潜在存在的。请在□内划"√"或在空白处填写。</td>
</tr>
<tr>
<td>工作场所</td>
<td>□办公室　□工地现场
其他：</td>
<td>环境状况</td>
<td>□舒适　□基本舒适，有无少许
（如辐射、噪声、气味、尘埃等）</td>
</tr>
<tr>
<td>危险性</td>
<td>□基本无危险　□职业病
□心理压力　□视力衰弱
□听力失真　□过度刺激
其他（　　）</td>
<td>工作中要用到的工具与仪器（含办公设备）</td>
<td></td>
</tr>
<tr>
<td>是否需要出差</td>
<td>□是　□否　如果需要，平均一个月出差（　　）次，每次（　　）天。外出时间约占总工作时间的比重（　　）</td>
<td>是否需要加班</td>
<td>□是　□否　如果需要，平均一星期加班时间为（　　）小时</td>
</tr>
<tr>
<td>工作是否忙闲不均</td>
<td>□是　□否，如果是，则最忙时常发生在哪段时间：</td>
<td>工作任务量</td>
<td>□较轻　□适度　□较重
□不均衡，有时较闲，有时特别忙</td>
</tr>
</table>

岗位基本信息及岗位描述调查

姓名		所在部门		现任岗位名称		直接上级	
性别		学历		所学专业		职称/技能资格	
年龄		工龄		本单位工作时间（年）		从事本岗位时间（年）	

工作 特征	● 在您的工作中是否需要运用不同方面的专业知识和技能？ □否 □很少 □有一些 □较多 □非常多 ● 在您的工作中是否存在一些令人不愉快、不舒服的感觉（非人为的)？ □没有 □有一点 □能明显感觉到 □较多 □非常多 ● 在工作中是否需要灵活地处理问题？ □不需要 □很少 □有时 □较需要 □很需要 ● 您的工作是否需要创造性？ □不需要 □很少 □有时 □较需要 □很需要

岗位任职资格调查信息

注意：任职资格是指任职者履行该职位的职责所应具备的最低资格条件，而不是填写该职位现在的工作人员的情况，即应当从职位的角度而非属自身的角度，来考虑担任这一职位的人所应具备的最低资格条件，请在对应处按要求填写有关内容。

	项目名称（请在右边相应项目的适用等级栏处打钩）	从 不	偶 尔	有 时	经 常	总 是
写作能 力及要 求	1. 通知、便条、备忘录	1	2	3	4	5
	2. 简报、信函	1	2	3	4	5
	3. 汇报文件或报告	1	2	3	4	5
	4. 总结	1	2	3	4	5
	5. 企业文件	1	2	3	4	5
	6. 研究报告或方案	1	2	3	4	5
	7. 合同或法律文件	1	2	3	4	5
	8. 其他：（自行填写）	1	2	3	4	5
岗位基 本情况 要求	1. 您所从事的岗位是否有性别要求，何种群体从事该岗位工作较好？ □男 □女 □性别不限 2. 您所在岗位的身高要求？ □150cm 以上 □160cm 以上 □170cm 以上 3. 您所从事的工作有何体力方面的要求？ □轻 □较轻 □一般 □较重 □重

岗位基本信息及岗位描述调查					
姓名		所在部门	现任岗位名称	直接上级	
性别		学历	所学专业	职称/技能资格	
年龄		工龄	本单位工作时间（年）	从事本岗位时间（年）	

教育背景要求	1. 您认为胜任这个岗位需要什么样的文化程度？基本要求（　　）理想要求（　　） 　A. 初中　　B. 高中　　C. 大专　　D. 本科　　E. 硕士及以上　　F. 不好估计 2. 您认为胜任这个岗位需要哪些方面的专业知识背景？请按照理想程度依次列举：（填写可满足本岗位工作要求所需学习的专业，如：化工、机械、电子、经济、管理、营销、无特别要求等） 　A.　　　B.　　　C.　　　D.　　　E. 3. 您认为一位没有相关工作经验的大专学历的人员，需要多长时间的培训可以胜任工作？有专业知识背景的（　　）没有专业知识背景的（　　） 　A. 不需要培训　　B. 3 天以内　　C. 15 天以内　　D. 1 个月以内　　E. 3 个月以内 　F. 半年以内　　G. 半年以上　　H. 不好估计

工作经验及培训要求	为顺利履行工作职责，应该或需要进行哪些培训？大约需要培训多长时间？

培训科目名称	培训内容	培训时间（天）

您认为胜任这个岗位的工作需要哪些方面的工作经验和时间要求？请列出

工作经验要求（专业工作经验、管理工作经验、其他经验）	时间要求（年或月）

知识与技能要求	1. 您认为胜任这个岗位需要什么样的专业技能？请按照理想程度依次列举： A.　　　B.　　　C.　　　D. 2. 岗位所要求的英语（或日语及其他）水平如何？（　　） □不需要　　□英语或日语初级　　□英语四级或日语一级 □专业英语或日语　　□其他语言（　　） 3. 胜任这个岗位需要什么样的计算机水平？ □不需要　　□简单应用 Office　　□熟练使用 □计算机语言编程，语言类别名称为：（　　） 4. 胜任这个岗位需要具备怎样的工作态度？ □具有完全的执行力和服从力，不须具备独立分析解决问题的能力 □大部分的工作需要具备完全的执行力和服从力，须具备些许的独立分析解决问题的能力 □较少部分工作需要具备完全的执行力和服从力，须具备较强的独立分析能力和问题解决能力 □须具备完全的独立分析能力和问题解决能力

岗位基本信息及岗位描述调查

姓名		所在部门		现任岗位名称		直接上级	
性别		学历		所学专业		职称/技能资格	
年龄		工龄		本单位工作时间（年）		从事本岗位时间（年）	

其他能力要求

在相应栏后的高低程度分级适用的格子内打"√"（注意：本人填写前一列，直接上级填写后一列）

能力项目	低	较低	中	较高	高	能力项目	低	较低	中	较高	高
领导能力						应变能力					
指导能力						谈判能力					
激励能力						冲突管理					
……						……					

其他方面：

薪酬满意度

1. 以自己的资历，您对自己的工资收入：

□非常满意　　□较满意　　□不确定　　□不满意　　□非常不满意

2. 您对目前公司薪酬制度科学性的评价是：

□非常科学合理　　□较科学合理　　□不确定　　□不够科学合理　　□非常不科学合理

3. 您对目前公司薪酬制度公正性和公平性的评价是：

□非常公正和公平　　□较公正和公平　　□不确定　　□不够公正和公平　　□非常不公正和公平

4. 您认为公司绩效工资的发放：

□有科学合理的正式考核制度和考核表格作为依据

□有一些简单的考核制度和表格　　□不确定　　□没什么制度和依据，凭感觉考核

您对公司薪酬福利方面，有何建议？

其他方面

在工作中您觉得最困难的事情是什么？您通常是怎样处理的？请列举两到三项

困难的事情	处理方法和措施

您认为您从事的工作有哪些不合理的地方，应如何改善

不合理的地方	建议

关于工作，您还有哪些需要特殊说明的问题

谢谢您的合作和支持，请再次检查确认表格所有信息是否填写完整、无误！

填表人签名：

第四节　实训项目三　编制职位说明书

一、实训要求

要求学生了解职位说明编制的主要内容，理解编制职位说明书的基本原理和基本思路，对具体编制过程中遇到的问题及应该注意的事项有初步的掌握，学会撰写内容完整、用语规范的职位说明书。

二、职位说明书的主要内容

（1）职位描述。职位名称、职位活动和程序、工作条件和物理环境、社会环境、职业条件。

（2）职位要求。职位要求包括：有关工作程序和技术的要求、独立判断与思考能力、记忆力、注意力、知觉能力、警觉性、操作能力（速度、准确性和协调性）、工作态度和各种特殊能力要求。职位要求还包括文化程度、工作经验、生活经历和健康状况等。岗位要求既可以用经验判断的方法获得，也可以通过统计分析方式来确定。

（3）工作内容描述。这是最主要的内容，此栏详细描述该职位所从事的具体的工作，应全面、详尽地写出完成工作目标所要做的每一项工作，包括每项工作的综述、活动过程、工作联系和工作权限。同时，在这一项中还可以同时描述每项工作的环境和工作条件，以及在不同阶段所用到的不同的工具和设备。

（4）任职资格。教育背景、经验、技能要求、个性特质、培训经历。

（5）责权范围。

三、实训的实施流程

（1）做好实训前准备，根据提前准备的资料和相关理论梳理，结合背景案例的岗位管理的现状，编制相应的职位说明书。

（2）将学生分为4~6人的小组，以便于进行讨论。

（3）每组学生根据分析的结果，确定编写职位说明书的主要内容。

（4）调动学生积极发言，让每组学生进行充分的分析和讨论，并在小组内部形成统一的结论，由小组代表进行汇报。

（5）各小组根据讨论内容编写实训报告。

四、实训案例背景

本实训要求根据《H公司岗位管理现状》的案例背景资料，结合本模块实训项目的要求，自行查找相关企业的资料和信息，选择该公司中的一类岗位进行分析，编写相应的职位说明书。

实训任务：

选择具体的一类岗位编写职位说明书。

五、实训报告

在实训结束后，每位同学必须撰写实训报告，实训报告要求文字简练、条理清晰、观点明确。实训报告的参考模板如下所示：

模板一

职位名称：工作地点：
所属大部门：所属最小部门：
职位类型：职位等级：
拟订人签字：审核：
评审代表签字：生效日期：

职位目的：简要地介绍该职位的主要目的，突出该职位对组织独一无二的贡献。

工作关系：请列出该职位的上级职位，同僚职位及下属职位的名称。含行政汇报关系及业务汇报关系。

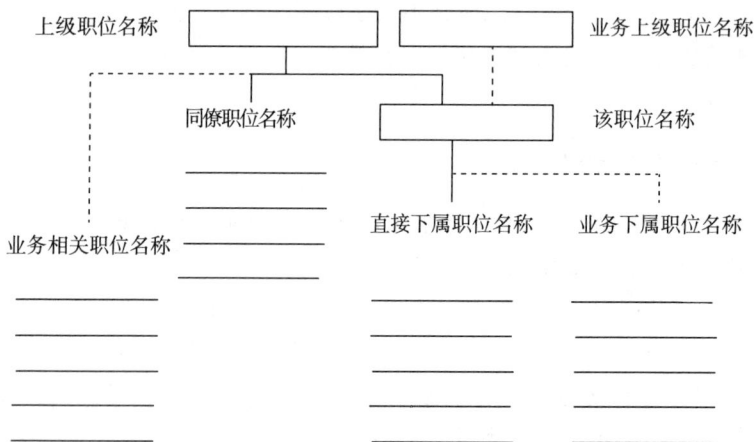

职位范围：请列出与该职位工作之范围与程度有关的资料，例如，下属数目、直接控制的预算额，与直接负责或做出建议相关的开支项目及额度。下属人员类别参照华为职做划分

★非经济性指标

该单位总人数：　直接下属：　间接下属：　业务下属：

下属类型

管理人员：　专业人员：　技术人员：　营销人员：　其他人员：

★经济性指标

年度预算额：　年度销售额：　年度花费：

年度净收入：　运营成本：

主要应负责任：请描述职位4~8项应负责任，包括主要活动和要达到的成果，每一应负责任请依其重要性排列，从（1）开始，而（1）代表最重要。衡量标准可以是数量、质量、成本、时间、人员反应等，应尽可能客观、量化数据易采集

重要性	应负责任	影响性质	衡量标准
1			
2			

任职要求：

请详列出此职位最低需要的认可专业资格、学历、特殊训练、经验、素质等。素质要求的填写请参照"素质名称及含义"

学历：　专业：

工作经验：

　　必备的知识与技能：

专业/技术资格等级：

管理任职资格等级：

素质要求：

工作依据：

主要填写任命文件，开展工作所依据的文件、规章制度等，应包括文件签发日期、签发部门、签发文号和文件名

部门职责：请描绘该职位所属的最小部门的主要职责

模板二

岗位名称	必须具体；名实相符 如区域销售经理	所属部门	岗位所在的最小单位 如营销中心销售部	岗位编码	根据公司岗位编码要求填写
岗位类别	根据公司岗位分类标准填写 如管理类、专业技术类等	岗位序列	根据公司岗位分序列的标准填写（此处没有可不写） 如综合管理序列、专业管理序列等	岗位定编	根据公司岗位定编标准填写（此处没有可不写）

岗位概述：

- 要求：用简练而准确的语言来描述本岗位在组织或部门中存在的目的和作用。
- 思考：
- 1）该岗位实现了公司及部门的哪些目的和作用？
- 2）如果该岗位不存在，则对公司或部门造成哪些影响？
- 格式：
  1）工作依据：根据/依据……（法律、法规、原理、政策、战略、指导、指示、模型、方法、技术、体系、做法、程序、条件、标准……）；
  2）工作内容：动作＋工作对象（负责……，做……，组织……）；
  3）工作成果：描述岗位工作达到的目的（市场、盈利、有效性、质量、产量、服务、期限、安全）。
- 注意：
- 1）岗位设置目的陈述不包括如何完成结果的过程；
- 2）要反映该职位存在的价值，应避免：工作目的描述太空；所作描述与别的职位没有显著区别；对工作职责简单罗列。

举例：根据公司业务发展需要及区域市场特点，负责区域销售计划的制定与执行，确保销售回款，控制销售费用，配合公司实施市场开发计划，建立良好稳固的客户关系，销售信息管理，建立高效的销售团队。

核心业务：

- 要求：用简练而准确的语言来描述本岗位的核心工作内容。
- 举例：
1. 负责区域内公司产品的市场推广、渠道/客户开拓、销售实施等职责；
2. 为用户提供专业的产品方案咨询服务、教学/科研支持、相关培训工作；
3. 获取市场信息，协助产品中心完成产品和用户调研等工作。

岗位主要关系：

直接上级	填写直接上级岗位名称如：营销总监	直接下级/人数	填写直接下级岗位名称和人数（定编数）

内部协作关系	填写主要的内部协作部门/单位（一般 3～5 个部门或者岗位）	外部协作关系	填写主要的外部协作单位（主要包括政府机关、学校、客户、供应商、中介组织如事务所等）

岗位职责及工作标准：

岗位职责	工作描述	负责程度	建议考核标准
职责一、二、三等的排序是按照由主要到次要、由计划工作到具体实施、由制度到作业、由重点工作到日常工作的顺序来写 注意：语言简练提精	对应于左边的岗位职责，较详细地叙述该职责需要履行达到的程度。 注意： 1. 尽量避免模糊性的数量词，如"许多""一些"等； 2. 如果存在歧义时，要在备注中给予解释和说明	例如：全责、主办、协办、配合等	填写标准见下方
职责一：销售组织	负责区域内公司产品的销售运作，包括计划、组织、进度控制和检讨等，并将销售情况及时汇报有关领导，提出改进措施	全责	销售额和任务完成的时效
职责二：			
职责三：			
职责四：			

建议考核标准描述：

考核标准建议为关键绩效指标（Key Performance Indicators，KPI）是指衡量本岗位工作完成情况和价值贡献的最重要的衡量指标及标准。

1. 关键绩效指标的来源：

- 第一来源（需要首要考虑的来源）：上级部门/单位的要求或指标分解（尤其是来自总公司）。
- 第二来源：相关流程对职责履行的要求。
- 第三来源：自身对履行本岗位职责的要求。提炼成哪些关键绩效指标，可以从数量、质量、时间、成本方面进行考虑。

2. 确定关键绩效指标有一个重要的 SMART 原则：

S 代表具体（Specific），指绩效考核要切中特定的工作指标，不能笼统。

M 代表可度量（Measurable），指绩效指标是数量化或者行为化的，验证这些绩效指标的数据或者信息是可以获得的。

A 代表可实现（Attainable），指绩效指标在付出努力的情况下可以实现，避免设立过高或过低的目标。

R 代表现实性（Realistic），指绩效指标是实实在在的，可以证明和观察。

T 代表有时限（Timebound），注重完成绩效指标的特定期限。

任职资格：（有选择项的，在对应选项括号内打钩）

知识与学历	最低学历要求	• 初中（　） • 中专/技校或高中（　） • 大专（　） • 大学本科（　） • 硕士及以上（　）
	专业知识要求	
	执（职）业资格要求	（法律法规或国家政策、公司制度对持证上岗方面的要求，特殊技能证等）
	相关专业技术职务任职资格	• 无须（　） • 初级职称（　） • 中级职称（　） • 高级职称（　） 如果需要职称，同时请注明职称类型： （如经济、政工、统计、审计、会计等）
	外语要求	• 无（　） • 一般英语水平（　） • 较熟练的英语水平（　）
	计算机知识要求	• 无（　） • 基本的办公软件操作（　） • 专业的软件程序或计算机维护（　）
工作经验	工作熟练期	• 无须熟练期（　） • 3个月相关工作经验（　） • 约1~3年相关工作经验（　） • 3~5年相关工作经验（　） • 5年以上相关工作经验（　）
	工作经验多样性	• 无须多岗位/工种的工作经验（　） • 需要1种相关岗位/工种的工作经验（　） • 需要2~4种相关岗位/工种的工作经验（　） • 需要5种及以上的相关岗位/工种的工作经验（　）
所需基础培训		

续表

		能力名称	一般水平	较强水平
所需基本能力	人际交往能力 （在对应的能力及水平的方框内打钩）	• 团队合作		
		• 语言表达能力		
		• 文字处理能力		
		• 说服能力		
		• 谈判能力		
		• 其他（请注明）		
	管理技能 （在对应的能力及水平的方框内打钩）	• 领导能力		
		• 组织协调能力		
		• 计划能力		
		• 时间管理能力		
		• 其他（请注明）		
	创新能力和开拓能力 （在对应的能力及水平的方框内打钩）	• 创新能力		
		• 开拓能力		
	判断决策能力 （在对应的能力及水平的方框内打钩）	• 战略思考能力		
		• 问题分析能力		
		• 推断评估能力		
		• 决策能力		
	其他能力	请注明：＿＿＿＿＿＿（如是否需要手指灵巧、肢体协调平衡、感官敏锐等）		

其他：

使用工具设备	• 普通办公设备（　） • 专业办公设备（　） • 生产操作设备（　） • 其他：	
工作环境	消耗体力的程度：	• 轻松（　） • 一般（　） • 较繁重（　）
	工作环境的舒适性	• 舒适（主要在办公室）（　） • 一般（办公室工作人员，经常到作业现场进行工作指导、检查）（　） • 较差（主要在生产作业现场或室外）（　）

工作时间	• 8小时工作制（　　） • 综合计算工时工作制（　　） • 不定时工作制（　　） • 其他：

备注：

编制日期		生效日期		撰写人	
审核人		复核人		批准人	

第四章　招聘与甄选

第一节　理论知识回顾

一、招聘的概述

招聘：组织为了生存和发展的需要，根据组织人力资源规划和职位分析的数量和质量的要求，通过信息发布和科学甄选获得所需合格人才，并安排他们到所需岗位上工作的过程。

甄选：通过排除的方式来确定出哪些应聘者最有可能取得预期工作成果或达成绩效要求的过程。

招聘与甄选是两个相对独立的概念，招募流程和甄选流程所关注的重点和所要解决的问题不同。

二、招聘的前期准备工作

（一）职位分析

（1）概念。职位分析是指全面了解、获取与工作有关的详细信息的过程，是对组织中某个特定职位的定位、目标、工作内容、职责权限、工作关系、业绩标准、人员要求和职务规范的描述和研究过程，即制定工作说明书和任职者说明的系统过程。

（2）作用。①为人力资源规划提供前提保证；②为工作评价、人员考核、晋升与调动管理奠定了基础；③为工作设计提供基础信息；④为制订培训计划提供方法和内容的依据；⑤为绩效考核提供评价标准；⑥为岗位评估及确定薪酬等级提供依据；⑦为员工的职业发展规划的制定提供依据。

（3）方法：

1）观察法：观察法是指职位分析人员通过对员工正常工作的状态进行观察，

获取工作信息，并通过对信息进行比较、分析、汇总等方式，得出职位分析成果的方法。

2）问卷调查法：问卷法适用于脑力工作者、管理工作者或工作不确定因素很大的员工。

3）面谈法：也称采访法，它是通过职位分析人员与员工面对面的谈话来收集职位信息资料的方法。

4）参与法：也称职位实践法，就是职位分析人员直接参与到员工的工作中，扮演员工的工作角色，体会其中的工作信息。参与法适用于专业性不是很强的职位。

5）典型事件法：挑具有代表性的员工和典型的时间进行观察，从而提高职位分析的效率。

6）工作日志法：是由员工本人自行进行的一种职位分析方法。

7）材料分析法：如果职位分析人员手头有大量的职位分析资料，比如类似的企业已经做过相应的职位分析，比较适合采用本办法。

8）专家讨论法：是指请一些相关领域的专家或者经验丰富的员工进行讨论，来进行职位分析的一种方法。

（二）人力资源管理规划

人力资源规划是指为实施企业发展战略实现组织目标，根据组织内外部环境的变化，利用科学的方法对其所属的人力资源的供需进行预测，制定相应的政策和措施从而使组织人力资源的供给和需求达到平衡的活动过程。

（三）胜任素质模型

（1）概念。素质模型（Competency Model）是指为完成某项工作，达成某一绩效目标所要求的一系列不同素质的组合，包括不同的动机表现、个性与品质要求、自我形象与社会角色以及知识与技能水平。素质模型通常由素质要素及等级要求组成。

（2）胜任素质模型在人力资源管理中的应用。

1）个人层面。胜任素质模型给员工提供了一个明确的学习范本，让员工清楚了解如何迈向成功与卓越，以积极的态度帮助个人不断激发潜能。

2）人力资源管理职能层面。胜任素质模型可以应用到人力资源管理的招聘、培训、绩效考核、薪酬管理等各个职能中。

三、招聘计划

（一）概念

招聘计划是人力资源部门根据用人部门的增员申请，结合企业的人力资源规划和职务描述书，明确一定时期内需招聘的职位、人员数量、资质要求等因素，并制定具体的招聘活动的执行方案。

招聘计划应由用人部门制订，然后由人力资源部门对其进行复核，特别要对人员需求量、费用等项目进行严格复核，签署意见后交由上级主管领导审批。招聘计划的制订过程分为调研分析、预测和决策三个步骤。

（二）招聘计划的制订过程

1. 调研分析

调研分析是制订计划的基础。为了避免盲目编制计划和实施招聘，首先要做好组织人力资源状况分析，并根据本组织人力资源规划及当前的工作任务、招聘的范围、数量和规模等情况确定如何开展招聘工作。

招聘调研分析主要调研两方面的内容：第一，根据本组织的发展与运行现状，明确工作任务及完成这些任务所需人员的情况。了解需要补缺的工作岗位、岗位职责和要求，在岗人员任职情况等。第二，了解与分析本组织整体人力资源或者局部人力资源状况，内容主要是人员学历结构、技术结构、年龄结构、人力资源分布与分配状态以及人力资源利用情况。目的是掌握组织人力资源现状和当前管理利用情况。

2. 预测

预测是计划的前提和依据。预测的主要工作是判断未来的变化对企业人力资源需求的影响。如对企业扩张、组织机构变化、技术发展与革新、劳动（工作）效率提升、劳动力市场的变化等方面进行预测与规划，结合人力资源战略与规划，预测近期人力资源的需求量、类型和趋势。

3. 决策

决策是计划的核心，具体包括招聘的岗位、人员需求量、每个岗位的具体要求，招聘信息发布的时间、方式、渠道与范围，招聘对象的来源与范围，招聘方法，招聘测试的实施部门，招聘预算，招聘结束时间与新员工到位时间。决策完成后，招聘计划也就形成了，招聘计划确定后，需要经过人力资源部经理及高层管理者的批准。

（三）招聘计划的主要内容

（1）人员需求清单，包括招聘的职务名称、人数、任职资格要求等内容。

（2）招聘信息发布的时间和渠道。

（3）招聘小组人选，包括小组人员姓名、职务、各自的职责。

（4）应聘者的考核方案，包括考核的场所、大体时间、题目设计者姓名等。

（5）招聘的截止日期。

（6）新员工的上岗时间。

（7）费用招聘预算，包括资料费、广告费、人才交流会费用等。

（8）招聘工作时间表，尽可能详细，以便于他人配合。

（9）招聘广告样稿。

（四）招聘计划书的编写

企业招聘计划书是企业对聘用新员工的程序、时间、要求等做出安排的文书。企业招聘计划书通常是企业人事管理部门在招聘员工时向企业主管领导提出的书面报告，同时也向社会公布，便于应聘人员了解企业录用员工的要求。

企业招聘计划书的主要内容包括拟聘用的岗位、应聘人员的条件、招聘组织、招聘时间安排、招聘的程序。

编写要求：

（1）企业招聘计划书对拟聘的岗位和条件要做出充分说明，便于应聘人员选择是否竞聘。特别是聘用条件，应当尽量详细具体，比如，有的岗位可能适合于女性，有的可能适合于男性，应当在条件中列明，具有可操作性。

（2）企业招聘计划书时间安排既要考虑到有利于企业的运作，也要考虑到有利于应聘人员应聘。

（3）企业招聘计划书招聘组织，通常要选择与招聘录用的岗位相关的部门参与招聘考核工作。哪个部门需要人，则应由哪个部门作为主要负责人，审核应聘人员的相关资料，并且参与笔试、面试。

（五）招聘计划的修订

招聘计划制订以后，并非一成不变，在实际操作过程中由于组织内外部环境和条件的变化会使招聘遇到一些新问题，需要适时地做出调整和修订，以使招聘计划能真正体现对招聘工作的指导性和预见性。当然，计划一旦被制订，应尽可能保证其稳定性，不能朝令夕改，形同虚设。

（六）招聘计划的审批与实施控制

招聘计划的内容制订、修改完成后，还需要提交给上级进行审核、批准，通过审批后才能进行招聘信息的发布。如果待招聘人员是在人员预算范围内，审批程序通常会进行得较快；如果待招聘人员是在人员预算范围外，公司高层管理人员需要对招聘的必要性进行审核和论证。确认招聘需求后，获得审批的招聘计划书会直接发送回人力资源部，人力资源部的工作人员可正式实施招聘准备工作。

配合招聘计划的实施，企业还需要制订企业简介和招聘简章。人力资源部相关工作人员将通过审批的招聘计划投入实施阶段，同时还需要按照招聘需求的轻重缓急程度加以分类，并明确招聘渠道。为实现有效招聘，要注意严格控制招聘的整体进程，从招聘信息的发布到应聘者资料的收集，再到选择过程和录用情况等，围绕整个过程做一份详细的时间控制表。

四、招聘渠道与方式

（一）内部招聘

内部招聘是指企业的岗位空缺由企业或组织内的那些已经被确认为接近提升

线的人员或通过平级调动来补充。竞聘上岗是内部获取的最重要方式。企业内部人力资源包括现有的员工、员工的社会关系、以前的员工和以前的应聘者。

（二）内部招聘的六种主要方式

1. 提拔晋升或岗位轮换

内部晋升或岗位轮换是建立在系统有序基础上的内部职位空缺补充办法。运用此种方法首先需要建立一套完善的职位体系，明确不同职位的关键职责、胜任素质、职位级别等在晋升和岗位轮换中的运作依据；其次需要建立员工的职业生涯管理体系，对员工的绩效状况、工作能力进行评估和建立相应的档案。根据组织中员工的发展愿望和发展可能性进行岗位的晋升及有序轮换，使有潜力的员工得到相应的发展。

2. 内部竞聘

即通过内部公告的形式在内部组织公开招聘。符合条件的员工可以根据自己的意愿自由竞争应聘上岗。内部竞聘中需要接受选拔评价程序，只有经过选拔评价且符合任职资格的人员才能录用，以保证内部招聘的质量。

3. 内部员工举荐

当组织出现职位空缺时，鼓励内部员工利用自己的人际关系为组织推荐优秀的人才。据《劳动力杂志》（*Work Force*）报道，如果组织能善用员工举荐人才的做法，不仅省时省钱，而且能提高人才质量，减轻人力资源部门的负担。

4. 利用人才信息库档案

内部晋升的优缺点：

优点：①提升发展空间，鼓舞员工士气；②保持企业文化的稳定性。

缺点：①涟漪效应；②容易引发内部矛盾，形成不健康的冲突，导致组织内人际关系紧张；③角色重新界定：从同事到上下级；④"失败者"问题。

（三）外部招聘

外部招聘是根据一定的标准和程序，从组织外部众多应聘者中选拔获取所需人选的方法。这是组织根据自身发展的需要向外界发布招聘信息，并对应聘者进行有关的测试、考核、评定及一定时期的试用，综合考虑其各方面条件之后决定是否聘用的常见方式。

（四）外部招聘的方法

（1）广告招聘。广告招聘是通过报刊、电视和行业出版物等传统媒介向公众传递组织的人力资源需求信息，以吸引求职者前来应聘的招聘方法。目前的广告媒体非常多样，包括报纸、杂志、广播电视、招聘现场、网络等。

（2）人才市场招聘会。我国的人才市场包括各级人才市场、劳动力市场和职业介绍中心等。这些机构都是各级政府人事部门和劳动部门为指导和服务就业工作而建立的人才管理服务机构。人才市场招聘会通常由这些机构作为主办单位开展市场招聘活动。

（3）校园招聘。每年都有大量的大学毕业生走出校园进入社会，这些走出校门的毕业生充满朝气、可塑性强、最具发展潜力，是就业市场上的生力军，是组织获取新鲜人力资源的源泉。越来越多的组织将目光对准校园，开展各式各样的校园招聘活动，以此作为获取人才的一个主渠道。

（4）专业机构招聘。在外部招聘中组织经常采用的方式是委托人才招聘机构进行招聘。专业人才机构主要是指人力资源服务公司、人才中介服务公司、人才租赁公司、猎头公司等机构组织。当前，我国的人才服务机构可分为公共服务机构和私营服务机构两种类型。

（5）网络招聘。网络招聘也称在线招聘或者电子招聘（E - Recruiting），是指利用互联网技术进行的招聘活动，包括招聘信息的发布、简历的在线收集整理、电子面试及在线测评等。随着企业信息化程度的极大提高和互联网家庭用户的迅猛增长，网络已经成为越来越多的组织、人才机构进行招聘和求职者进行求职的最重要手段。

（五）招聘广告

招聘广告是招聘的重要准备之一，对外部人员的招聘通常需要以广告为先导，以广告的形式宣传自己的形象，招聘本组织需要的人才，使组织能在较短的时间内，吸引更多合适的招聘对象，便于组织挑选与录用。

五、员工甄选与录用

（一）员工选拔

员工选拔是从工作申请人中进行挑选，进而决定是否录用的重要程序。

（二）员工选拔程序主要分为三大阶段

（1）筛选个人简历或申请表（人力资源部）；

（2）能力测试（招聘部门和人力资源部）；

（3）面谈（招聘部门经理或其上级、人力资源部）。

（三）员工测试方法

员工测试是对通过个人简历或申请表筛选后的应征者所进行的知识和能力的测试。

1. 笔试

笔试主要用来测试应聘者的知识和能力，也可用来测试性格和兴趣。

对知识和能力的测试主要包括：①一般知识和能力包括社会文化知识、智商、语言理解能力、推理能力、记忆能力等；②专业知识和能力包括管理知识、人际关系能力、观察能力等。

2. 心理测验

心理测验是指在控制的情境下，向应试者提供一组标准化的刺激，以所引起的反应作为代表行为的样本，从而对其个人的行为做出评价。①成就测验。用来鉴定一个人在经过学习或训练后实际能力的高低。笔试或现场操作。②性向测验。性向不是指个人表现出的实际能力，而是指其潜在能力，即可能的发展前景或可能具有的能量。③智力测验。主要用来测验一个人的思维能力、学习能力和适应环境的能力（如西比量表测 IQ）。④人格测验。人格由多种人格特质构成，大致包括体格与生理特质、气质、能力、动机、兴趣、价值观与社会态度等。对于一些重要的工作岗位如领导岗位选拔人才需进行人格测验。⑤能力测验。为了测验某些方面的能力，可针对性地设计和实施专门的测验方案。

3. 情景模拟

根据对象可能担任的职务，编制一套与该职务实际情况相似的测试项目，将被测试者安排在模拟的工作情境中处理可能出现的各种问题，用多种方法测评其心理素质、潜在能力的一系列方法。

（1）公文筐测试。自信心、组织领导能力、计划能力、文字表达能力、决策能力、冒险精神、经营管理能力。

（2）无领导小组讨论。主动性、说服力、口头表达能力、自信程度、承受力、精力、人际交往能力。

（3）谈话。

（4）角色扮演。

（5）即席发言。

4. 评价中心

评价中心由几种工作模拟方法组合而成，利用现场测试或演练，由评估人员观察候选人的具体行为，并给予评分。

（1）经营管理技巧：公文筐测试。

（2）人际关系技巧：无领导小组讨论、商业游戏。

（3）智力状况：笔试。

（4）工作的恒心：公文筐测试、无领导小组讨论、商业游戏。

（5）工作动机：想象能力测试、面试、模拟。

（6）职业发展方向：想象能力测试、面试、性格考察。

（7）依赖他人的程度：想象能力测试。

（四）招聘面谈

1. 面谈的建议过程

第一步：准备（P = Prepare）。①回顾申请书、简历、副本以及其他背景信息；②同时准备一般问题和个别的、具体的问题；③准备适当的、自然的环境。

第二步：建立关系（E = Establish Rapport）。①努力使求职者感到舒适；②表达真诚的兴趣；③通过语音和举止表示支持性态度。

第三步：获取信息（O = Obtain Information）。①提问；②深究；③仔细倾听；④观察对方。

第四步：提供信息（P = Provide Information）。①描绘现在和将来的工作机会；②宣传公司的正面特色；③对求职者的问题做出反应。

第五步：结尾（L = Lead to Close）。①澄清回答；②为最终求职者的加入提供机会；③说明接下去需要做什么事。

第六步：评价（E = Evaluate）。①评价技术上的能力和工作要求的匹配性；②判断个性素质；③做出推荐。

2. 面谈的分类

（1）按照不同的分类方式，面谈可以分为：结构化、半结构化和非结构化面谈；一对一面谈和多对一面谈；连续性面谈和一次性面谈。

（2）面试的规范化。通过工作分析确定工作的要求；严格根据工作说明书设计面试中的问题；应编制面试评价表；应在轻松的气氛下进行面试；面试官应经过训练，能够客观地评价行为。

3. 工作申请人的面谈技巧

面谈的技巧包括：①明确面谈的目的是让招聘企业了解你与人相处的能力、努力工作的动机以及属于哪种类型的人才，而不是展示你的专业知识和技术；②准备面试材料；③收集应聘公司的信息；④保持平和心态，营造和谐气氛；⑤着重回答主试者的提问。

4. 影响面谈结果的因素

（1）申请人方面的因素：①年龄、性别和种族等因素；②相貌、身高等身体特征；③教育和工作背景；④工作兴趣和职业抱负；⑤心理特征，如态度、智力和动机等；⑥作为面谈对象的经验和准备；⑦对面谈考官、工作和公司的理解；⑧语言和非语言行为。

（2）面谈考官方面的因素。①年龄、性别和种族等因素；②相貌、身高等身体特征；③心理特征，如态度、智力和动机等；④作为面谈对象的经验和准备；⑤对工作要求的理解；⑥面谈的目标；⑦语言和非语言行为。

（3）其他因素。①组织内部和社会上的政治因素、经济形势和法律条款；②在招聘选择过程中面谈的作用（相对于简历和测试）；③录用筛选比率；④面谈环境，包括舒适程度、隐私保护和面谈考官的数量；⑤面谈的组织、程序和结构。

（五）录用

（1）录用决策：主要是根据企业在招聘中对于应聘者的各种选拔评价结果，

通过综合分析和筛选，对照预先设定的岗位录用要求进行挑选，选择最合适的录用人员的过程。

（2）录用决策的影响因素：企业自身因素；应聘者的信息；录用决策者的个人因素；劳动力市场的影响。

（3）录用决策的一般程序：确定录用决策小组成员；分析候选人的相关信息；确定拟录用人员名单。

（4）录用决策的注意事项：原则一致；目标明确；能岗匹配。

六、背景调查

（一）背景调查

背景调查又称为参考调查，是指用人单位通过各种正常的、符合法律法规的方法和途径，搜索相关信息来核实外部求职者提供的个人资料真伪的行为。

（二）背景调查的内容

（1）身份识别：核实候选人身份证的真假。

（2）犯罪记录调查：指求职者是否曾有过违法犯罪等不良行为发生。

（3）教育背景调查：主要是指求职者提供的毕业证书及学位证书是否真实。

（4）工作经历调查：包括调查工作经历是否真实，即何时何地所任何职、是否正常离职等信息和工作具体表现两种。

（5）信用状况调查：指求职者在社会上的个人信用道德意识和信用自觉性的调查。

（三）背景调查的方法

背景调查的方法包括：①档案查询；②电话调查；③发函调查；④访谈调查；⑤网络调查；⑥利用行业 HR 联盟；⑦委托调查机构调查；⑧从资信评估公司购买。

七、招聘评估

（一）招聘评估的含义及作用

1. 招聘评估的含义及要素

（1）含义：招聘评估是指企业按照一定的标准，采用科学的方法，对招聘活动的过程及结果进行检查和评定，总结经验，发现问题，在此基础上不断改进招聘方式，提升招聘效率的过程。

（2）要素：①评估内容；②评估指标；③评估方法。

1）获得成本 ＝ 招募成本 ＋ 选拔成本 ＋ 录用成本 ＋ 安置成本。

2）新员工培训成本。

2. 招聘评估的作用

（1）招聘评估是企业反思招聘中的问题和改进招聘工作的依据。

（2）招聘评估是衡量招聘班子成绩的依据。

（3）招聘评估能够帮助企业发现内部问题。

（二）招聘评估指标体系

1. 招聘数量和质量评估指标

（1）人员招聘的数量评估。

1）应聘比。

应聘比 =（应聘人数÷计划招聘人数）×100%

应聘比越大，说明组织的招聘信息发布得越广、越有效，组织的挑选余地也就越大，招聘信息发布效果越好，同时说明录用人员素质可能较高；反之，该比率越小，说明组织的招聘信息发布得不适当或无效，组织的挑选余地也越小。

2）某职位的选择率。

某职位的选择率 = 某职位计划招聘的人数÷申请该职位的人数×100%

选择率低于1.00的程度越大，管理者在选择决策中的可行方案越多。

3）录用比。

录用比 = 录用人数÷应聘人数×100%

录用比率越小，表明可供选择的人员越多，实际录用者的素质就越高，但同时也加大了企业的招聘成本；反之，则可能实际录用者的素质较低。

4）招聘完成比。

招聘完成比 = 录用人数÷计划招聘人数×100%

招聘完成比等于或大于100%，则说明在数量上全面或超额完成招聘计划。该比率越小，说明招聘员工数量越不足。

（2）招聘质量评估。

1）招聘合格率。

招聘合格率 = 合格招聘人数÷总招聘人数

招聘合格率高说明招聘人员对企业的适合度高。

2）用人单位或部门对新录用员工绩效的满意度。

用人单位对新录用员工绩效的满意度 = 满意的用人单位数量/新录用员工总数×100%

3）新员工对企业和所在岗位的满意度。

新员工对企业满意度 = 满意的新员工数量÷新员工总数×100%

4）新员工离职率。

新员工离职率 = 新录用人员离职数÷新录用人员总数×100%

离职率高，表示新录用人员对企业或岗位的满意度低。

5）员工录用质量比。

$$QH = (PR + HP + HR)/N$$

QH 为被聘用的新员工的质量；PR 为工作绩效的百分比；HP 为新聘员工在一年内晋升的人数占所有当期新员工人数的比率；HR 为 1 年后还留在企业工作的员工数占原招聘的新员工总数的百分比；N 为指标的个数。

2. 招聘人员工作评估指标

（1）平均职位空缺时间。

平均职位空缺时间 = 职位空缺总时间 ÷ 补充职位数

平均职位空缺时间越短，说明招聘效率越高；反之，说明招聘效率较低。

（2）用人单位对招聘人员工作满意度。

用人单位对招聘人员工作满意度 = 满意的用人单位数量 ÷ 用人单位总数 × 100%

（3）新员工对招聘人员工作满意度。

新员工对招聘人员工作满意度 = 满意的新员工数量 ÷ 新员工总数 × 100%

新员工对招聘人员的工作进行满意度评价，"满意"与"比较满意"的比例较高，说明新员工对招聘人员工作的认可度高，可以在一定程度上反映招聘人员的工作情况。

（4）招聘渠道的吸引力。

这项指标可用应聘比来反映，应聘比越大，说明组织的招聘信息发布效果越好，招聘渠道吸引力就越大；反之，该比率越小，说明招聘渠道的吸引力越小。

（三）招聘成本评估

1. 招聘成本的分类

（1）招募成本。

招募成本 = 直接劳务费 + 直接业务费 + 间接管理费 + 各类预付费用

（2）选拔成本。

初步面试的费用 = 面试时间 × 主试者的小时工资率

选拔面谈的时间费用 =（每人面谈前的准备时间 + 每人面谈所需要的时间）× 选拔者工资率 × 候选人数

汇总申请资料费用 =（印发每份申请表资料费 + 每人资料汇总费）× 候选人数

考试费用 =（平均每人的资料费 + 平均每人的评分成本）× 参加考试的人数 × 考试次数

体检费 = 每位候选人的体检费用 × 检查人数 + 体检时间 × 体检组织者的小时工资率

（3）录用成本。

录用成本 = 录取手续费 + 调动补偿费 + 搬迁费 + 旅途补助费 + 离职补偿金 + 违约补偿金

（4）安置成本。

安置成本 = 各种安置行政管理费用 + 必要的装备费 + 安置人员时间损失成本

（5）适应性培训成本。

适应性培训成本 = （培训者的平均工资率 × 培训引起的生产效率的降低率 + 新员工的工资率 × 新员工的人数）× 受训的天数 + 教育管理费用 + 资料费用 + 培训设备折旧费用

（6）单位招聘成本。

单位招聘成本 = 招聘总成本 ÷ 录用人数

2. 招聘成本的评估

（1）招聘预算。招聘预算中主要包括：招聘广告预算、招聘测试预算、体格检查预算、其他测试预算等，其中招聘广告占据相当大的比例。企业可以根据自身的实际情况拟定招聘预算。

（2）招聘核算。招聘核算是指对招聘经费的使用情况进行度量、计算、审计等。

3. 招聘成本效应评估

（1）招聘总成本效用。

招聘总成本效用 = 录用人数 ÷ 招聘总成本

该比例越大，说明公司花费一定数量的费用后，所取得的效果越好，录用人员较多；反之，说明公司没能够招收足够数量的员工，总成本效用低。

（2）招募成本效用。

招募成本效用 = 应聘人数 ÷ 招募期间的费用

该比例越大，说明招募期间费用开支的效用越高，用于不同渠道的费用组合较合理，能够为组织吸引大量的应聘者，企业挑选的余地大，有利于提高录用人员的素质；反之，则说明无效的花费较多，资金应用不合理。

（3）选拔成本效用。

选拔成本效用 = 被选中人数 ÷ 选拔期间的费用

该比例说明选拔过程中资金使用的效率。该比例越低，公司用于选拔的投入越大，选拔面较广、余地较大，被选中的人员素质较高；反之，入选人员多，效果不明显，人员素质可能不高。

（4）人员录用成本效用。

人员录用成本效用 = 正式录用的人数 ÷ 录用期间的费用

该比例说明录用期间资金的使用效率。

（四）招聘投资收益评估

1. 招聘投资收益的预测方法

（1）员工招聘投资总收益。

员工招聘投资总收益＝实际招聘人数×招聘过程有效性指标（测评方法的效度）×应聘后实际工作绩效的差别×被录用者在招聘过程中的平均测试成绩

用字母表示为：员工招聘投资总收益＝$N \cdot R \cdot SDy \cdot Z$

式中，N 为实际招聘人数；R 为招聘过程有效性指标；SDy 为应聘后实际工作绩效的差别；Z 为被录用者在招聘过程中的平均测试成绩。

（2）员工招聘投资净收益。

员工招聘投资净收益＝员工招聘总收益－员工招聘总成本

员工招聘总成本＝实际招聘人数×（全部申请者人均成本×申请人数÷实际招聘人数）＝实际招聘人数×（全部申请者人均成本÷录用率）

员工招聘总成本＝$N \times (C/SR)$

式中，N 为实际招聘人数；C 为全部申请者人均成本；SR 为录用率。

把员工招聘总收益和员工招聘总成本的公式代入员工招聘净收益的公式中，得到：

$U = N \cdot R \cdot SDy \cdot Z - N \times (C/SR)$

式中，U 为员工招聘净收益。

2. 招聘投资收益的其他评价方法

（1）员工招聘投资收益率。

员工招聘投资收益率＝（员工招聘总收益－员工招聘总成本）÷员工招聘总成本＝员工招聘净收益÷员工招聘总成本

（2）招聘收益/成本比。

招聘收益/成本比＝所有新员工为组织创造的总价值÷招聘总成本

招聘收益/成本比例越高，则说明招聘工作越有效，即招聘收益越大，录用员工对企业的贡献越大，并且说明录用人员的素质较高，招聘效果好，实现了企业设定的招聘目标；反之，说明公司可能招入了不合格的员工，不能实现创造价值的目标。

（3）留职至少 n 年（n＝1，2，3，…）以上新员工的数量或百分比

留职 n 年以上的新员工百分比＝留职 n 年以上的新员工÷新员工录用总人数×100%

（4）业绩优良新员工的数量或百分比。

业绩优良新员工的百分比＝业绩优良的新员工数÷新员工录用总数×100%

（5）新员工晋升的百分比。

在一定时期内晋升的新员工百分比＝晋升的新员工数×新员工录用总数×100%

（6）推荐的候选人中被录用而且业绩突出的员工的比例。

推荐的候选人总数中被录用而且业绩突出的员工的比例＝推荐的候选人中被录用而且业绩突出的员工数×推荐的候选人总数×100%

第二节　实训项目一　招聘计划的编制

一、实训要求

要求学生了解完整招聘计划的主要内容，掌握如何发布招募信息和选择招聘渠道的方法，独立完成一份招聘计划。

二、招聘计划编制的一般流程

（1）对公司进行背景分析，明确公司招聘的内外部环境和各岗位职责。

（2）根据公司的人力资源规划和用人单位的人员补充申请表来确定招聘需求。

（3）根据公司的实际情况，确定招募渠道。

（4）借助金字塔模型，自上而下地确定招募规模。

（5）综合空缺职位的类型和当地劳动力市场的情况确定招募信息的发布范围。

（6）确定招募的时间安排。需要将招聘工作本身所需的时间、选拔录用的时间和岗前培训的时间纳入考虑，确保企业不会因为缺少人员而影响正常运转。

（7）确定招募预算招聘成本。招聘成本主要包括人工费用、业务费用和其他费用。

（8）确定招聘小组人选。

（9）制定应聘者测试考核方案。常见的测试考核方式有筛选工作申请表、知识测试、面试、评价中心、证明材料核实、体检等。

三、实训的实施流程

（1）做好实训前准备，根据提前准备的资料和相关理论梳理，结合背景案例的招聘管理现状，确定该公司的招募渠道和信息发布渠道，制定该公司的招聘计划。

（2）将学生分为 4~6 人的小组，以便于进行讨论。

（3）每组学生根据分析的结果，确定采用哪种渠道和信息发布方式进行员工招募。

（4）调动学生积极发言，让每组学生进行充分的分析和讨论，并在小组内部形成统一的结论，由小组代表进行汇报。

（5）各小组根据讨论内容编写实训报告。

四、实训案例背景①

YD 招聘管理现状

YD 公司创建于 1986 年，位于河北省邢台市宁晋县，现拥有 3000 多名员工，总资产 2.2 亿元，占地 400 余亩，是一家大型童装民营企业，建有 28 万平方米的大型生产车间，配有中央空调和自动化喷淋系统。YD 公司现有员工 3000 多人，主要设有设计研发部、采购部、生产部、质检部、人力资源部等 8 个部门，根据部门的大小，每个部门设有主任、副主任、专员等职位。公司架构如图 4-1 所示。

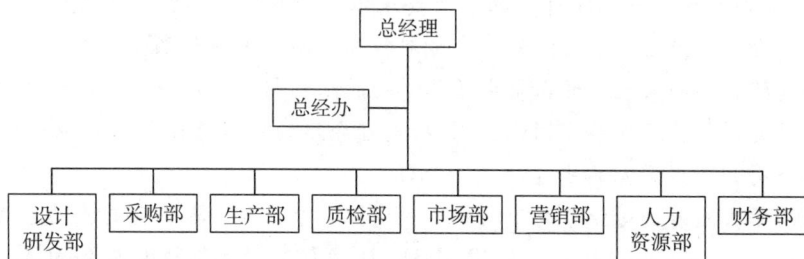

图 4-1　YD 公司的组织架构

设计研发部主要负责公司新材质、新产品、新设计等的研发工作，是整个公司不断经久不衰、永葆活力的重要基石。

采购部主要负责公司原材料以及公司日常所需的采购工作。

生产部主要以工人为主，在厂房内进行各种衣物、布料的加工，保障产品的及时产出与供应。

质检部对 YD 企业至关重要，主要负责对产品进行精细化的检验，瑕疵无论明显与否一律剔除，保证产品的品质与口碑。

---

① 王娟.YD 公司招聘体系优化设计［D］.西安电子科技大学博士学位论文，2018.

市场部是对客户和市场进行分析并进行市场推广，YD 公司目前主要包括直营、加盟、网络营销等多个方面的市场推广。

营销部主要是进行市场需求分析并做出销售预测，制订年度销售计划，并保持与客户之间的良好沟通。

人力资源部是要根据公司发展战略的需要制订人力资源规划；确定各部门的职能并进行合理的岗位及人员安排；负责公司的人员招聘、培训、调动、辞退；建立合理的薪酬待遇规划并推进实施；企业文化的推广、员工关系的维系等也都是其重要职能。

财务部主要负责公司财务会计核算、财务管理、统计、资金运营、资产管理税费计缴等。

公司主要经营婴幼儿服饰，需要大量懂得缝纫、加工衣物的员工，因此男女员工在公司中所占比重差距较大。近几年，随着各种先进的自动化、半自动化机械的应用，这种差距呈现缩小趋势。公司现有职工总数为 3672 人，其中，女职工 2862 人，男职工 810 人。在公司当前职位类别上，基层员工和业务主管所占比重较大，其中，基层员工 27 人，业务主管 543 人，中层管理人员 302 人，高层管理人员 74 人。

YD 公司对于基层车间员工的学历要求不高，相对而言，对于设计研发、人力资源、会计等专业技术人才的要求相对较高。而公司缺乏高学历人才以及一些由基层提拔到中高管理层的人员由于其学历的限制都在一定程度上影响了自身的发展甚至公司的长远发展，因此，YD 公司在今后的招聘过程中要更加有针对性，以提高公司的人力资源的质量。

近两年，随着公司业务的不断拓展，岗位需求上升。根据公司人力资源部门统计的数据，2015 年 1 月 1 日至 12 月 31 日，YD 公司共招聘员工 3099 人；2016年 1 月 1 日至 12 月 31 日招聘员工 835 人，2017 年 1 月 1 日至 12 月 31 日招聘员工 1323 人，如表 4-1 所示。

表 4-1　YD 公司近三年各类岗位招聘情况

年份	岗位类别	招聘人数/占比 （人/%）	实际平均招聘周期 （工作日）	要求平均招聘周期 （工作日）
2015	一线人员	2961/94	7	10
	综合管理人员	145/4.7	22	20
	技术人员	18/0.6	23	20
	管理层	20/0.7	69	60
	总计	3099		

续表

年份	岗位类别	招聘人数/占比（人/%）	实际平均招聘周期（工作日）	要求平均招聘周期（工作日）
2016	一线人员	799/95.7	9	10
	综合管理人员	23/2.8	26	20
	技术人员	5/0.6	25	20
	管理层	8/0.9	67	60
	总计	835		
2017	一线人员	1205/91.1	8	10
	综合管理人员	67/5.1	24	20
	技术人员	28/2.1	25	20
	管理层	23/1.7	59	60
	总计	1323		

由表 4-1 可以看出，YD 公司在特殊时期比如新产品投入市场量产或其他需要大量工人时，会在某个月呈现突然增长的形势，但平时每个月招聘的人数基本维持在 50～200 人，以维持正常的公司运转的需求。

YD 公司招聘需求最大的就是一线的员工，也就是在一线手工或者机器产出婴儿服饰的人员和一线的销售人员等，每年的招聘人数基本上能占招聘总数的 90% 以上，这一类型的员工综合素质要求相对其他岗位类型来说较低，平均招聘周期也较短，2015～2017 年始终保持在要求的平均招聘周期以内；综合管理人员的招聘人数基本上维持在 2%～5%，技术人员和管理层的招聘人数主要维持在 0.5%～2%，由于其招聘的复杂程度较高，它们的耗时周期常常超过公司要求的招聘周期。

实训任务：

（1）结合案例背景，采用哪些招聘渠道和信息发布方式进行员工招募？请说明理由。

（2）根据该公司的实际背景，编制对该企业今年的招聘计划。

五、实训报告

在实训结束后，每位同学必须撰写实训报告，实训报告要求文字简练、条理清晰、观点明确。实训报告的参考模板如下所示：

×××招聘计划书（模板一）

一、企业简介

二、招聘岗位及条件

1. 招聘人数及岗位

2. 招聘岗位及要求

三、招聘组成员

组长：_____

副组长：_____

成员：_____

四、招聘信息发布渠道

五、招聘工作方案及时间安排

第一阶段

第二阶段

第三阶段

六、招聘费用预算及效果分析

1. 各种招聘费用清单

2. 招聘效果分析

七、招聘准备工作

八、录用决策

九、入职培训

应聘人员登记表

姓名		性别		出生年月		照片
学历		婚否		民族		
专业		毕业学校				
政治面貌		身份证号码				
参加工作时间		资格证书		要求待遇		
联系电话		电子邮件		手机		
联系地址						
现工作所在地						
离职原因						

简历	起止时间	学习/工作单位	专业/职位

家庭情况	姓名	关系	年龄	文化程度	现工作单位

特别提示	1. 本人承诺保证所填写资料真实。 2. 保证遵守公司招聘有关规程和国家有关法规。 3. 请填写好招聘登记表，带齐照片、学历、职称证书的有效证件及相关复印件。

第三节 实训项目二 招聘广告的编制

一、实训要求

要求学生理解招聘广告的相关知识。掌握招聘广告的编制方法，学会根据背景资料编制各岗位的招聘广告。理解各种招聘广告发布渠道的优缺点，并能够选择合适的发布渠道。

二、招聘广告的主要内容

招聘广告的语言要求简明、清楚，忌含混不清和盛气凌人；招聘条件说明要一目了然、清晰明了，不出现过高过低现象；要留有余地，使参加应聘的人数比所需求的人数多一些，一般应在所需人数的 1.5~2 倍；让应聘者有充分表达才华与专长的机会；招聘广告应有对人的尊重并给予求职者温暖可亲的感觉。至少要包括以下内容：

(1) 企业的使命和价值观；

(2) 企业所从事的业务；

(3) 招聘岗位信息；

(4) 需申请者提供的信息；

(5) 时间信息；

(6) 联系信息。

三、实训的实施流程

(1) 做好实训前准备，根据提前准备的资料和相关理论梳理，结合背景案例的人员招聘需求，编制该公司的招聘广告。

(2) 将学生分为 4~6 人的小组，以便于进行讨论。

(3) 每组学生根据分析的结果，明确招聘广告中的主要内容。

(4) 调动学生积极发言，让每组学生进行充分的分析和讨论，并在小组内部形成统一的结论，由小组代表进行汇报。

(5) 各小组根据讨论内容编写实训报告。

四、实训案例背景①

某公司招聘广告编制案例背景

DL 公司是一家互联网电子商务有限公司，它成立于 1996 年，注册资本 500 万元，位于辽宁省沈阳市皇姑区，是一家处于发展期的互联网电子商务企业。现有中高层管理者和员工 66 人，共设有 11 个部门。成立初期主要是代理国内的中高端品牌家电进行线下销售，中期陆续增加了国外的中高端厨具家电及优质食材进行销售，并增加了线上销售渠道。目前主要代理品牌有福库、松下、美的、苏泊尔等，均属国内外中高端厨具品牌，在线下有沈阳、哈尔滨、长春等将近 20 个实体店铺，均分布在东北地区，在线上有淘宝、天猫、京东等将近 20 家网店分布在电子商务平台。经过将近 5 年的积累，目前二级分销商已经达到了 30 余家。主营业务有：个人或企业电子商务创业培训；大学生和社会青年互联网就业培训；传统企业转型电子商务培训；企业电商团队孵化；网店视觉规划；网店运营托管；网店客服托管，网店美工托管；产品摄影服务；等等。业务涉及淘宝、天猫、京东、苏宁易购、1 号店等多种电子商务平台，估计 2019 年会成为东北地区厨具产品线上线下营业额均第一的公司。

DL 公司实行总经理负责制，下设营销中心和保障中心，营销中心下设运营部、客服部、技术部、新媒体部、美工部、线下管理部和采购部；保障中心下设人事行政部，财务部、信息服务部和物流部。现因公司业务需要，现高薪诚聘财务总监、技术部总经理、客服部经理等高级专业人才。

实训任务：

根据以上背景及所学的知识编制以上职位的招聘广告。

五、实训报告

在实训结束后，每位同学必须撰写实训报告，实训报告要求文字简练、条理清晰、观点明确。实训报告的参考模板如下所示：

招聘广告范文（模板一）

××公司诚聘：

××公司是注册于高新技术产业开发区主要从事计算机网络工程，数据库和应用系统开发的系统集成公司。因发展需要，经高新区人才交流服务中心批准，

---

① 郭书丽 . DL 电子商务有限公司招聘管理案例研究［D］. 大连理工大学博士学位论文，2019.

特诚聘优秀人士加盟。

软件工程师：20名，35岁以下，硕士以上学历，计算机、通讯及相关专业、个性优秀的本科生亦可。（范例）

以上人员，待遇从优。有意者请将个人简介、薪金要求、学历证明复印件及其他能证明工作潜力的资料送至（或邮寄）公司人力资源部。本招聘长期有效。

公司地址：广州市××路××号

电话：×××××××、×××××××

传真：×××××××

邮编：×××××

招聘广告范文（模板二）

一、单位简介

××市建设开发投资有限职责公司是经××市人民政府批准成立的国有独资公司，注册资本3344611万元。主要负责××市城北新区政府性投资项目的建设管理和承担市城市公共基础设施建设的投融资及被授权承担国有资产的经营管理等。××市来安房地产开发有限职责公司系××市建设开发投资有限职责公司下属的全资子公司，注册资本1万元，主要负责××市安置房的开发建设。

二、招聘职位及条件

总公司招聘职位及条件：

职位人数学历及专业职位描述任职要求薪酬待遇

设计审核1

建筑学等相关专业，本科及以上毕业学历。协助总工程师负责工程项目设计审核技术交底等相关工作。熟悉建筑规划设计工作和设计规范、设计审图等，具有5年以上建筑专业设计工作经历，中级职称，有设计单位工作经历者优先。月工资×××元，其他奖金福利待遇享受公司正式员工待遇。

三、工作地点：××××市区

四、招聘程序及办法

本次招聘按照发布招聘简章、报名（资格复核）、面试、体检、聘用五个步骤实施。具体程序和方法如下：

（一）发布招聘简章

在报名期间，分别通过××人才网、现场报名公告等向社会发布《××××市建设开发投资有限职责公司简章》，同时公布咨询电话。

（二）报名

报名采取招聘现场报名和网上报名方式，在报名同时理解资格复核。

现场报名：××××市建设开发投资有限职责公司（××××市滨江北路18号），报名时间：××××年×月1日至×月8日（上午8：00~11：00至下午13：00~15：30）。

招聘会报名：××市普通高校毕业生"双选会"暨春季人才招聘会场（××市祥和小学校园内）时间：××××年×月3日（星期三）9：00：~16：00。

网上报名：××××年×月1日至×月8日，E–mail：lbjlzyb@163。

报名时须带以下资料：

（1）本人有效居民身份证原件及复印件；

（2）毕业证书、学位证书原件及复印件；

（3）专业技术职务资格证书、职业资格证书原件及复印件；

（4）本人近期免冠寸照片1张；

（5）报名条件确定的需要带的其他相关证件（材料）。

（三）面试

对应聘人员资格复核通过后，另行通知本人参加面试的时间、地点。

（四）体检

对应聘人员面试考核合格后，另行通知本人体检时间、地点。

（五）聘用

对经面试考核、体验合格的应聘人员发放聘用通知书，并在规定时间内办理签订劳动合同等有关聘用手续。

第四节 实训项目三 结构化面试

一、实训要求

要求学生了解结构化面试的设计流程，熟悉结构化面试的提问技巧，掌握结构化面试的实施流程、面试题目以及面试评分表的设计，为企业进行有效的人力资源选拔奠定基础。

二、结构化面试的基本流程

1. 组织准备

（1）面试小组人员组成：人力资源部人员，直线经理，专业技术人员，公司领导。

（2）面试前期准备工作：明确招聘职位胜任力需求，明确考察内容与程序；明确考官职责要求与分作步骤，理解考题及考核标准。

结构化面试的注意点：由于有许多的面试前期筹备工作，准备的时间要充分。另外，为了掌握招聘的效度和信度，要及时对招聘效果进行评估；面试材料准备充分：应聘者个人资料、笔试题目、结构化问题表、面试评分表、面试程序等；确保考官评分客观、公正，保持中立，并能很好地、恰当地控制面试过程，把握面试时间。

2. 结构化面试前的准备

准备工作包括：①应聘岗位对应聘者的素质要求；②确定录用标准，涉及面试问题；③合理安排问题的顺序，循序渐进，设计面试提纲；④确定面试官的组成，明确面试管的分工；⑤明确评分标准和评分人，设计规范的评分标准；⑥面试材料要准备充分；⑦对参与面试的人员进行必要的培训。

3. 结构化面试的一般步骤

（1）以考生本人抽签的方式确定考生面试顺序，并依次登记考号、姓名。

（2）面试开始，由工作人员依次带领考生进入考场，并通知下一名候考人准备。

（3）每次面试1人，面试程序为：主考官宣读面试指导语；主考官按事先的分工，依据面试题本请应考者按要求回答有关问题；根据应考者的回答情况，其他考官可以进行适度的提问；各位考官独立在评分表上按不同的要素给应考者打分。

（4）考官向每个考生提出的问题一般为3~5个，每个应考者的面试时间为12~20分钟。

（5）面试结束，主考官宣布"请应考者退场"。由工作人员带领应试者退出面试室。

（6）由考务人员收集每位考官手中的面试评分表交给记分员，记分员在监督员的监督下统计面试成绩。记分员、监督员、主考官依次在面试成绩汇总表上签字。

（7）面试成绩会在每个考生面试结束后直接公布或每组面试结束后以组为单位公布。

4. 结构化面试八大测评要素

（1）综合分析能力（约占17%）。主要考察应试者对考官所提出的问题（一般是社会热点问题）能否抓住本质，全面进行分析，有深度，有独到见解，且论点鲜明，论据充分，论证严密，条理清晰。在日常工作中，经常涉及对问题的客观把握和对事物间矛盾关系的理解。因此，综合分析能力十分重要。

参评因素：对事物能从宏观方面进行总体考虑；对事物能从微观方面考虑其各个组成成分；能注意整体和部分之间的相互关系及各部分之间的有机协调组合。

（2）言语表达能力（约占20%）。主要考察应试者用语言表达的方式将自己的观点、思想，清晰透彻地阐述出来，并与听众进行有效交流的能力。

参评因素：准确理解他人的意思；口齿清晰，语言流畅；内容有条理、富于逻辑性；用词准确、恰当、有分寸；有效沟通，具有一定说服力。

（3）计划、组织、协调能力（约占10%）。主要考察应试者对活动进行组织计划、安排日程、调配资源，并对冲突各方的利益进行协调的能力。

参评因素：能合理分析发展趋势，依据不同情况做出相应计划；厘清相互依赖的冲突各方间的关系；根据现实需要和长远效果做出适当选择；综合利弊，及时做出决策；有效调配、安置人财物等有关资源。

（4）应变能力（约占14%）。主要考察应试者在有压力的情况下，迅速思考问题、分析问题、解决问题的能力。

参评因素：压力状况下冷静程度；思维反应敏捷，及时转换压力；心态积极情绪无明显波动；考虑问题周到。

（5）自我情绪控制（约占10%）。主要考察应试者在较强刺激情景中，表情和言语是否自然；在受到有意挑战甚至有意羞辱的场合能否保持冷静；在遇到上级批评指责、工作压力或是个人利益受到冲击时能否克制、容忍、理智地对待，不致因情绪波动而影响工作；工作是否有耐心、韧劲等。

（6）人际合作意识与技巧（约占14%）。主要考察应试者有目的地建立自己与他人、团体的关系，并在维持良性人际关系的基础上，有效拓展人际交往范围的能力。

参评因素：合作意识强（无英雄主义）；乐于开展人际交往；有效开展人际关系；较强的权限、服从、纪律意识；人际间的适应（主要测查"宽容""谦和"的态度）；原则性与灵活性相结合。

（7）求职动机与拟任职位的匹配性（约占7%）。主要考察应试者报考动机是否明确；个人的条件、意愿与所报考的职位是否相一致；回答问题是否诚实、负责。

参评因素：现实性需要（解决住房、薪酬福利、专业对口等）与岗位情况；兴趣与岗位情况；成就动机（认知需要、自我提高、自我实现，服务他人的需要，得到锻炼等）与岗位情况；对组织文化的认同。

（8）举止仪表（约占8%）。主要考察应试者的外貌、气质、衣着举止、精神状态等，看其穿着打扮是否得体，言行举止是否符合一般礼节，是否有多余的动作。研究表明，仪态端庄、衣着整洁、举止文明的人，一般做事有规律、有原则，注意自我约束，责任心强。

三、实训的实施流程

（1）做好实训前准备，根据提前准备的资料和相关理论梳理，结合实训背景的拟定一个面试提纲，并设计面试所需的表格和评分表。

（2）将学生分为 4~6 人的小组，以便于进行讨论。

（3）每组学生根据分析的结果，确定面试的测试点，拟定面试提纲并设计相应的面试表格。

（4）调动学生积极发言，让每组学生进行充分的分析和讨论，并在小组内部形成统一的结论，由小组代表进行展示。

（5）各小组根据讨论内容编写实训报告。

四、实训案例背景

某公司文秘专员的胜任力模型

一、职位说明书

部门	综合办公室		职位名称	文秘专员
标准职位等级			职位编号	ADD－5
编制时间	××××.10		编制人	人力资源部＋用人部门
直接部属	无		直接报告对象	综合办主任
主要职责	全面负责公司重要文字材料撰写、重要文件收发，并建档管理，倡导和推进企业文化建设，按要求管理公司印章			
业务内容	具体工作内容	发生频率	重要程度	占总业务量的（％）
	撰写公司主要领导讲话稿	随时	5	15
	撰写集团公司要求呈报的材料	随时	5	20
	接收外部单位文件并送领导审阅	随时	4	5
	草拟、送批、印发公司文件和相关通知	随时	4	5
	收集整理公司文件资料并归档管理	随时	3	5
	编辑、印刷《化工特刊》，倡导公司企业文化	1次/月	5	12
	更新网站信息（公司新闻或介绍）	随时	4	3
	协调、组织、安排、参与相关会议，并做记录	1次/会议	4	10
	进行公司的印章管理	随时	4	5
	完成领导和相关部门交办的其他临时性工作	随时	3	5

部门	综合办公室		职位名称	文秘专员
使用设备器材	电脑 1 台			
完成报告及种类	年度、半年度或季度工作总结及下阶段工作计划，重要会议记录，集团要求的资料，《化工特刊》			
任职条件	大学本科以上学历，中文类、新闻类或经济类专业毕业 大中型企业三年以上办公室综合文秘工作经验 有较好的文学修养和文字组织技巧，一定的企业管理知识 熟练掌握 Word、Excel、PPT 等办公软件 具备较强的沟通、组织、应变、信息收集、文字写作和创新能力			

二、文秘专员职位胜任力素质定义、分级及评估表

胜任能力项目	胜任能力类别	权重分值100分	分级	详细解释
职业素养	01 积极主动	★13	定义	• 在工作中遇到各种问题、困难时，包括公司上级、客户（供方/需方）、同事等提出来的问题，是否积极正面地产生思考，并相应配合 • 采取主动工作的方式，推动工作往前有所进展
			中级(4~6)	• 工作中出现困难与问题，有抱怨但不多，同时也很少出现正面想法 • 业绩的好坏，有时认为是市场原因，但也会从自我身上找原因 • 在没人要求的情况下，当天工作完不成会加班加点完成
	02 服务意识	★13	定义	指具体工作中，有清晰强烈的"服务内/外部客户"概念，为客户提供周到、主动、热情的服务，满足客户需求，并在工作中有所表现
			中级(4~6)	• 对"内外部客户"概念有所了解，知道自己具体有哪些内外部客户 • 在按部就班工作的同时，会根据内部客户的要求，进行适当的变动与配合
相关知识	02 综合知识	★13	定义	指对公司、公司财务、物流、业务（内贸 OR 外贸）、相关法律法规等基本知识、相关规章流程了解与掌握的程度，对本工作需要的重点知识模块掌握的程度
			初级(0~3)	• 了解基本的公司、财务管理、物流、业务、法律法规等知识要点 • 清晰以上工作的目的与出发点 • 了解自己工作需要的重点知识，说得出相应的结构模块

胜任能力项目	胜任能力类别	权重分值100分	分级	详细解释
专业能力	03 信息收集力	9	定义	• 指对自己相关工作方面的政策更新、技术发展、最新应用等方面了解的程度
			中级 (3~4)	• 会花一部分时间去关心、浏览相关信息，但未作深入的探讨，信息来源有多种渠道，但未对来源渠道进行优先顺序排序
	04 执行力	★13	定义	遵守工作流程与标准、按照内外客户意图具体执行的能力，包括执行的绩效标准、准确性、及时性等，工作上是否谨慎仔细，执行结果是否或满足内外客户需求
			中级 (4~6)	• 熟悉工作具体流程与细节，遵照流程与标准展开工作，执行中偶有拖延 • 跟进相关工作进程，了解绩效标准，执行结果大多符合预期
	05 统筹管理	9	定义	是指工作的计划性、条理性和个人自我管理（时间管理、压力管理）的能力
			中级 (3~4)	• 有日常工作计划安排，工作有条理，工作效率一般 • 时间管理上，每天列出工作任务清单，清楚轻重缓急，应用检查表的工作方法 • 了解先进的工作管理工具，开始有意识地分析自己的各项活动 • 有一定的工作压力，但也能承受，很少听到抱怨声音
	06 沟通协调力	9	定义	• 指在工作中需要同相关部门交流、传递工作信息，或者说明他人协助配合等工作，保证对方对工作的准确性理解，或者说服、协调相关人员配合工作，来解决工作中出现的困难和矛盾
			中级 (3~4)	• 事先知道沟通目的，但沟通常用自己的专业术语来表达，导致对方常有不理解现象 • 沟通后双方基本上能达成相关口头协议，并按照口头协议执行 • 出现矛盾和问题后，能主动协调相关资源进行解决，能自行努力协调化解
	07 分析总结力	★13	定义	• 指把一件事情（现象、概念、问题）分成较简单的组成部分，找出这些部分的本质属性和彼此之间的逻辑关系，再进行综合研究的一种能力，也称为"结构化思维" • 把这种结构化思维，体现在相关载体（文案、表格、影像）上，其正确程度或使他人阅读（聆听）后信服的能力

续表

胜任能力项目	胜任能力类别	权重分值100分	分级	详细解释
专业能力	07 分析总结力	★13	初级(0～3)	• 了解结构化思维的概念，了解结构化思维的基本常识 • 能够区分一件具体工作组成部分（时间、空间、过程等）及如何逻辑结合为一个整体 • 相关载体（文案、表格、影像）时有错误（缺点）出现，但修改后基本能符合要求
专业能力	08 领悟力	8	定义	• 是对公司的政策、意图、领导的思想，进行深入体会和思考的能力，以明白他人这样说与做的具体内涵
			中高级(5～6)	• 主动倾听领导和他人意图，主动了解公司相关的政策与制度 • 会站在他人的角度来思考问题，并能得出一些结论

实训任务：

（1）根据某公司文秘专员的胜任力模型，拟定一个面试提纲。

（2）根据面试提纲设计相应的面试评分标准。

（3）设计面谈记录样表。

五、实训报告

在实训结束后，每位同学必须撰写实训报告，实训报告要求文字简练、条理清晰、观点明确。实训报告的参考模板如下所示：

面试提纲

一、应聘者的仪容仪表、精神面貌

二、应聘者的个人情况，包括学历、专业、技能等

三、应聘者的应聘动机

例：1. 您为什么要放弃您原来的工作参加本次应聘？

2. 这次应聘的职位对您来讲有无兴趣？

3. 这个工作对您来讲有无挑战？

4. 在未来几年里您有什么打算？

四、应聘者的工作经历，以及这种经历对应聘者的影响

例：1. 请您谈一谈您所在部门的组织机构，以及各个职位工作职责范围。

2. 您在这个部门里的作用与贡献是什么？

3. 您认为在以前所取得的所有成就中，最大的是哪一个？请谈一下体会。

……

五、应聘者的性格、处事方法等

（一）有关待人处事的成熟性

例：1. 您能列举一些您不感兴趣的事情吗？您是如何对待和处理的呢？

2. 能否讲一讲您的处事原则及人生哲理？

3. 您最尊重的是哪些人物？

……

（二）有关条理计划性

例：1. 您有无习惯做工作计划？如何做？

2. 请列举一项工作的完成过程。

3. 请介绍一下某一天的时间安排。

4. 在过去您所取得的成就中，与工作计划有无关系？

（三）有关创造性

例：1. 您有无新的概念、建议、见解提出来供别人采纳？能否举一两个例子？

2. 当您发现现有的规章制度不切合实际时，您将如何对待？

3. 您有无尝试改进您的工作？请举例说明。

（四）有关意志方面

例：1. 当您在工作中遇到严重挫折时，您怎么办？

2. 当您在生活中遇到不称心或不顺利的情况时，您的态度如何？

3. 当您遇到一些自己能力无法承担的工作时，将如何去做？

（五）有关自信心

例：1. 您是如何认识自己、评价自己的？

2. 您的特点是什么？您最担心的事是什么？

3. 请介绍一下您有哪些重要的朋友。

4. 能否介绍一下您与朋友经常是如何一起度过时间的？

（六）有关合作态度

例：1. 请讲一讲您与您的同事、主管或部下的关系如何？

2. 您认为处理好人际关系最有效的办法是什么？

3. 您的好朋友认为您哪些方面比较好？

……

（七）有关销售能力

例：1. 请您谈一谈销售工作是怎么一回事？

2. 不少公司对销售人员都很重视，收入比例偏高于其他同等人员，您的看法如何？

3. 您认为销售人员要具备哪些素质?

......

六、关于应聘者的个人发展方向

例: 1. 您认为您最适合的工作是什么? 为什么?

2. 您认为如何才能达到您的目标?

面试评价表（模板一）

编号		姓名		性别		年龄	
学历		专业					

评价项目及分值	得分
求职者的仪表和姿态是否符合本工作要求。(0~10)	
求职者的教育程度是否符合所聘职位的要求? (0~6)	
求职者的专长能否符合所聘职位的工作要求? (0~6)	
求职者的工作经历是否符合所聘职位的要求? (0~6)	
求职者的发展方向与本单位的工作目标是否一致? (0~8)	
求职者的气质、性格类型是否符合本项工作的要求? (0~10)	
求职者所要求的待遇及其工作条件是否适合本单位所能提供的条件? (0~6)	
求职者的潜能是否在本单位有继续发展的可能? (0~6)	
求职者的口头表达能力如何? (0~10)	
求职者的想象力和创造力如何? (0~6)	
求职者的工作热情和事业心如何? (0~10)	
求职者是否有足够的精力担当此项工作? (0~10)	
求职者的随机应变能力如何? (0~8)	
综合得分（100）	
录用建议	( ) 录用　　( ) 复试　　( ) 不予考虑

综合评语:

主考官签名:

结构化面试评分表（模板二）

选拔职位：　　　　　　面试序号：　　　　　　年　月　日

序号	姓名		性别		应聘部门及职位名称			职位编号
	（一）	（二）	（三）	（四）	（五）	（六）	（七）	（八）	（九）
面试要素	整体形象	细节与习惯	口头表达能力	灵活应变能力及工作态度	兴趣爱好知识广博度	情绪控制力（压力承受力）	上进心与自信心	责任感与归属意识	管理能力
观察要点	精神面貌亲和力、个人气质	衣着整齐度、行、坐、立动作、口头禅、礼貌用语	语言逻辑性用语、修辞度、语言波幅等	求职动机、职场经历、对于曾在职单位、领导、同事评价、价值观（成长空间、培训机会、发挥平台、薪酬）	性格、特长等、生活态度、学习性、计划性与应聘岗位匹配度	如何面对工作或生活或求学经历中出现过的挫折或低潮期如何面对未知挑战和压力压力下的情绪反应和思维敏捷度	成就的定义、个人认知与评价、竞争意识、未来职业定义与规划	认同或适应的企业文化、对未完成任务时的责任认定情况、面对所处集体处于劣势时的心理状态和行动、接受任务后的团队协作能力	领导与指挥计划与控制决策能力、授权与激励
满分	10	10	10	10	10	10	10	20	10
要素得分									

累计得分

考官评语：

□可以复试　□可以考虑　□不予考虑　　考官签名：　　　年　月　日

评分说明：

1. 测评要素评分标准：满分为20分的，表现好为16～20分，表现中等为12～16分以下，表现差为0～12分；满分为10分的，表现好为8～10分，表现中等为6～8分，表现差为0～6分。

2. 总分：各测评要素得分相加总和。小数点后精确至1位。

面试记录表（模板一）

应聘者姓名		应聘岗位	
评价项目	□面试　□笔试　□现场操作考试　□心理测评　□其他评价方式		
面试确认方式	通过该岗位第一批面试选方式确认		
任命时间	□入职后任命　□转正后任命　□无		

人力资源部面试评价（请在适合的评价级别中打钩）

评价项目	优秀	良好	中等	一般	不符合岗位要求	备注
外在形象（仪容仪表）						
沟通与反应协调能力						
……						

人力资源部薪酬评估意见：

签名：　　　年　　月　　日

人力资源部招聘评估意见：□建议录用　□储备备选　□列入考虑范围　□不考虑

理由：

签名：　　　年　　月　　日

用人部门面试评价（请在适合的评价级别中打钩）

评价项目	优秀	良好	中等	一般	不符合岗位要求	备注
本专业（岗位）技能						
岗位技能相关知识面						
……						

如需要现场操作考试：现场考试分数　　□合格　□不合格

用人部门主管意见：□建议录用　□储备备选　□列入考虑范围　□不考虑

理由：

录用车间：班组：建议工资待遇：

面试人签名：　　　年　　月　　日

用人部门经理意见：□建议录用　□储备备选　□列入考虑范围　□不考虑

理由：

录用车间：班组：建议工资待遇：

面试人签名：　　　年　　月　　日

材料核实与背景调查（本栏由人力资源部负责核查，调查项目是足以影响录用与否或确定待遇的因数）：

1. 学历核查：□属实　□不属实（说明）

2. 资格证书：□属实　□不属实（说明）

3. 离职证明：□有　□没有（说明）

4. 背景调查：（原单位工作情况、岗位职务、薪酬待遇、工作表现、离职原因等）：

调查说明：

（如有问题需要重新核实）核查人签名：　　　年　　月　　日

面试记录表（模板二）

单位名称：　　　　　　　　　　　　　　　　　填表日期：　年　月　日

申请人姓名		性别		年龄			最高学历	
应聘岗位		主试人		面试时间	月　日		面试地点	

面试项目	优	良	好	可	差	备注
1. 体能、体态状况						
2. 仪表、穿着与服饰						
3. 举止及应对礼仪						
4. 语言表达与口齿清晰						
5. 机智及反应能力						
6. 知识面宽广和渊博程度						
7. 性格特征与人际沟通						
8. 外语能力（英、日）						
9. 学历、学位						
……						

面试总体评价				
现行工资			期望工资	
可提供待遇			确认工资	
拟受聘岗位		拟确定级别	拟聘用开始时间	
部门经理意见		年　月　日		
人力资源部门意见		年　月　日		
领导意见		年　月　日		

填表人：　　　　　　　　　　　　　　　　审核人：

第五节　实训项目四　录用/辞谢通知

一、实训要求

要求学生了解人力资源录用的过程，以及在录用过程中人力资源部门需要做的工作。重点掌握录用通知书和辞谢通知书的组成要素及撰写方法。

二、录用决策的要素与程序

（一）录用决策的要素

1. 信息的准确可靠

（1）应聘人员的全部原始信息：年龄、性别、毕业学校、专业、学校的学习成绩；工作经历、原工作岗位的业绩、背景资料的收集、工作经历中领导和群众的评价、信誉度、美誉度等。

（2）全部招聘过程中的现实信息：应聘过程中的各种测试成绩和评语，包括笔试、情景模拟、心理测试、人—机对话测试、面试成绩和面试评语等。

2. 资料分析方法的正确

主要包括：①注意对个人社会资源的分析；②注意对个人学历背景和成长背景的分析；③注意面试中的现场表现；④注意对特长和潜力的分析；⑤注意对职业道德和高尚品格的分析；⑥注意对能力的分析。

3. 招聘程序的科学性

招聘一定要经过一个层次一个层次的筛选，程序的科学性要求步骤不能颠倒，只是每个企业根据自己企业的规模、效益、文化、价值观和其他多种因素，招聘和程序也有差别。

4. 能力与岗位的匹配

录用决策，主要是对甄选评价过程中产生的信息进行综合评价与分析，确定每一候选人的素质和能力特点，根据预先设计的人员录用标准进行挑选，选择出最合适的人员的过程。

（二）录用决策的程序

1. 总结应聘者有关信息

工作表现 = 能做什么 + 愿做什么

2. 分析录用决策的影响因素

主要包括：①是以应聘者自身最高潜能发挥为主，还是根据组织的现有需要？②企业现有的薪酬水平与应聘者的要求的差距。③是以目前对工作的适应度为准，还是以将来发展潜力的要求为准？④合格与不合格是否存在特殊要求？⑤超出合格标准的人员是否在考虑范围之列？

3. 决策方法的选择

（1）诊断法：这种方法主要根据决策者对某项工作和承担者资格的理解，在分析应聘者所有资料的基础上，凭主观印象做出决策。

（2）统计法：这种方法首先要区分评价指标的重要性，赋予权重，然后根据评分结果用统计方法进行加权运算，分数高者即获得录用。

4. 做出最后决定

三、实训的实施流程

（1）做好实训前准备，根据提前准备的资料和相关理论梳理，结合实训背景设计录用通知书和辞谢通知书。

（2）将学生分为 4～6 人的小组，以便于进行讨论。

（3）每组学生根据分析的结果，确定录用通知书和辞谢通知书的主要内容。

（4）调动学生积极发言，让每组学生进行充分的分析和讨论，并在小组内部形成统一的结论，由小组代表进行展示。

（5）各小组根据讨论内容编写实训报告。

四、实训案例背景

本实训要求根据《YD 招聘管理现状》的案例背景资料，根据本模块实训项目的要求，自行查找相关公司的内外部环境资料，假如你是该公司人力资资源部负责招聘的人事专员，根据实际情况拟定公司招聘的录用通知书和辞谢通知书。

实训任务：

根据上文案例背景，设计具体的录用通知书和辞谢通知书。

五、实训报告

在实训结束后，每位同学必须撰写实训报告，实训报告要求文字简练、条理清晰、观点明确。实训报告的参考模板如下所示：

录用通知书

×××先生/女士：

您好！

我是×××有限公司人力资源经理，我代表公司欢迎您加入我们的团队。

一、工作地点：

二、工作岗位：

三、入职时间：

四、其他未竟事项根据本公司规定执行。

如果您接受我们的录用通知书，请按照以下条款进行相关准备：

1. 身份证原件及身份证正反面 A4 纸同页、纵列复印件各一份；

2. 学历、学位证书、职称、资质证书的原件及 A4 复印件各一份；

3. 原单位开具的离职证明原件及 A4 复印件各一份；

4. 个人免冠一寸白底彩色近照×张；

5. 公司发放工资使用银行卡，未统一办理前，将临时发放至您个人的××银行账户中，请准备该银行储蓄账户；

6. 当地市级以上医院的入职健康证明一份（近一年内有效）。

如具有精神性、传染性疾病、心脑血管等不适合我公司工作的疾病，或者弄虚作假、隐瞒实情，我公司有权拒绝签署劳动合同且不承担违约责任；弄虚作假或隐瞒实情的，我公司有权要求您赔偿所有损失。

收到本通知书请回复。

如不能在既定日期入职时，应提前一周通知本公司。

×××

××××年××月××日

辞谢通知书

尊敬的＿＿＿＿＿＿先生/女士：

本公司公开招聘人才一事，十分感谢您的应征。您的学历、资历、技能给我们留下了一定的印象，但遗憾的是名额有限，这次未能录用。我们已将您的资料列入备用人才档案，希望能有机会利用您的才能。最后再次感谢您应征本公司。

××××有限公司

年　　月　　日

第六节　实训项目五　招聘效果评估实施方案

一、实训要求

要求学生了解招聘效果评估的主要内容，掌握招聘过程有效性评估的方法并撰写招聘评效果评估实施方案和评估报告。

二、招聘效果评估的内容和流程

（一）招聘效果评估的内容

1. 录用人员评估

人力资源部门通过录用比、招聘完成比和应聘比三个指标对录用人员的整体情况进行评估：

（1）录用比＝录用人数/应聘人数

（2）招聘完成比＝录用人数/计划招聘人数

（3）应聘比＝应聘人数/计划招聘人数

2. 招聘渠道评估

人力资源部门要对招聘渠道进行评估，可以通过以下三个指标从数量上评价招募工作成功与否：一是在一定的时间内前来交谈询问的求职者人数；二是主动填写缴纳求职登记表的求职者人数；三是通过审查求职材料初步合格的求职者人数。对招募工作质量的评估指标是不同甄选阶段被选出人数与最终录取人数的比较，因为企业即使招募到许多求职者，但如果在甄选过程中被证明大多数不合格的话，招募工作也是失败的。除此之外，对招募工作的评估还应该考察不同招募方法的效果，针对不同类型的求职者提出最有效的招募方式和途径。

3. 甄选工具评估

人力资源部门要对甄选工具进行评价。人员甄选工具的正确率评估主要是看测试方法的效度和信度，在每次甄选结束之后对所选用的测试方法进行评估，目的是对信度效度不高的方法在以后的甄选工作中加以改进或淘汰。

评估可以分为内部招聘工具评估与外部招聘工具评估两类，指标有以下四个：

（1）内部招聘录用人数/内部招聘报名人数。

（2）内部招聘转正人数/内部招聘报名人数。

（3）外部招聘录用人数/外部招聘报名人数。

（4）外部招聘转正人数/外部招聘报名人数。

评估时既要进行不同甄选工具之间的横向比较，也要进行前后年度的比较。

4. 招聘流程评估

人力资源部门回收招聘工作反馈调查表，根据调查表的统计数据来进行招聘流程评估。招聘流程评估是从总体上对一个招聘流程进行评估，评估的内容包括以下几点：考察招聘工作是否具有效率，即招聘过程的每一步是否在预定时间内完成；考察年度招聘计划是否科学、合理和全面；考察招聘程序是否严格按照招聘规程和规范来执行；考察招聘策略的选择、招聘方案的制订以及招聘程序的执行等方面是否与组织的使命、经营目标以及价值观匹配。

5. 招聘成本评估

人力资源部对招聘成本进行评估指的是对招聘中的费用进行调查、核实，并对照预算进行评价。如果成本低而录用人员质量高，就意味着招聘效率高；反之则意味着招聘效率低。其中，有关成本费用的数据由财务部提供。

在招聘工作进行之前，人力资源部已经对招聘工作进行了预算，招聘工作结束之后，就要对招聘工作进行核算，即对招聘的经费使用情况进行度量、审计、计算、记录等。通过核算可以了解招聘中经费的精确使用情况是否符合预算以及主要差异出现在哪个环节上。具体对招聘成本进行分析时，可以通过招募成本、录用成本、人均成本等四个指标来进行。

（二）招聘评估的流程

1. 评估准备

（1）收集各类招聘过程记录。

（2）选择评估人员。

（3）设计评估方法及评估表单。

（4）成立专门的评审小组。

（5）制定评审规则。

2. 评估实施

（1）评审会模式。评审会模式主要指成立专门的评审小组，小组成员按照既定的规则对各类评估事项进行评价。评审会模式的优点是评估事项比较全面；劣势是需要大量的准备和过程管理工作。评审会模式一般适用于大型招聘项目的评估。

（2）调研法。调研法主要是针对用人需求部门而进行的，是对用人部门招聘计划的实际完成情况进行调查评价。调研人对用人部门相关负责人进行口头或者书面的调查，了解用人部门的意见。

3. 撰写招聘评估报告

招聘效果评估实施结束后，由评估负责人组织编写评估报告。评估报告应该符合客观事实，能够对存在的问题进行分析，并提出持续改进意见。

（三）招聘评估报告的撰写

1. 招聘计划

在招聘总结报告中，招聘计划只需要概述，不需要像确定招聘需求时所写的招聘计划那样详细，一般只需要说明招聘岗位名称、招聘人数、招聘时间、招聘工作负责部门及招聘主要程序。

2. 招聘进程

这部分说明企业在招聘工作中的人员参与情况、所运用的选拔方法、各环节的进展情况。这部分内容要让领导了解招聘工作的人员安排、方法选择、流程设计等是否科学、合理。

3. 招聘结果

这部分要说明应聘人数、录用数量及录用岗位安排等内容。

4. 招聘经费

这部分主要说明各项经费的使用情况。

5. 招聘评定与改进

这部分在评价整个招聘工作的基础上，总结招聘工作的成功之处和有待改进方面，并提出合理建议。

三、实训的实施流程

（1）做好实训前准备，根据提前准备的资料和相关理论梳理，结合实训案例背景招聘效果评估的实施方案和报告范本。

（2）将学生分为 4~6 人的小组，以便于进行讨论。

（3）每组学生根据分析的结果，确定运用哪些方法进行招聘效果评估。

（4）调动学生积极发言，让每组学生进行充分的分析和讨论，并在小组内部形成统一的结论，由小组代表进行展示。

（5）各小组根据讨论内容编写实训报告。

四、实训案例背景[①]

Z 公司现有员工 88 人，拥有综合管理部、财务部、技术研发部、工程管理部、市场开发部、产品销售部、经营管理部 7 个部门。其中，综合管理部 8 人，财务部 4 人，技术研发部 16 人，工程管理部 8 人，市场开发部 10 人，产品销售部 32 人，经营管理部 7 人，一个总经理，一个副总加一个总工程师，共计 88 人。其中，高层管理人员占公司总人数的 3.4%，技术人员占总人数的 18%，销售人员占总人数的 36%，普通管理者占总人数的 16%。

公司现在还没有单独设置人力资源部，而是交由综合管理部来兼任，相关的人力资源工作都是交由一个人来处理。日常工作也仅仅是管理档案、工资和劳保等，以"事"为中心的旧时的人事管理模式，而不是现有的人力资源管理应尽的职责。他们没有固定的用人计划，各部门也没有提交用人需求计划，每当某个职位空缺时，添加新部门，有大量订单的时候，部门才会提出招聘新员工的申请，由部门经理审批后，交由总经理，同意后交给综合办公室方可展开招聘。当接到招聘任务后，对招聘岗位进行统计，马上刊登招聘信息和在北京人才中心招聘，然后接收应聘者的简历，进行初选、复试、面试。

2010~2012 年招聘人员数据，如表 4-2 所示。

表 4-2 2010~2012 年招聘人员数据

年份	2010	2011	2012
原有员工人数	29	39	58
计划招聘人数	24	27	30
应聘人数	297	6448	9870
面试人数	18	122	96

---

① 曹智博. A 公司员工招聘效果评估及改进策略研究［D］. 北方工业大学博士学位论文，2013.

续表

年份	2010	2011	2012
录用人数	11	23	33
胜任工作人数	10	10	27
离职人数	0	4	13

从表4-2可以看出，Z公司在2010～2012年计划招聘人数是逐年增长的，2011年是增长最大的，2012年增长就缓慢了。应聘人数也是逐年成倍增长。面试人数也成倍增长，但在2012年却减少。录用人数上也是缓慢地增长。胜任工作人数也是增长。离职人数也是在不断增长。总体呈现增长趋势。

2010～2012年招聘费用数据，如表4-3所示。

表4-3 2010～2012年招聘费用数据

年份	2010	2011	2012
前程无忧招聘信息发布费	0	9600	12000
人才交流会展位费	1200	750	900
其他费用	700	1100	2050
招聘总成本	1900	11450	14950

由表4-3可以看出，Z公司的招聘费用逐年增加。2010年人才交流会展会费高于2010年和2011年，是因为他们2010年只参加了两场招聘会，没有其他的招聘活动。自从2011年把招聘信息投放到前程无忧网上后，每年只参加一次现场招聘会。

2010～2012年投简历数如表4-4、表4-5和表4-6所示：

表4-4 2010年投简历数

岗位类型（2010年）	累计收到简历数（份）	通过初选数（份）	通过初选率（%）
管理岗位	35	6	17
销售岗位	33	17	51
技术岗位	18	4	22

表4-5 2011年投简历数

岗位类型（2011年）	累计收到简历数（份）	通过初选数（份）	通过初选率（%）
管理岗位	1179	179	15
销售岗位	678	204	30
技术岗位	346	78	23

表 4 - 6 2012 年投简历

岗位类型（2012 年）	累计收到简历数（份）	通过初选数（份）	通过初选率（%）
管理岗位	5603	388	6.9
销售岗位	4217	402	9.5
技术岗位	4077	211	5.2

由表 4 - 4、表 4 - 5 和表 4 - 6 可知，管理岗位、销售岗位和技术岗位收到简历数和通过初选数都是增长的，但通过率是逐年减少。

实训任务：

根据上文案例背景，设计招聘效果评估实施方案和报告范本。

五、实训报告

在实训结束后，每位同学必须撰写实训报告，实训报告要求文字简练、条理清晰、观点明确。实训报告的参考模板如下所示：

招聘效果评估方案（模板一）

方案名称	招聘效果评估方案	受控状态	
		编号	

一、目的

二、招聘评估工作小组的构成

三、评估内容

（一）招聘周期

（二）用人部门满意度

（三）招聘成本评估指标

1. 招聘成本

2. 选拔成本

3. 录用成本

4. 安置成本

5. 离职成本

（四）基于招聘方法的评估指标

（五）录用人员数量评价

四、评估总结

招聘工作结束后，招聘工作的主要负责人应撰写招聘评估报告，报告应真实地反映招聘工作的过程，为企业下一次的招聘工作提供经验。

相关说明					
编制人员		审核人员		批准人员	
编制日期		审核日期		批准日期	

招聘效果评估方案（模板二）

一、评估作用

企业对招聘方案的评估有利于检验招聘计划的有效性；有利于正确评估招聘人员的工作业绩；有利于提高招聘工作质量；有利于降低招聘费用；有利于发现企业内部的一些管理问题。根据公司的要求，对本次招聘会做出了全面的测评和介绍。

二、评估内容和方法

1. 招聘数量评估

2. 招聘质量评估

3. 招聘成本评估

4. 招聘时间评估

5. 招聘渠道对比分析

6. 招聘广告分析

三、甄选工作的评估

1. 甄选时间评估

2. 甄选质量评估

四、录用工作评估

1. 录用总成本评估

2. 录用质量评估

五、其他评估

1. 招聘总成本评估

2. 招聘总成本效用的评估

3. 招聘总收益—总成本比的评估

六、招聘活动总结

七、经验总结

第五章 培训与开发

第一节 核心理论知识回顾

一、培训与开发的含义

员工培训与开发的概念：企业组织根据发展和工作需要，通过学习、训练等手段提高员工工作能力、知识、业务技能和改善员工工作价值观、工作态度、工作行为，最终改善和提高个人及企业绩效的有计划、有组织地培养和训练活动过程。广义上讲，它是一个系列的工作过程，具有长期、系统性。狭义上说，某一次（项）的培训也属于培训开发的含义（此概念符合我们日常的思维习惯，与四个流程相联系。双主体：培训者也有培训对象、培训内容）。

它的内涵主要包括三个基本要义：①根本目的是改进组织绩效、满足个人职业发展需要，实现组织和个人双重发展。②内容具有多元性，不仅是对知识和技能的培训，也是能力态度、思维、心理，甚至改进工作绩效的培训。③事先有计划，比如培训需求分析，培训与开发计划设计，过程有控制，结果有考评的完整体系。

二、培训与开发体系

培训与开发体系的基本框架。

（1）流程管理体系：由培训需求分析、培训开发设计、培训规划实施、培训效果评估四个环节组成。

（2）课程体系：完整的课程体系由一系列不同的课程模块组成，比如新员工入职培训、技能课程类、新产品、新技术、新流程类等。不同发展战略、经营范围、组织设计以及人力资源现状。不同发展阶段，课程体系也会不同。

（3）培训师体系：内部培训师的培养、外部培训师的挑选。企业发展早期主要以外部培训师为主，发展到一定阶段后，以内部培训师为主。

（4）组织管理体系：①建立企业的培训组织机构（培训管理机构经历四个阶段：无专人负责、人资部下设培训专员、人资部下设培训部门、独立的培训部门）；②划分培训机构与其他部门培训与开发的职责。

（5）制度体系：其规范保障作用。

（6）硬件体系：培训设施、设备、用具、材料等。

（7）影响培训与开发效果的其他组织体系：绩效考核体系、人力资源观配置与人才选拔、招聘、奖惩等都与培训开发体系密切相关。

三、培训需求分析

（一）概念

培训需求分析是指在规划与设计人力资源培训与开发活动之前，由培训部门、主管人员、工作人员等收集企业战略、组织与员工的相关数据信息，然后采用一定的分析方法和技术，对各种组织及其成员的目标、知识、能力等方面进行系统的鉴别与分析，以确定企业是否需要进行培训与开发活动及培训的内容的一种活动或过程。

（二）作用

培训需求分析是培训的首要和必经环节，是其他培训活动的前提和基础，在培训中具有重大作用。具体表现为：

（1）确认差距：①绩效差距，实际绩效水平与应有水平的差距；②知识技能差距，完成一定绩效所需的知识技能与企业现有的差距。

（2）改变原有分析：环境、挑战变化，组织对人力资源的需求也会发生变化，因而原有需求分析需要改变。

（3）促进人力资源系统向人力资源开发系统转换：从简单的招聘、薪酬职能转向综合的、开发导向的人力资源部门。

（4）提供可供选择的解决问题的方法：需求分析可以发现体制问题、组织问题、技能问题、动机问题，并不是所有都是培训问题。

（5）形成一个信息资料库。

（6）决定培训的成本与价值：比较不进行培训的损失与进行培训的成本。

（7）为获得组织对培训的支持创造有利条件。

（三）组织层次分析

（1）组织目标分析：组织目标是企业或组织一切活动的导向，决定组织培训的中心，对员工知识技能提升有约束导向作用。

（2）组织的战略分析：培训最终为实现企业战略和发展目标服务；企业战略决定了培训类型、数量、项目等。

（3）组织资源分析：人财物资源、时间。

（4）组织特质分析。

（5）组织环境分析。

（四）任务分析

1. 概念

任务分析主要是通过对工作任务和岗位责任的研究，发现从事某项工作的具体内容和完成该工作所需具备的各项知识、技能和能力，以确定培训项目的具体内容。

任务分析需要确定的因素：①工作的复杂程度；②任务的饱和程度；③公司业务的发展引起的工作的发展状况；④从公司整体工作的角度，对其所在的岗位工作进行分析。

2. 步骤

主要步骤：①建立全面的工作说明书；②进行职责任务分析；③确定完成任务所需的 KSAO；④确定培训需求；⑤确定培训需求系统的因素级别和开发顺序。

（五）人员分析

1. 概念

人员分析主要是从员工的实际状况的角度出发，通过分析员工实际绩效与期望绩效或绩效标准之间的差距，来确定谁需要和应该接受培训以及培训的内容，以形成培训目标和内容的依据。

2. 步骤

主要步骤：①查找绩效差距；②分析绩效差距的原因；③确定解决方案。

（六）培训需求分析的方法与信息收集

1. 培训需求分析方法

（1）组织整体分析法：从组织的整体现实出发，以战略目标为依据确定组织培训需求的方法，一般从反映组织经营状况的指标开始，更易引起管理人员的重视，但是要求获得充分的数据。

（2）任务分析法：依据工作描述和工作说明书确定员工达到要求所必须掌握的知识、技能和态度，对照员工现有能力水平，确定培训应达到的目标。

（3）员工个人培训需求分析法：由员工根据工作感受、职业发展规划以及对自身知识能力结构的评估，确定培训需求。

（4）问卷调查法：调查面广、资料来源广泛、收集信息多。

（5）绩效分析法：通过考察员工目前绩效与组织目标的理想绩效之间的差距来分析绩效差距的原因——不能做或者不想做。

（6）观察分析法：通过亲自观察每一位员工的工作状况，分析员工需要培训的内容。

（7）前瞻性培训需求分析模式：以组织未来发展对员工技能的要求为依据，提出培训计划。

（8）培训需求分析的逻辑推理模式：根据员工对培训的不同需求，对各方面进行推理，找到影响员工工作绩效的原因。

（9）基于胜任力的培训需求分析法：胜任力是指员工胜任某一工作或任务所需要的知识、技能、态度、价值观等。许多企业都建立了胜任力模型用于员工招聘选拔等。

2. 培训需求确认方法

通过各种方法收集资料，获得初步培训需求信息，还需要进行培训需求确认，减少资料收集分析过程中的误差，更切合员工实际培训需求。

（1）绩效面谈确认：主要是针对员工绩效考核结果与期望绩效的差距及由此产生的培训需求，与员工通过面谈加以确认。

（2）主题会议确认：主要针对普遍性培训需求召开主题会议，听取参会人员意见、建议，确认培训需求。

（3）正式文件确认：为便于组织实施，减少推诿扯皮，以正式文件确认培训需求。

3. 培训需求分析的最终形式

为了最终形成良好的培训需求，还需要做一些工作：①确认差距：确认应有绩效与实际绩效之间的差距。②提供可供解决问题的办法：针对差距，找到问题解决的办法。③决定培训的价值和成本：比较培训的价值和成本，论证培训的必要性、可行性。④获得内外部支持。

4. 培训需求报告的编制

主要包括：①报告提要，对报告要点进行概括；②需求分析实施的背景；③开展需求分析的目的和性质；④概述需求分析实施的办法和流程；⑤培训需求分析的结果；⑥对分析结构的简要评析和参考意见；⑦附录。

四、培训与开发设计

（一）培训计划的类型

以培训计划的时间跨度为分类标志，分为：长期（3~5年）、中期（1~3年）和短期（1年及1年以内）培训计划（三者存在包含关系）。这里重点讲一下短期计划，包括培训的目的与目标（Why）、培训时间（When）、培训地点（Where）、培训者（Who）、培训对象（Whom）、培训方式（How）、培训内容（What）。培训组织工作的分工和标准，培训资源的具体使用，培训资源的落实，培训效果的评价。

（二）确定培训与开发项目的目标

编写培训与开发项目目标的具体方法：

（1）如何描述培训与开发项目的项目目标？三个基本的构成要项：行为（能力）表现、行为发生的环境条件、行为（绩效）标准。

（2）拟订培训与开发项目的项目目标的注意事项。明确指出受训者在接受培训后应掌握的知识和技能；更应指明受训者在培训后，在特定环境条件下能够表现出特定的行为，产生组织期望的业绩。

（三）培训材料包以及测试题目的开发

培训材料指能够帮助学习者达成培训目标，满足培训需求的所有资料。具体包括：课程描述；课程的具体计划；学员用书、课前阅读资料；教师教学资料包（胶片、视听材料、练习册，角色扮演、行为示范、案例研究、关键事件法等背景资料、电脑软件等）；小组活动的设计与说明；测试题目。

1. 课程描述

主要提供培训项目的基本信息，具体包括课程名称、目标学员的基本要求、培训的主要目的、本课程的主要目标、培训时间、场地安排以及培训教师的姓名等。

2. 课程的具体计划

一份详细的课程计划主要是设计培训的内容和活动，安排活动的前后顺序，以帮助培训教师顺利完成本课程的教学内容，达到培训的目标。

3. 小组活动的设计与说明

（1）案例分析。帮助受训者掌握分析问题和解决问题技能的一条途径是给他们讲故事（案例），故事里某个组织的员工要么遇到了一个什么问题，要么必须做出某项决策。

优点：①有利于提高受训者的观察力、分析力、整合新信息的能力以及沟通能力；②参与性强，使学员变被动参与为主动参与；③将提高学员解决问题的能力融入知识传授中；④教学方式生动具体，直观易学；⑤可以激发学员的学习积极性；⑥学员间能通过案例分析达到交流的目的。

缺点：案例分析法本身方面：①案例常常不如现实情境复杂，无法让人产生身临其境的感受；②会导致群体思维、受训者互动质量不高；③束缚了参与者。实施方面：①案例准备的时间较长且要求高；②需要较多的培训时间；③对教师、学员均有一定能力要求；④无效的案例会浪费培训对象的时间和精力。

（2）商业游戏和模拟。商业游戏的目的也是开发或锻炼受训者解决问题、形成决策的技能，主要应用于商业管理决策等类型的培训课程中。

游戏可以刺激学习，因为参与者会积极参与游戏并仿照商业的竞争规则进行，游戏多采用团队方式进行。

缺点：常缺乏真实性；突出量化性，人际因素强调得不够。

（3）真实演练。即设计一系列管理者所处的真实环境中需要处理的各种公文，要求被试者以管理者的身份模拟真实生活中的想法，在规定的时间内对各种公文材料进行处理并形成公文处理报告。

优点：可以有效改善受训者的工作效率，还可以成功预测他们的管理效能。

（4）角色扮演。培训者为受训者创造一个组织情境，让两个或两个以上的受训者一起来扮演情境中的角色。

优点：①参与性强，互动交流充分，可以提高学员培训的积极性；②特定的模拟环境和主题有利于增强培训效果；③通过观察其他学员的扮演行为，可以学习、交流技能；④通过模拟后的指导，可以及时认识到自身存在的问题并进行改正；⑤在提高学员业务能力的同时，也加强了其反应能力和心理素质。

缺点：①有的受训者在表演过程中可能会怯场；②有的受训者可能并不把角色扮演当成是一种学习，不认真对待这种培训；③模拟环境并不代表现实工作环境的多变性，特别是扮演中的问题分析仅限于个人，不具有普遍性。

（5）行为模仿。步骤：①观看电影或录像，其内容是行为榜样如何正确地执行某项操作或展示出受训者需要学习的目标行为；②对榜样行为中关键组成部分进行讨论；③通过角色扮演让受训者练习他们需要学习的行为，对他们的表现给予反馈，强化正确的行为。

（6）拓展训练和冒险学习。这类培训是使新团队在困难或不熟悉的物理和心理的挑战下在室外或室内环境中接受训练。主要的行为有绳索课程、攀岩、从悬崖壁滑下、野外搜索等。

（7）头脑风暴法。在典型的头脑风暴会议中，一些人围桌而坐，群体领导者以一种明确的方式向所有参与者阐明问题，明确要解决的问题。然后成员在一定的时间内自由提出尽可能多的方案，阐述期间不允许评价。所有方案都当场记录下来，留待稍后再讨论和分析。

关键：排除思维障碍，消除心理压力，让参与者轻松自由、各抒己见。

优点：①培训过程中为企业解决了实际问题，大大提高了培训的收益；②可帮助学员解决工作中遇到的实际困难；③学员参与性强；④小组讨论利于加深学员对问题的理解程度；⑤激活了集体的智慧，达到了相互启发的目的。

缺点：①对培训者要求高，如果不善于引导讨论，可能会使讨论漫无边际；②培训者主要扮演引导角色，讲授的机会较少；③研究的主题能否得到解决也受培训对象的水平限制；④主题的挑选难度大，不是所有主题都适合讨论。

4. 准备辅助性材料

为了使培训真正有效，我们必须让学员能够看、听，同时让他们参与到课程中：告诉他们需要知道的；尽可能多地演示给他们看；培训过程中创造让他们能够参与的机会。主要包括：①阅读材料；②视觉材料；③听觉材料；④感觉材料；⑤培训教室的个人备注材料。

5. 测试题目

测试是用来检验学员受训后知识、技能以及绩效状况的一系列问题或评价方法。

（四）培训教室的甄选与培训

1. 优秀的培训教师需要具备的素质和技能

（1）素质要求：灵活性、鼓励性、幽默感、真实性、成熟性。

（2）技巧：控制能力、创新能力、评估能力、转换能力、创造安全的环境、沟通能力。

2. 培训教师的甄选与培养

企业内部讲师理应成为企业培训师资的主体：

（1）内部讲师能够以企业欢迎的语言和熟悉的案例故事诠释培训的内容，能够有效实现经验和成果的共享与复制。

（2）内部讲师制度是对某些有着个人成就需求的员工进行激励的有效方式，为其职业生涯发展开辟了更广阔的道路。

人力资源部门应制定切实可行的内部讲师选拔和培养制度：

选拔方面：明确选拔对象、选拔流程、选拔标准、上岗认证制度。

培养方面：①着重提高企业内部讲师课程设计、授课方法、课堂组织等方面的技巧；②常用方法："外部讲师助手制度"和"兼职讲师俱乐部"。

五、培训与开发实施

（一）培训计划的组织实施

1. 培训人员的角色定位

（1）培训师。基本工作职责：备课、编写教案；具体组织实施教学；指导现场操作。

（2）培训的辅助人员（培训组织者、管理者）。从事培训管理、后勤保障工作的人。职责：准备教学设施；聘请培训师；编写培训计划。

2. 培训工作的组织

（1）培训规划。培训对象：将培训对象细分。培训内容：确定培训项目、重点。培训师：考察内容——讲课风格、阅历、人品、工作态度。培训方法：把握员工学习特点；选择适合的培训方法。培训信息反馈：做好学员与培训师之间的沟通。

（2）培训准备。组建培训项目小组；召开动员会议；进行各类事项的准备。

（3）现场组织。①培训沟通协调：发给学员培训计划；培训纪律；测试、调查；融洽学员间关系；②现场应急补救；③培训后勤安排。

（4）培训服务。①检查培训效果，学员打分、现场测评、培训后交流；②将培训用于实践；③培训效果跟踪；④培训总结提升，积累经验、改进不足。

3. 培训者的选择

（1）培训师能力要求：沟通的能力；诊断问题并找出解决方法的能力（洞察力）；人格魅力，积极向上的态度、价值观。

（2）培训师的甄选和培养。

1）内部培训师的甄选和培养。

甄选：明确甄选对象、流程、标准、任职资格……

激励：精神激励为主。

培训：对内部培训者进行知识和培训技能的培养、训练。

协调关系：处理好内部培训师培训工作与日常工作的关系。

2）外部培训师的甄选。申请—试讲—资格认证—评价—聘请（续聘）。

（二）培训方法的应用

1. 常用的培训方法介绍

（1）讲授法。系统地传授知识。优点：使用最广泛，成本低、信息传递量大，与其他方法可以配合使用，省时、受训者多。

缺点：单向、参与低、缺乏反馈和与实际工作的联系、关注聆听、理解程度和转化低、不提供实践机会、记忆效果差。缺点克服：附加问答，讨论和案例研究。

（2）案例分析法。案例分析是通过描述一个成功或失败的事件，或者是故事，让学习者分析哪些是正确行为，哪些是错误行为，并提出其他可能的处理方式的学习方式。

适用范围：适合开发智力方面的技能，例如分析问题、解决问题的能力、综合和评估能力。

优点：激发灵感、活跃思维；解决问题、调动积极性、集思广益、团队精神。

缺点：开发成功案例不容易、决策可能糟糕，需要时间，缺乏评价方案优劣的标准。

（3）在职培训。这是一种新员工或者没有经验的员工通过观察或者模仿有经验的员工或者老员工在实际工作中的操作来进行学习的过程。对受训者的观察力、悟性要求较高；对培训者的态度、技能要求较高。

优点：保证学习成果更有效地转移到工作中；培训费用较低。

缺点：培训场所条件有限，可能受到干扰；管理者的坏习惯可能会被模仿；可能会影响别的工作。

（4）角色扮演。借助角色演练让受训者体验该角色，从而提高其解决该类问题的能力。

（5）行为模仿。

第一，建立模式：向受训者展示正确的行为。

第二，角色扮演：让受训者扮演角色，演习正确的行为。

第三，不断反馈、强化。

第四，鼓励受训者在将来的工作中采用。

优点：受训者可以学习、实践正确行为。

缺点：限制了受训者的思维。

（6）多媒体培训。

是将各种视听辅助设备（或视听媒介，包括文本、图表、动画、录像等）与计算机结合起来进行培训的一种现代技术。

优点：自我控制进度；利用多种人体感官；具有生动性和趣味性。

缺点：开发成本太高；对某些培训内容不适用；受训者可能缺乏运用新技术的基本知识；不能快速更新；对其效用缺乏统一认识提供了培训师"偷懒"机会。

2. 培训方法的选择

（1）影响培训方法选择的主要因素：①学习目标；②所需时间；③所需经费；④学员数量；⑤学员特点；⑥相关科技支持。

（2）培训方法选择。①理念性知识培训：讲授法。②技能速成培训：演示法。③专题培训：研讨法。④培训一线员工：实习法（师徒制）。⑤视听法、网络培训法：基础知识、信息。

（三）培训资源的利用

1. 内部资源的利用和管理

（1）内部培训师的选拔和培训。明确培训师的选择标准：具备经济管理类和培训内容方面的专业理论知识；对培训内容所涉及的问题应有实际工作经验；具有培训授课经验和技巧；能够熟练运用培训中的培训教材与工具；具有良好的交流与沟通能力、组织能力，能很好地组织培训活动；具有引导学员自我学习的能力和启发学生进行思维的能力；拥有培训热情和教学愿望，对培训有热情和兴趣；应充分了解当前国内外的宏观经济形势。

对培训师的培训：培训授课基本技巧；教学工具的使用培训；培训内容的培训；有关专业知识的培训；培训师的职业道德的培训。

（2）内部培训师队伍的管理体制。①授予资格，并给予相应鼓励。②实行双重管理。③保证培训师培训工作的独立性。在课程开发、教材编写等方面，保证培训师根据各部门实际情况独立操作（针对性）；统筹安排各个培训师的培训课程（整体性）；培训的组织者负责培训的指导和监督（执行和监督分开）；由人力资源部或培训组织者承担跟踪评估工作（培训评估工作的独立性）。

2. 外部资源的选择和管理

（1）供应商的选择和管理：品牌和知名度；企业规模；培训师团队情况；个性化的课程设计方案；企业文化和价值观；售后服务情况；价格问题。

（2）培训师的选择：对课程的把握和融会贯通；表达演绎能力；解答问题和辅导的能力。

（3）合同的签订：期限、培训项目、预期业绩、未达标赔偿、保密协议。

（4）外部资源选定后的管理：课程开发；沟通与协调；建立信任管理；评估。

3. 培训中的沟通与反馈

（1）培训中的沟通：及时把握学员兴趣所在（培训内容、方式）；把握主题方向（避免跑题）；把握课程松紧度；协调培训形式。

（2）培训中的反馈：培训效果测定；培训效果测定方法。

六、培训效果评估

（一）培训评估的定义及类型

培训效果评估是指系统性地收集有关人力资源开发项目的描述性和评判性信息，通过运用不同测量工具来评价培训目标的达成度，以此判断培训的有效性，并为未来举办类似培训活动提供参考。

（二）作用

（1）看一下成本收益比，控制成本。

（2）看培训项目是否有必要继续进行或者停止，为下一轮培训需求评估提供信息参考。

（3）为培训项目的改进提供信息支持。

（三）培训评估报告的内容

评估报告：对评估过程、方式、数据和分析结论等进行整合而形成的一份综合性的书面文件。其内容涉及：

（1）概要：对整个报告的简要综述，概括评估的主要结论和建议。

（2）项目背景：培训项目的总体说明，需求状况、目标设定、方案设计等。

（3）项目成本：分类汇总各项成本和总成本。

（4）反应效果：学员对项目的满意程度、评价和建议等。

（5）学习效果：详细说明学员对新知识、技能和态度掌握和接受的情况。

（6）行为效果：说明学员的工作行为有否运用所学内容，运用的程度。

（7）业务影响：培训对有些组织绩效指标的影响情况。

（8）ROI 分析结论：比较项目收益和项目成本，计算投资回报率。

（9）支持因素和障碍：对项目起积极作用的因素，项目实施中的问题和障碍。

（10）结论和建议：综述各项目标的实现程度，提出项目改进的建议。

（四）培训效果评估的流程与信息获取

培训效果评估流程

第一步，做出评估决定，要确定出此项评估是否必要，是否要花很高成本，评估的目的，评估者和参与者有哪些。

第二步，制定评估方案，相当于一个行动计划，就像我们写过的培训计划一样，如何开展评估，由谁来评估，什么时候在什么地方评估。

第三步，收集评估信息，采用相应的信息收集方法在相应的渠道上收集。

第四步，数据整理和分析，利用数据统计软件进行分析。例如，统计学中的集中趋势、正态分布、相关性分析等。

第五步，撰写评估报告，形成书面材料提交。培训效果评估一般包括 8 个方面的内容。

第六步，评估结果沟通。

第七步，决定项目未来。

（五）培训效果评估的经典模型

1. 柯克帕特里克（Kirkpatrick）的四层次模型（也称柯氏评估模型）

（1）反应评估（受训者满意程度）：受训者的意见，反馈受训者对培训内容、讲师、方法、材料、设施、场地、报名程序等的评价。

（2）学习评估（知识、技能、态度、行为方式方面的收获）：受训者的考试包括考试、演示、讲演、讨论、角色扮演。

（3）行为评估（工作中行为的改进）：受训者的行为变化即受训者的行为方式有多大的改变。通过观察、主管评价、客户评价、同事评价。

（4）结果评估（受训者及其组织获得的经营业绩）：培养工作的投入产出。分析投入产出的效果即质量、数量、安全、销售额、成本、利润。

2. 罗恩·考夫曼的 5 个层次评估模型

该模型拓展了柯克帕特里克四层次模型，加上了第五个层次，即评估社会和顾客的反应。同时在第一级评估中增加了关于培训项目背景方面的评估。各级评估具体如下：

第一级评估：培训资源和反应内容的评估。

第二级评估：掌握评估。

第三级评估：应用评估。

第四级评估：组织效益评估。

第五级评估：社会效益评估。

3. 菲利普斯培训效果评估模型：5 个层次 6 类指标

柯氏模型的第四个层次进一步量化形成了第五个层次的评估概念，将培训与开发活动的结果转化为货币价值，提出了投资回报率评估模型。

（1）学习成果在工作中的运用：学员有没有按所学的知识技能进行工作，培训中提倡的态度和价值观有没有改变学员看待和处理问题方式。

（2）业务结果：培训对企业业务的影响：产量、质量、成本、客户满意度等。有没有变化、变化的方向和程度。

（3）投资回报率：将业务指标的改进转化为货币形式，与培训的成本比较，计算出投资回报率。

4. 伯德等 CIRO 模型

（1）情景评估（Context Evaluation）：了解培训项目推出的环境因素，对培训项目的目标设定是否针对培训需求，针对的程度如何做出判断。

（2）输入评估（Input Evaluation）：了解培训项目的资源投入，确定项目的成本，并对成本的状况（偏高偏低）进行评价。

（3）反应评估（Reaction Evaluation）：了解学员对培训项目及其实施情况的反馈信息，并确定反应的性质（好/坏、满意/不满意）和程度。

（4）输出评估（Outcome Evaluation）：了解项目产生的影响，确定项目在哪些方面有意义，意义的大小。

七、新员工入职培训

（一）新员工培训的目的和内容

1. 概念

新员工入职培训是一个有计划、有系统地向新员工介绍他们工作职责、组织期望、政策、组织流程以及组织文化的方法。

新员工培训可以包括：介绍本组织和各岗位的有关信息、培训必要的安全和工作技能，讨论员工必须有的工作态度，理解组织规范和流程，澄清工作中管理者和员工的角色。

2. 新员工培训的特殊性与目的

新员工培训除了常规性地引导新员工熟悉企业情况、了解工作环境、工作流程、掌握公司管理制度和对员工特定的行为要求等内容外，还包括引导他们认同企业文化价值观、培养新员工对组织的忠诚感、职业素养、团队合作意识、帮助其建立良好的人际关系等。特别是职业生涯的引导十分重要，新员工刚踏入社会，对未来充满希望，有一个管理理论把员工分为四种：新员工属于高意愿，低能力的一类——少管理多指导；低意愿低能力——多管理多指导，高意愿高能力——少管理少指导；自由发挥为主；低意愿高能力——多管理少指导。

3. 新员工培训常见误区

包括：①缺乏系统性和规范性；②内容简单、缺乏针对性；③或压力过大，或安抚过度；④缺乏反馈和评估。

4. 新员工培训的一般内容

①企业文化——华为企业文化；②公司愿景；③企业管理制度；④职业化意识和基本行为的训练；⑤薪资；⑥公司福利；⑦生产常识。

（二）新员工培训体系设计

1. 新员工培训步骤

主要包括：①界定适用范围：应届毕业生，一年左右工作经验的中专以上学历员工——白纸，可塑性强。②明确试用期与薪资待遇。③构建一套易于管理并方便操作的新员工控制体系。④清晰了解新员工的真实想法，理解他们的内心世界。⑤持续做好新员工培训工作。⑥建立一套切实可行的后续跟踪制度。⑦合理地为新员工做出适当的职业生涯规划。

2. 新员工培训评估

（1）定性评估——大多针对新员工对培训项目的反应层面和新员工培训后的思想上、知识上的转变情况。

（2）定量评估：①组织层面——菲利普斯的培训投资回报率，新员工在一定时间内的流失率，新员工在企业做出贡献的时间长短。②个人层面——各方面的考核指标：知识、技能水平，工作态度（工作主动性、责任心），能力提升水平（岗位履行能力、团队合作能力、协调能力、专业技术水平、领导力、创新能力），工作业绩水平（完成工作业绩数量和质量）。迟到早退率、任务完成率，笔试、面试。

第二节　实训项目一　培训需求设计

一、实训要求

要求学生了解培训需求分析的重要性，熟悉培训需求分析系统的三大层析以及需求分析的思路，掌握培训需求分析的方法和技术。做好实训前的知识储备，如梳理理论知识、相关书籍、典型案例等。

要求学生运用所学知识，结合案例背景，选择恰当的方法对背景资料中的人力资源需求进行初步预测。

二、培训需求分析的三大层析及方法

（一）培训需求分析的三大层析

1. 组织分析

组织目标是企业或组织一切活动的导向，决定组织培训的中心，对员工知识技能提升有约束导向作用。

2. 任务分析

任务分析主要是通过对工作任务和岗位责任的研究，发现从事某项工作的具体内容和完成该工作所需具备的各项知识、技能和能力，以确定培训项目的具体内容。

3. 人员分析

人员分析主要是从员工的实际状况的角度出发，通过分析员工实际绩效与期望绩效或绩效标准之间的差距，以确定谁需要和应该接受培训以及培训的内容，以形成培训目标和内容的依据。

（二）培训需求分析的方法

主要包括：①组织整体分析法；②任务分析法；③员工个人培训需求分析法；④问卷调查法；⑤绩效分析法；⑥观察分析法；⑦前瞻性培训需求分析模式；⑧培训需求分析的逻辑推理模式；⑨基于胜任力的培训需求分析法。

（三）培训需求报告的编制

主要包括：①报告提要，对报告要点进行概括；②需求分析实施的背景；③开展需求分析的目的和性质；④概述需求分析实施的办法和流程；⑤培训需求分析的结果；⑥对分析结构的简要评析和参考意见；⑦附录。

三、实训的实施流程

（1）做好实训前准备，根据提前准备的资料和相关理论梳理，结合背景案例的招聘管理现状，综合分析，了解培训需求的产生根源和产生过程。

（2）将学生分为 4~6 人的小组，以便于进行讨论。

（3）每组学生根据分析的结果，确定采用培训需求调查的对象、时间、方法以及调查内容等。

（4）调动学生积极发言，让每组学生进行充分的分析和讨论，并在小组内部形成统一的结论，由小组代表进行汇报。

（5）各小组根据讨论内容编写实训报告。

四、实训案例背景

WP 投资有限公司

WP 投资有限公司是一家致力于商贸投资运营管理的大型企业。总部位于杭州经济技术开发区，公司现有员工数百人、大多具有本科学历，其中包含具有丰富市场管理经验的高级人才数十人。经过多年的发展，公司旗下业态趋于丰富，已拥有商业地产、大型购物商场、高级商务会所、餐饮等多家企业，包括汽配商贸城、餐饮等，曾参与开发运营的大型市场包括义乌小商品城银沙国际精品博览中心、武汉海宁皮革城、杭州东沙商业中心、杭州澜桂舫贵族商务会所等，建筑面积总开发量达 150 万平方米。

2009 年公司经过充分调研论证，认为杭州汽配行业发展潜力巨大，投资近10 亿元打造国际汽配城，市场占地面积 250 亩，建筑面积达 33 万平方米。汽配城以汽车配件及汽车用品为基础，以电子商务、物流、仓储线上线下 O2O 相结合为支撑，力争成为最具规模化、智能化、集约化、专业化的国际汽配用品商贸物流城。汽配城地处杭州市九乔市场区中心，地理位置优越，交通便利，也是仓储、物流配载的集聚区，周围聚集了 20 多个专业市场，包括长城机电市场、红星美凯龙、中国五金装饰城、银沙国际精品城、恒大建材等，为公司带来了无限财富和广阔的发展空间。经过与管理人员沟通，考虑到今年的推广压力较大，现需要对汽配城销售部的营销人员进行培训。要求人力资源部在两周之内确定营销人员的培训需求，以便制订相应的培训计划。

实训任务：

根据案例背景，为该企业制订一份培训需求实施方案。

五、实训报告

在实训结束后，每位同学必须撰写实训报告，实训报告要求文字简练、条理清晰、观点明确。实训报告的参考模板如下所示：

培训需求分析报告

一、培训需求分析实施的背景

二、培训需求分析的目的

1. 有助于了解受训员工现有的全面信息。

2. 有助于了解员工的知识、技能等需求。

3. 有助于了解员工对培训的态度。

……

三、培训需求分析对象及内容

四、调查问卷结构及内容

调查问卷结构分为两个部分：第一部分为培训意愿和需求调查，目地为了解调查对象的培训意愿、对培训工作的评价及个人的培训需求；第二部分为对培训的意见和建议。具体见附表。

五、培训需求调查统计结果分析

六、培训的意见及建议

附　录

员工培训需求调查表

各位同事：

为做好培训工作，提升员工工作技能和培训满意度，实现公司发展战略，使培训工作真正体现员工所需、公司所需，人力资源部面向公司全体员工开展培训需求调查，通过沟通了解大家对公司培训工作的看法、实际需求、建议和期望。

调查结果将为制订公司培训计划提供重要参考和依据，调查问卷也为您表达您自己的建设性意见提供了机会，您的意见将有助于实现您对培训的需求，同时也会促进公司培训体系的改进与提高，更重要的是您的积极参与将有助于公司培训的顺利实施，为公司的发展奠定坚实的文化基础。

非常感谢您抽出宝贵的时间来完成这个问卷，感谢您对我们培训工作的支持和帮助。

一、基本信息

姓名		部门	
岗位		入职时间	年　　月

二、培训现状调查（请在您认可的答案"□"内打"√"）

1.	您认为目前公司对培训的重视程度	□很重视　　□比较重视 □一般　　　□有待加强
2.	您所在的工段是否有培训计划并按计划开展培训工作？	□有计划，并按计划开展 □有计划，但没按计划开展 □无计划，但有培训开展 □无计划，也没有培训开展
3.	今年您参加过几次培训课程（包括公司级和部门级培训）	□1~2次　　□3~4次　　□5~6次 □7~8次　　□9~10次

续表

三、培训现状调查（请在您认可的答案"□"内打"√"）

4.	对于今年各级培训中授课老师水平，您认为：	□很高　　□比较高　　□一般 □比较低　　□很低
5.	对于今年各级培训的频率，您认为：	□很高　　□比较高　　□一般 □比较低　　□很低
6.	对于今年各级培训的时间安排，您认为：	□很合理　□比较合理　□一般 □不太合理　□不合理
7.	……	

四、培训需求调查（请在您认可的答案"□"内打"√"，如选择"其他"请在空格内简要描述）

7.	您认为公司的培训重点应该是（可多选，限选3项）：	□企业文化　□入职教育　□规章制度 □专业技能　□管理技能　□营销战略 □梯队与后备人才培养　□其他
8.	您希望参加公司各种培训的频率是：	□每周一次　□每月两次　□每月一次 □每两个月一次　□每季度一次
9.	您认为公司培训的讲师来源最好是：	□公司内部　□部门内部 □工段内部　□其他
10.	……	

11.	您个人感觉，在工作中是否存在下列困惑？（请如实填写，可多选！） □工作压力大，有时或经常因工作原因情绪低落（考虑引入《压力与情绪管理》）。 □工作任务个人感觉多，总是感觉忙不过来（考虑引入《时间管理》）。 □和同事合作时，感觉沟通不够顺畅（考虑引入《团队协作与沟通管理》）。 □工作中和同事发生意见分歧时，有时不知如何处理，或处理后感觉效果不好（考虑引入《人际关系与冲突管理》）。 □个人感觉工作已经努力，但目标仍无法完成，或领导有时感到不满意（考虑引入《目标管理与执行力》）。 □日常活动中，个人的有些行为不知是否恰当，是否合乎礼仪要求（考虑引入《商务礼仪》）。 □其他（请详细说明） 1. 2. 3.
12.	在专业知识、理论方面，结合您个人的职业发展规划，请列出您个人感觉最需要提高的三个方面： 1. 2. 3.

五、培训建议（如您对公司的培训有任何好的建议，请您在下表中提出，谢谢！）

第三节 实训项目二 培训计划的制定

一、实训要求

要求学生了解培训计划的类型，熟悉培训计划的内容，掌握培训计划的编制等理论知识，做好实训前的知识储备。

要求学生运用所学知识，结合案例背景，通过查找资料、走访相关行业等工作，尝试编制培训计划。

二、制订培训计划的一般流程

（1）在培训需求分析的基础上确定培训目的。

（2）梳理上一年度培训计划的实施情况，找出存在的问题及改进方向，对培训计划制定的时间点进行规划。

（3）合理地安排培训的时间和地点。

（4）根据培训目标进行培训内容和课程的设置。

（5）培训负责人和讲师的选择。

（6）根据培训需求分析的结果，确定需要受训的人员。

（7）确定培训教材以及其他相关工具。

（8）确定培训形式和方法。

（9）确定培训费用的预算。

（10）确定培训计划的组成要素，形成培训计划方案。

三、实训的实施流程

（1）做好实训前准备，根据提前准备的资料和相关理论梳理，结合背景案例的实际情况，设计一份培训计划。

（2）将学生分为4~6人的小组，以便于进行讨论。

（3）每组学生根据分析的结果，得出培训计划的组成要素。

（4）调动学生积极发言，让每组学生进行充分的分析和讨论，并在小组内部形成统一的结论，由小组代表进行汇报。

（5）各小组根据讨论内容编写实训报告。

四、实训案例背景

本实训要求根据《WP 投资有限公司》的案例背景资料，根据本模块实训项目要求，自行查找投资公司的内外部环境资料，在前文对公司销售人员需求分析的基础上，为该公司编制一份培训计划。

实训任务：

（1）针对该公司销售部的员工，应设置哪些课程，选取什么方式进行培训，可以获得较好的效果？

（2）为该公司销售部员工培训撰写一份培训计划。

五、实训报告

在实训结束后，每位同学必须撰写实训报告，实训报告要求文字简练、条理清晰、观点明确。实训报告的参考模板如下所示：

××××年度××公司培训计划方案（范例）

一、公司背景

二、培训需求调查

1. 本次培训调查围绕公司战略规划、经营目标的实现，提升员工的业绩目标，优化工作业务流程，保证员工达到岗位胜任能力，促进员工的职务发展五个维度，遵循客观性原则、灵活性原则和多向性原则，积极制定 2019 年培训需求调查方案，跟踪落实方案实施情况，了解并掌握了各层次员工的培训需求（范例）

2. 调查范围：集团下属各公司

3. 调查方法：

4. 调查组织部门及负责人：

5. 调查形式：基层员工及中层管理人员采取调查问卷形式，高层管理人员采用面谈法。

6. 调查时间：

7. 调查结果分析：

8. 调查结果概述

三、培训目标

四、××××年度培训重点工作

五、××××年度培训计划

1. 培训主旨及依据

2. 培训层级及培训课程设计（范例）

集团培训层级分为四级，全员职业素养及凝聚力提升培训，新员工培训，后备/中层管理人员培训，高层管理人员培训。具体培训计划如下：

编号	月份	培训课程	培训方式	讲师来源	培训课时	培训对象
1	1	员工执行力培训	专题讲授	外部师资	3	后备/中层管理人员培训
2	2	经营管理培训——营销战略	课堂讲授	外部师资	8	高层管理人员培训
3	⋮					
21	12	团队建设培训	课堂讲授＋案例分析	外部师资	4	后备/中层管理人员培训

六、培训预算

1. 外部课程讲师费用（范例）

编号	培训课程	讲师来源	培训课时	预算费用（万元）
1	员工执行力培训	外部师资	3	0.6
2	经营管理培训——营销战略	外部师资	8	1.5
3	目标管理	外部师资	8	1
8	合计		71	9.2

2. 培训类其他费用（范例）

项目	内部讲师费	光盘书籍费	差旅费	器材费	茶水餐饮费
金额（元）	7200	4000	3000	1000	4500

3. 培训费用各类别占比分析（范例）

项目	外部讲师费	内部讲师费	光盘书籍费	差旅费	器材费	茶水餐饮费
金额（元）	92000	7200	4000	3000	1000	4500
占比（%）	82	6	4	3	1	4

4. 公司各层级培训费用占比情况分析（范例）

项目	全员素质培训	新员工培训	潜力人员培训	部门经理级	高层管理者	合计
金额（元）	12000	7200	18000	35000	39500	111700
所占比例（%）	10.74	6.45	16.11	31.33	35.36	100

七、培训效果测量（范例）

八、培训效果保障措施

九、问题和建议

1. 如何确保培训计划的有效执行？

2. 培训效果有效评估的工具与措施有待进一步合理选择与谨慎制定。

3. 培训费用的申请及培训费用合理分配问题。

第四节　实训项目三　新员工入职培训计划的编制

一、实训要求

要求学生了解并掌握新员工入职培训的实施步骤和方法等理论知识，做好实训前的知识储备。

要求学生运用所学知识，结合案例背景，通过查找资料、走访相关行业等工作，尝试编制企业的新员工入职培训计划。

二、新员工入职培训的一般流程

（1）界定适用范围：应届毕业生，一年左右工作经验的中专以上学历员工——白纸，可塑性强。

（2）明确试用期与薪资待遇。

（3）构建一套易于管理并方便操作的新员工控制体系。

（4）清晰了解新员工的真实想法，理解他们的内心世界。

（5）持续做好新员工培训工作。

（6）建立一套切实可行的后续跟踪制度。

（7）合理地为新员工做出适当的职业生涯规划。

三、实训的实施流程

（1）做好实训前准备，根据提前准备的资料和相关理论梳理，结合背景案例的实际情况，为北京公司编制新员工入职培训计划。

（2）将学生分为 4~6 人的小组，以便于进行讨论。

（3）每组学生根据分析的结果，确定新员工入职培训的主要内容和培训方法。

（4）调动学生积极发言，让每组学生进行充分的分析和讨论，并在小组内部形成统一的结论，由小组代表进行汇报。

（5）各小组根据讨论内容编写实训报告。

四、实训案例背景①

A 保险公司的发展现状

A 保险公司下辖于 A 保险集团，隶属于集团公司旗下财、寿、健康三大子公司中的财产保险股份有限公司，其总公司既是集团公司的发展核心及代表，也是当前发展规模最大、历史最为久远的中央直属大型国有财产保险公司。A 保险公司的保险产品包括财产保险和人寿保险，其业务销售的主体是财产保险，销售额占公司销售总额的 90% 以上。在财产保险中，车险业务销售额占比 80% 左右，此外，还有少量的家庭财产保险和企业财产保险。

近年来，我国保险行业的经营模式正在发生变化，新型的集约式管理模式正逐渐取代传统的粗放式管理，保险主体数量不断增多、人工成本持续提高、竞争越发激烈。A 保险公司总公司旗下的多省企业及各级分支机构发展速度逐渐放缓，增长乏力，一些地区的分支机构甚至出现了负增长和负利润。此外，外资保险公司快速涌入国内保险行业，无论是从产品开发的能力上来讲，还是从企业业务管理的水平上来讲，它都比国内的保险公司更占有优势，这势必破坏行业的动态平衡，大量市场份额被攫夺，企业之间的矛盾激化，对于人才的竞争也愈演愈烈。A 保险公司作为 A 保险公司总公司的子公司也未能幸免于这场恶战。怎样应对行业变幻莫测的市场需求以及外资企业介入所带来的挑战，保持恒久的发展动力，是 A 保险公司当下所面临的最为重要的课题，企业转型迫在眉睫。

A 保险公司秉承总公司"服务型保险专业复合型人才"的人才培养理念，对企业自身人才战略进行了细化：

---

① 许艺泷. A 保险公司培训体系优化研究［D］. 山西大学博士学位论文，2019.

（1）企业内部各阶层干部要明确以市场为导向、以客户为中心的市场营销理念。时刻掌握客户的需求动态，把控市场走势，贯彻落实 CS 战略。

（2）优胜劣汰，适者生存。在"物竞天择，适者生存"的丛林法则面前，各行各业都无法避免对人才的抢夺，当前企业内部战略规划的目的就是择优上岗，对企业管理层进行全新洗牌，谨防企业蛀虫，严格遵循规章制度，让规则先行，对于"德不配位"企业干部的削职力度不断加大，形成或贬职或降薪或流放或解约或再培训多种处理办法并行的局面。

（3）按岗依需地选拔人才。牢固树立"干部能上能下，员工能进能退"的工作理念，时刻把握岗位需求，对人才的选拔提升进行严格的把关，以员工的最后考察结果和严重违纪行为为两大切入点进行综合评估，务必推动人才"进出"。增加基层和销售人员的人员比重。做到一线人员上增加销售人员的比重，基层员工上加大人员配比，同时要保证公司总员工的基本恒定，做到企业平台的精英化。

实训任务：

根据公司背景，为公司编制一份新员工入职培训计划。

五、实训报告

在实训结束后，每位同学必须撰写实训报告，实训报告要求文字简练、条理清晰、观点明确。实训报告的参考模板如下所示：

新员工入职培训计划

一、入职培训的目的

二、培训对象

三、培训期间

四、培训方式

五、培训教材入职培训内容

1. 企业概况：（公司的历史、背景、经营理念、愿景、使命、价值观）；

2. 组织结构图；

3. 组织所在行业概览；

4. 福利组合概览：（如健康保险、休假、病假、退休等）；

……

六、培训考核

七、效果评估

八、培训工作流程

附录：培训表格

员工培训报告书

年　　月　　日

培训名称及编号		参加人员姓名	
培训时间		培训地点	
培训方式		使用资料	
导师姓名及简介		主办单位	

培训后的检讨	培训人员意见	受训心得（值得应用于本公司的建议）
		对下次派员参加本训练课程的建议事项
	主办单位意见	

总经理　　　　　　　　经（副）理　　　　　　　　主办单位
副总经理　　　　　　　厂（副）长

新员工培训成绩评核表

填表日期：　　年　月　日　　　　　　　　　　　　编号：

姓名		专长		学历	
培训期间		培训项目		培训部门	

一、新进人员对所施予培训工作项目了解程度如何

二、对新进人员专门知识（包括技术、语文）评核

三、新进人员对各项规章、制度了解情况

四、新进人员提出改善意见评核，以实例子说明

五、分析新进人员工作专长，判断其适合工作为何，列举理由说明

六、辅导人员评语

总经理：　　　　　　　　经理：　　　　　　　　评核者：

员工培训反馈信息　　　年　月　日

培训名称及编号			参加人员姓名	
培训时间			培训地点	
培训方式			使用资料	
培训者姓名			主办单位	
培训反馈 信息	受训人员 意见	1. 课程安排是否合理 2. 所学内容与工作联系是否密切 3. 主管是否支持本次培训 4. 对所学内容是否感兴趣 5. 所学内容能否用于工作中 6. 对教师的授课方式是否满意 7. 教师授课是否认真 8. 教师是否能够针对学员特点安排课堂活动		
		受训心得（值得应用于本公司的建议）		
		对公司下次派员参加本训练课程之建议事项		

第六章　绩效管理

第一节　理论知识回顾

一、绩效管理概述

（一）绩效的定义

绩效主要是指组织的效率、工作效果和效益（经济效益和社会效益）。绩效一般被认为是与目标相关的活动和成果。

目前对绩效的界定主要有绩效是结果、绩效是行为、绩效是素质三种观点。

（二）绩效考核的概念界定

绩效考核是企业通过对部门、员工或所属单位与个体的投入产出状况进行考察、衡量或比较，从而确定其行为价值，提高企业竞争力的一个重要过程。所谓投入产出状况，指的是投入、产出及其转化过程。

（三）绩效管理的内涵

绩效管理是指管理者与员工之间的目标与如何实现目标上所达成共识的过程。绩效管理的目的在于提高员工的能力和素质，改进与提高公司绩效水平。

绩效管理要解决的问题：就目标及如何达到目标，需要全体员工尽可能达成共识；绩效管理不是简单的任务管理，它特别强调沟通、辅导和员工能力的提高；绩效管理不仅强调结果导向，而且重视达成目标的过程。其根本目的在于绩效的改进，而绩效改进需要管理者与员工双方的共同努力，绩效改进的关键是提高员工的能力与素质，绩效管理循环的过程就是绩效改进的过程，绩效管理过程也是员工能力与素质开发的过程。

绩效管理的五要素：

（1）明确一致且令人鼓舞的战略。

（2）进取性强又可衡量的目标。

（3）与目标相适应的高效组织结构。

（4）透明而有效的绩效沟通和绩效评价。

（5）迅速而广泛的绩效成绩应用。

（四）绩效管理系统的开发与设计

（1）识别关键参与者。绩效管理同时也是设计组织方面的一种管理思想，最终会影响到整个组织的文化、气氛和管理风格，关系到每一个员工的切身利益，必须非常严格地选择绩效管理系统开发与设计的参与人员。

（2）诊断组织现状。对组织文化、组织气氛、管理风格、绩效管理现状进行诊断。

（3）确定绩效管理系统的目标。

（4）开发与设计绩效管理系统。绩效管理系统的具体设计与开发包括对绩效管理的本质、范围、内容和操作模型等一系列问题的回答。

（5）绩效管理培训。许多研究表明，对管理者、团队领导和员工进行的绩效管理培训的范围和质量，是成功引进和实施绩效管理系统的关键因素之一。绩效管理培训的目的：①让参加培训者了解组织引进绩效管理系统的原因、目的、绩效管理包括哪些过程等。②说明管理者、团队领导、团队和每个员工的贡献。③培训实施和管理绩效管理系统的技能。

（6）小范围试验。

（7）绩效管理系统效果评价。

二、准备阶段的主要工作

（一）明确绩效管理的对象

从企业的一般情况来看，绩效管理涉及五类人员：①考评者：涉及全体员工。②被考评者：涉及全体员工。③被考评者的同事：涉及全体员工。④被考评者的下级：涉及全体员工。⑤企业外部人员：主要是客户，供应商等与企业有关联的外部人员。

1. 五类人员参加考评工作的优势

（1）上级考评。被考评者的上级主管，对被考评者承担着直接的领导管理与监督责任，对下属人员是否完成了工作任务，是否达到了预定的绩效目标等实际情况比较熟悉，而且在思想上也没有更多的顾忌，能够较客观地进行考评。

（2）同级考评。同事通常与被考评者共同工作，密切联系，相互协作，相互配合，被考评者的同事比上级更能清楚地了解被考评者。

（3）下级考评。被考评者的下级，对被考评者的工作作风、行为方式、实际成果有比较深入的了解，对其一言一行有亲身的感受，而且有其独特的观察视角。

（4）自我考评。自我考评能充分调动被考评者的积极性，特别是对那些以"实现自我"为目标的人更显重要。

（5）外部人员考评。他们虽能较客观公正地参与绩效考评，但很可能不太了解被考评者的能力、行为和实际工作的情况，使其考评结果的准确性和可靠性大打折扣。

2. 考评者需具备的条件

在一般情况下，所有考评者都应具备以下条件：作风正派、办事公道；有事业心和责任感；有主见，善于独立思考；坚持原则，大公无私；具有实际工作经验，熟悉被考评对象情况等。

3. 培训考评者

在绩效管理的准备阶段，除了需要明确被考评者和考评者之外，一项重要的任务就是培训考评者。

按不同的培训对象和要求，绩效考评者的技能培训与开发可分为员工的培训、一般考评者的培训、中层干部的培训、考评者与被考评者的培训等。

培训的内容一般应包括：

（1）企业人力资源的讲解。人力资源部门对企业整个人力资源制度的结构和内容进行整体的介绍，同时，还要站在企业目标和企业整体战略的角度，对人力资源制度的运行情况以及未来的发展方向和模式做出阐述。让受众了解到考评制度是整个人力资源制度的基石，从而增强其对员工考评工作的重视程度和对考评工作的责任感。

（2）让考评者熟悉考评指标及标准。让考评者熟悉和了解在考评过程中将使用的各个绩效指标的真正含义，在培训时可以采用一些事例来进行说明，或进行模拟考评训练，以增强直观性。考评者如何理解绩效标准将在很大程度上影响他们对每个被考评者的考评结果，因此，使考评者对考评指标和标准有一个全面了解是实现绩效管理中程序公平的前提条件。

（3）考评者误区的培训。绩效考评中发生不准确的问题，很多时候都是由考评者的主观错误引起的，因此，考评者培训中的一项重要内容是通过培训告诉考评者在考评过程中可能会产生的考评误差，以防止这些误差的产生。

（4）培训关于收集绩效信息的方法。为了使考评结果更有说服力，为绩效反馈提供充分的信息，对考评者进行这方面的培训也是培训的一种重要项目。一般可以采用讲座方式进行，还可以通过生动的录像来进行现场的演示或练习。事实上，不同岗位的不同工作性质，能够获取有关工作绩效信息的渠道各不相同，应根据被考评者的不同情况有针对性地进行。

（5）绩效反馈沟通的培训。绩效反馈是一个考评者与被考评者之间的沟通过程。绩效反馈并不是一个简单的谈话，考评者应该通过一个沟通的过程帮助被考评者更好地认识自身在工作中存在的问题。通过培训，管理者应该能够掌握绩效反馈面谈中应当运用的各种技巧。

（二）绩效指标和标准的设计

绩效指标的含义：绩效考核中，用以衡量员工绩效的依据称为绩效指标。一般而言，绩效指标包括两个组成部分：一是对工作结果的评价，称为任务绩效；二是对工作过程中的表现评价，称为周边绩效。

绩效考核指标包括的四个构成要素：指标名称，是对考核指标的内容作出的总体概括；指标定义，指标内容的操作性定义，用于揭示考核指标的关键可变特征；标志。量词式的考核尺度：量词式的考核尺度是采用带有尺度差异的形容词、副词、名词等词组表示不同的等级水平。例如，较好、好、一般、差、较差；等级式的考核尺度是使用一些能够体现等级顺序的字句、字母或是数字表示不同的考核等级。例如，优、良、中、差；甲等、乙等、丙等、丁等以及1、2、3、4。数量式的考核尺度：数量式的考核尺度是用具有量的意义的数字表示不同的等级水平。数量式的考核尺度包括离散型和连续型两种。

1. 绩效指标的分类

（1）根据绩效考核的内容分类。

1）工作业绩考核指标。所谓工业绩效就是工作行为所产生的结果。对于业绩的考核结果直接反映了绩效管理的最终目的——提高组织的整体绩效以实现既定的目标。

工作质量指标：质量是组织竞争的基础。提高产品和服务的质量是整个绩效管理的主要目标。常见的质量考核指标有产品合格率、废品率、返工率、返修率、留任率、准时交货率、顾客投诉次数等。工作数量指标：工作数量指标提供的是多少、发生频率、周期长短等计数方面的信息。常见的数量指标有产量、销售量、销售数量、销售价格、本期销售收入、维修产品数量、接待顾客数量、清洁机器数量等。

工作成本指标：成本指标的表现形式很多，常见的成本指标有总成本、变动成本、固定成本、变动生产成本、员工离职成本、录用面试成本等。

工作时间指标：工作时间指标提供工作产出速度快慢方面的信息。常见的时间指标有：生产周期，指从原材料投入到成品产出的时间间隔；加工时间，指加工一个产品所需的时间。

2）工作能力考核指标。不同的职务对于人的工作能力要求是不同的，只有绩效考核体系中加入工作能力方面的考核指标，有能使考核结果真正反映出员工的整体绩效。常见的能力指标有：语言表达能力、书面表达能力、解决问题能力、协调控制能力、决策能力、人际技能、沟通技能、协调技能、公关技能、组织技能、分析和判断技能、处理和解决问题的技能。

3）工作态度考核指标。为了员工的行为进行指导从而达到绩效管理的目的，在绩效考核中应加上对工作态度的考核。工作态度通常具体表现为纪律性指标、协调性指标、责任性指标以及积极性指标。

常见的态度指标有主动性、责任性、敬业精神、服务意思、整体观念、团队精神等。

4）工作行为考核指标。工作行为很难用精确的数字或金额来描述。常用频率或次数来评价，如出勤率、事故率、表彰率、违纪违规次数、访问客户人次、客户满意度、员工投诉率、合理化建议采纳次数等。

（2）根据绩效考核指标的性质分类。

1）定量指标。定量指标是经过研究和分析，事先确定可以进行量化考核的指标。它对每个员工可以进行独立评判。定量指标可以分为工作的质量、工作的数量、工作的安全性和工作成本四类。

2）定性指标。定性指标是不能用定量数据衡量的指标。

2. 绩效指标权重的设计

（1）专家意见法。这种方法又分为专家个人意见和专家集体意见法。专家个人意见法主要由组织高层管理者根据个人管理经验和认知，对员工绩效指标确定不同的权重。专家集体意见法，一般通过组长专家考核小组，以小组讨论形式来确定绩效指标权重。专家小组既可以由组织管理实践专家构成，也可以由组织管理实践专家与外聘的理论或咨询专家共同构成。

（2）德尔菲法。德尔菲法又名专家意见法，他根据系统的程序，采用匿名发表意见的方式，即团队成员之间不得互相讨论，不发生横向联系，职能与调查人员发生关系，以反复地填写问卷，以集结问卷填写人的共识及收集各方意见，可用来构造团队沟通流程，应对复杂任务难题的管理技术。

（3）倍数加权法。首先选择出最次要的考核要素，以此为1；再将其他考核要素的重要性与该考核要素相比较，得出重要性的倍数，然后再进行归一处理。

（4）权值因子判断法。

3. 绩效指标标准的确定

绩效考核指标和每个指标的权重确定以后，还要确定每个指标的考核标准。绩效指标在确定的时候分为定性指标和定量指标，这两类指标要分别进行标准的设定：行为化指标的标准可以直接从任职资格的行为标准中抽取或转换得出；数量化指标则要根据具体情况设定考核标准。

（1）定性指标标准的确定。

1）等级描述法。等级描述法是对工作成果或工作履行情况进行分级，并对各级别用数据或适时进行具体和清晰的界定，据此对被考核者的实际工作完成情况进行评价的方法。等级描述法适用于考核那些经常或重复进行的工作，因为这个方法能够很清楚地用数据或事实描述出各个级别的不同。具体操作过程中，建议分为优秀、良好、一般、及格、不及格五个级别，为了简化操作，可以只对几个标准进行具体的描述，依照各个级别间的递进关系，以区分五个级别。

2）预期描述法。预期描述法是考核双方对工作要达到的预期标准进行界定，然后根据被考核者的实际完成情况同预期标准的计较，来评价被考核者业绩的方法。

3）关键时间法。关键时间法是针对工作中的关键事件，制定出相应的扣分和加分标准，来对被考评者的业绩进行考评的方法。关键事件法适用于那些关键时间能够充分反映被考核者工作表现或业绩的情况。

（2）定量指标标准的确定。制定定量指标标准时，需要考虑两个方面的问题：一是指标标准的基本点，二是等级间的差距。指标标准的差距可以是等距的，也可以是不等距的。一般来说，指标标准的上行差距越来越小，而指标标准的下行差距越来越大。

定量指标一般有两种制定考核标准的方法，即加减分法和规定范围法。

1）加减分法。采用加减分法的方式确定指标标准，一般适用于目标任务比较明确，技术比较稳定，同时采用鼓励员工在一定范围内做出更多贡献的情况。

2）规定范围法。规定范围法是经过数据分析和测算后，考核双方根据就标准达成的范围约定来进行考核。

（三）绩效指标体系的设计

（1）建立绩效指标库。组织负责这方面的工作人员首先应建立一个适合组织特点和战略需要的绩效考核指标库。需要注意的是，这个指标库并不一定完全能够涵盖最终确定的每个岗位的绩效考核指标。许多指标往往后面的步骤中通过不同的操作方法逐一产生，并补充到这个指标库中。

（2）各岗位选择不同的指标。选择考核指标的一个重要标准就是，被考核人所承担的工作内容和绩效标准。这种区别正好反映在员工的职务职能等级上，因此我们将这种绩效考核方式称为分层分类的绩效考核体系。对不同类型的工作内容，绩效考核所使用的考核指标自然各不相同。另外，由于职位等级上的区别，他们还承担了不同的管理职能，也可能不承担任何管理职能，这种职位等级上的区别也会对绩效考核指标和权重产生影响。

（3）确定不同指标的权重。影响指标权重最重要的因素是绩效考核目的，对于不同的考核目的，应该对绩效考核中的各个考核指标赋予不同的权重。另外企业文化倡导的行为或特征也会反映在绩效考核指标的选择和权重上。需要强调的是，这种权重的不同并不一定会表现在每个指标的权重上，而可能仅仅表现在三个常见的考核维度（工作能力、工作业绩、工作态度）的权重上。

三、绩效计划概述

（一）绩效计划的含义

从静态的角度看，绩效计划是一份关于工作目标和标准的契约；从动态的角度看，绩效计划是一个确定组织对员工的绩效期望并得到一个认可的过程。绩效计划将个人目标、部门目标和组织目标联系起来，使员工全面参与管理、明确自身职责和任务。

绩效计划的制订是一个自上而下的目标确定过程，从公司最高层开始，将绩效目标层层分解到各部门，最终落实到个人。

（二）绩效计划内容

1. 关键绩效指标（KPI）

关键绩效指标（KPI）是企业宏观战略目标决策经过层层分解产生的，是操作性的战术目标，是用来衡量评价对象工作绩效表现的具体量化指标，是对结果绩效的评价方式。

运用平衡计分卡建立关键绩效指标的步骤：①确定组织发展战略；②从平衡计分卡的四方面成功关键因素；③确定成功关键因素与各方面业务流程间的关系；④确定各主要流程的关键控制点，形成组织的绩效指标体系，根据组织的绩效指标体系。

2. 工作目标设定（GS）

绩效不仅包括结果绩效，还包括过程绩效。工作目标设定是指员工在评估期内应该完成的主要工作及其效果，是对工作职责范围内一些相对长期性、过程性、辅助性和难以量化的关键工作任务完成的情况，即对过程绩效的评估方法。

工作目标设定能弥补完全量化的关键绩效指标所不能反映的方面，可更加全面反映尤其是基层员工的表现。

工作目标设定的步骤：①了解公司战略；②了解部门绩效指标；③职务分析，设定工作要项；④对关键区域设置绩效指标。

3. 能力发展计划

这里的能力发展是根据企业发展的整体要求，个人需要发展的能力与知识，而不是个人需要完成的任务和职责。个人需要完成的任务与职责个人需要发展的能力与知识可以用个人的行为表现具体化，从而为实现关键绩效指标与工作目标提供帮助。

制订能力发展计划的意义：一是帮助企业制定员工发展的整体框架，加强企业现有的人力资源。二是以具有的技能知识方式，将企业对个人能力的要求落实到人，落实到行动上。三是可作为考评员工表现与所需发展领域方面一种统一的管理方法，以帮助个人了解需要发展什么样的专业与管理能力；明确在何时，采用何种行动来发展这些能力；明确如何判断个人已具有这些能力，以形成持续不断、协调一致的个人发展能力。

（三）绩效计划准备阶段

绩效计划准备阶段的工作主要是信息准备和决定要选择何种沟通方式。信息包括组织、团队和个人三个方面的内容，一般包括组织的战略发展目标和计划、组织经营计划、团队的经营或工作计划、员工所处团队的目标和计划、员工个人的职责描述、员工上一个绩效期间的绩效评价结果。沟通方式主要有召开员工大会、小组会议、单独面谈等方式。

1. 信息准备

绩效计划通常是通过管理者与员工双向沟通的绩效计划会议得到的，为了使绩效计划会议取得预期的效果，事先必须准备好相应的信息，否则就难以取得理想的效果。应该准备的信息主要可以分为下述三种类型：

（1）关于组织的信息。①组织战略目标和发展计划：组织的战略和发展计划是制订绩效计划的大背景，制订绩效计划的目的就是推进组织战略和发展计划的实现，员工只有对组织的战略目标和发展计划有充分的了解，才能在自己的绩效计划上保持正确的方向。②组织年度经营计划：战略、愿景等都是设计组织长远发展的，长远的目标虽然有感召力但是总不如短期目标现实，更能让大家产生动力。员工对组织近期要做的事情有了了解后，才能据此制订出对组织的年度经营计划有所贡献的个人绩效计划。

（2）部门信息准备。①部门计划：部门计划的制订依据是组织的年度计划。部门计划直接和各职能部门相关联，从而也和各职能部门员工的绩效标准密切关联，因此，部门计划也是员工制订绩效计划之前需要了解的重要信息。②团队计划：组织各职能部门中越来越多以团队为单位来从事各项活动，团队这种形式的采用使得小团队内的目标责任更加具体明确，员工更容易依此设定个人绩效计划。

（3）个人信息的准备。被评估者个人的信息包括两方面内容：一是员工所在职位的工作分析；二是上一个绩效周期的评估结果。①员工所在职位的工作分析：在员工所在职位的工作分析中，通常规定了员工的主要工作职责，以工作职责为出发点设定工作目标可以保证员工个人的工作目标与职位的要求联系起来。

工作描述需要不断地修订，在设定绩效计划之前，对工作描述进行回顾，重新思考职位存在的目的，并根据变化了的环境调整工作描述。②上一个绩效周期的评估的结果；如果员工在上一个绩效周期内全部按照绩效计划完成绩效指标，绩效评估合格的话，那么这一期的绩效计划就可以设定新的目标；如果上一个绩效周期的绩效指标并没有全部完成，那么这一期绩效计划中需要考虑那些没有达成的绩效指标应该如何进一步完成，这也体现了绩效管理的延续性以及绩效管理的最终目标是要达到所预定的绩效目标。

2. 沟通方式选择

决定采用何种方式进行绩效计划的沟通是非常重要的问题，需要结合组织的文化氛围、员工特点以及所要达到的工作目标等因素进行选择。

（1）员工大会。在绩效计划阶段，召开员工动员大会是必要的，要让全体员工意识到绩效管理和每个员工息息相关，进而意识到绩效计划在整个绩效体系中的重要地位。这样，才能调动全体员工的积极性，使其真正成为绩效计划的主体。

（2）小组会议。小组会议通常是在员工大会的主旨下，在各个职位部门或者各个职能部门下的团队中召开的。小组会议相对于员工大会来说，参与的人越少，讨论的事项越比较集中，其讨论结果基本上就有绩效计划阶段的预定产物——绩效计划的雏形。另外，小组会议除了能够明确个人在目标过程中的分工外，还有助于不同成员的协调配合，通过讨论还可以发现工作中存在的问题。

（3）单独面谈。如果员工个人感觉自己的绩效契约依然存在，那么员工就可以和职能部门主管进行单独面谈，就绩效契约达成过程中的困难、达成契约所需要得到的帮助、所需的资源支持等进行商讨。部门主管应尽可能满足员工的需求，帮助员工制订合理的、切实可行的绩效计划。

（四）绩效计划的沟通阶段

绩效计划的沟通阶段由沟通环境和气氛的准备、沟通的原则、沟通的过程、沟通的结果等部分组成。

第一步，对有关信息的回顾，传递和交流。

第二步，确定个人绩效目标。在对有关信息进行简短的回顾后，应该尽快把绩效计划的目标具体化。目标是期待员工创造或达到具体结果的描述。

第三步，制订衡量的标准。绩效标准是评价员工是否成功达到目标的标准。绩效标准应该具体，客观，方便度量，在员工通过努力后可以达到。它通常回答这样一些问题，如什么时候，怎么样，有多少失误，让谁满意等。

第四步，讨论计划实施的困难和需要提供的帮助。

第五步，讨论重要性级别和授权问题。

（五）绩效计划的制订，审核和确认过程

经过周密的准备并与员工进行充分的沟通后，绩效计划即初步形成。管理员和员工要对双方协商达成的绩效计划进行系统审定，并签字确认，即签订绩效契约。所谓绩效契约，是指管理者和员工就员工工作的绩效标准和目标达成一致性契约。

（1）员工绩效契约中包含的内容。①员工在本次绩效期间内的主要职责是什么？②员工在本次绩效期间内所要达到的工作目标是什么？③员工应该在什么时候完成这些工作目标？④达成目标的具体结果如何？⑤从何处可以获得员工工作结果的信息？⑥如何判断员工的工作目标完成得怎么样？这些结果可以从哪些方面来衡量？评价的标准是什么？⑦各项工作职责以及工作目标的权重如何？哪些是重要的？哪些是次要的？⑧员工的工作绩效好坏对整个组织或特定部门有什么影响？⑨员工在完成工作时可以拥有哪些权利？可以得到哪些资源？⑩员工在达到目标的过程中会遇到哪些困难和障碍？⑪管理者会为员工提供哪些支持和帮助？⑫员工在绩效期间内会得到哪些培训？⑬员工在完成工作的过程中如何去获得有关他们工作情况的信息？⑭在绩效期间内，管理者应如何与员工进行沟通？

（2）绩效计划结束时应达到的结果。①员工的工作目标与组织的总体目标紧密相连；②员工的工作职责及描述可以反映本次绩效期间的主要工作内容；③管理者和员工对员工的主要任务，任务重要程度，完成标准，权限等都达成共识；④管理者和员工都十分清楚可能遇到的困难和障碍，并明确管理者所提供的支持和帮助；⑤形成了一个经过双方协商谈论的文档，并且管理者和员工双方都要在该文档上签字确认。绩效计划书一式两份，管理者和员工人手一份，作为被管理者未来绩效周期内的工作指南，也是管理者对员工的工作进行检查，监督与评定的最重要依据。

（六）绩效目标的来源和类型

1. 绩效目标的来源

（1）公司的战略目标或部门目标。在制定员工绩效目标时尤其要关注公司和部门的关键绩效目标，一定要以公司的战略目标为基础，否则就会出现员工目标达成了，可是部门的整体目标没有达成，或者部门目标达成了，公司的整体目标却没有达成。

（2）岗位职责。岗位职责依附于岗位，相对比较稳定，除非该岗位本身从根本上发生变化。而绩效目标是对在一定条件下、一定时间范围内所达到的结果的描述。也就是说，绩效目标有一定的时间性和阶段性。在岗位职责比较明确的情况下，绩效目标的内容也会有比较明确的界定。

（3）工作改善和解决工作问题的要求。上一期绩效评估提出什么样的工作改善要求，工作中还存在什么样的问题，需要在本期的绩效目标中加以解决，这些都会成为本期绩效的重要来源。

（4）内外部客户的要求。组织的产生是通过流程生产的，而流程的目标和手段是由内外部客户的需求驱动的，因此，在给员工设定绩效目标时，一定要兼顾内外部客户的需求。

2. 绩效目标的类型

在设定绩效目标时，应当注意各类绩效指标之间的平衡。常见的绩效指标有以下类型：①结果绩效与行为绩效；②财务绩效与非财务绩效；③短期绩效与长期绩效；④管理绩效与经营绩效。

（七）绩效目标的设定方法

（1）传统的目标分解法。这种传统的目标设定方法，目标是由组织的最高管理者设定，然后分解成子目标落实到组织的各个层次。这种方法更多地体现在自上而下向员工下达命令，体现出对员工的控制作用。其特点是：①单向的过程，从上往下，逐级设定。②对于上一级的目标的理解很重要，根据上一级的目标来确定下一级目标是一个关键问题。也就是说，如何保证下一级的目标总和是否能够达成上一级的目标。③事实上，这种方法在执行过程中很难操作，如果最高管理层完全用最高目标层层下压而企图完成总的目标量，那么结果可能是经过组织的层层过滤，最后落实到岗位的绩效指标就成为泛泛的目标语言描述，很难把这些目标转化为具体的执行过程的清晰描述，也就丧失了操作的基础。

（2）员工参与目标设定方法。这种方法是由下级与上级经过沟通共同制定具体的绩效目标，并且定期检查完成目标的进展情况，是自上而下和自下而上反复的过程。

四、绩效实施概述

（一）绩效实施和绩效沟通的含义

1. 绩效实施的含义

绩效实施是紧跟绩效计划之后的环节，是指员工根据已经制订好的绩效计划开展工作，管理者对员工的工作进行指导和监督，对发现的问题及时协助解决，并根据实际工作进展情况对绩效计划进行适当调整的一个过程。

2. 绩效沟通的含义

绩效沟通是绩效管理的核心，是指考核者与被考核者就绩效考评反映出的问题以及考核机制本身存在的问题展开实质性的面谈，并着力于寻求应对之策，服务于后一阶段企业与员工绩效改善和提高的一种管理方法。绩效沟通在整个人力资源管理中占据着相当重要的地位。

（二）绩效沟通的内容

绩效沟通的目的就是保证在任何时候每个人都能够获得改善工作绩效所需要的各类信息。为了进行有效的绩效沟通，管理者和员工双方应首先确定沟通的具体内容。因此，在沟通开始之前，管理者和员工都需要反思一下相关的问题。

（1）管理者需要反思的问题。①我必须从员工那里得到哪些信息？②我必须提供给员工哪些信息和资源以帮助员工完成工作目标？

（2）员工需要反思的问题。①我必须从管理者那里得到哪些信息和资源。②我必须向管理者提供哪些信息和资源以保证工作目标顺利完成。

（3）绩效沟通的主要内容。①工作的进展怎么样？②员工的工作状态怎样？③工作中哪些方面进展比较顺利？为什么？④工作中哪些方面存在困难或障碍？为什么？⑤绩效目标和计划是否需要修正，如果需要怎样修正？⑥员工需要获得哪些帮助和资源？⑦为支持员工，管理者能够提供哪些资源和信息？采取哪些行动？

（三）绩效沟通的方法

（1）正式的沟通方式。正式的沟通方式都是事先计划和安排好的。在绩效管理中常用的、正式的沟通方式有定期的书面报告、一对一的会谈、定期的会议沟通三种。

（2）非正式的沟通方式。①走动式管理。走动式管理是指主管人员在员工工作期间不时地到员工的座位附近走动，与员工进行交流，或解决员工提出的问题；②开放式办公；③工作间歇时的沟通；④非正式的会议。

（四）绩效信息的收集和记录

1. 绩效信息收集的内容

一般来说应该收集的绩效内容主要包括：①工作目标和标准是否达到、工作任务完成情况的信息。②证明工作绩效突出或不良的事实证据。③内部、外部客户积极的和消极的反馈信息。④管理者同员工就绩效问题进行沟通的记录，问题严重时还应该让员工签字。⑤员工因工作或其他行为受到表扬或批评的情况。⑥对管理者和员工有帮助的、能发现产生问题原因的其他数据。⑦关键事件数据。

2. 收集绩效信息的渠道和方法

（1）收集信息的渠道。从哪里得到信息？同样，它也取决于你的需要，不过信息可以来自多种渠道：①定期安排与员工的会面来评估他们的绩效；②对照建立的工作计划检查工作进展，考察绩效是否达到目标；③回顾在评估周期开始的时候形成的目标计划；④到各处巡视工作的进展情况，并与员工进行非正式的讨论；⑤从与员工共事的其他人处得到对员工本人的反馈（正式的和非正式的）；⑥检查工作的产出、结果，以检查其质量和准确性；⑦要求员工做工作进展报告；⑧提出要求后，检查任务完成情况，或者看是否有需要帮助员工解决；⑨通过分析工作结果、讨论改进方案，评估工作责任或绩效目标完成的情况；⑩关注客户投诉和满意度（内部或外部），以便评估检查员工的绩效。

（2）收集信息的方法。绩效评估是一件复杂而系统的工作，需要长期跟踪和收集信息资料，并对数据做必要的加工分类。收集信息资料的主要方法有：①考勤记录法：这种收集信息的方法最常用，主要记录员工的出勤情况，如出勤、缺勤及其原因。②工作记录法：是指员工的某些工作目标完成的情况通过工作记录体现出来的。例如，生产统计表上记录的产品数量的、消耗原材料数目、财务数据中体现的销售额、客户记录表格中记录的服务数量和质量等服务情况。③抽查法：定期或不定期对员工的生产、加工和服务的数量、质量等情况进行抽查并有专人记录抽查情况。④问卷调查法：采用问卷调查形式，一般是指员工的某些绩效不是管理人员可以直接观察到的，也缺乏日常的工作记录的情况，派专人对员工进行多方面考察评定。例如，对于从事客户服务工作的员工，主管人员发放客户满意度调查表，或与客户进行电话访谈的方式，了解员工的工作业绩。⑤关键事件记录法：就是对员工特别突出或异常失误的情况进行记录。关键事件的记录有利于主管对下属的突出业绩进行及时的激励，对下属存在的问题进行及时的反馈和纠偏。⑥直接观察法：是指主管人员对员工在工作中表现的直接观察，并记录员工的表现。⑦减分搜查法：按职位或岗位要求规定应遵守的项目，定出违反规定的减分，定期进行登记。

五、绩效面谈

（一）绩效面谈的内容

（1）工作绩效。

（2）行为表现。

（3）改进措施。

（4）新的目标。

（二）绩效面谈的策略

（1）贡献型：工作业绩好、工作态度好。策略：在了解企业激励政策的前提下予以奖励，提出更高的目标和要求。

（2）冲锋型：工作业绩好、工作态度差。策略：沟通，通过良好的沟通建立信任，了解原因，改善其工作态度；辅导，通过日常工作中的辅导改善工作态度，不能将问题遗留到下一次绩效面谈。

（3）安分型：工作业绩差、工作态度好。策略：制订明确的、严格的绩效改进计划作为绩效面谈的重点；严格按照绩效考核办法予以考核，不能因为态度好代替工作业绩不好，更不能用工作态度掩盖工作业绩。

（4）堕落型：工作业绩差、工作态度差。策略：重申工作目标，澄清员工对工作成果的看法。

（三）绩效面谈困惑的解决方法

（1）汉堡法。

（2）BEST 法。

（3）SMART 理念。Specific：直接具体原则。Motivate：互动原则。Action：基于工作原则。绩效反馈面谈中涉及的是工作绩效，是工作的一些事实表现，员工是怎样做的，采取了哪些行动与措施，效果如何，而不应讨论员工个人的性格。Reason：分析原因原则。反馈面谈需要指出员工不足之处，但不需要批评，而应立足于帮助员工改进不足之处，指出绩效未达成的原因。Trust：相互信任原则。没有信任，就没有交流。缺乏信任的面谈会使双方都会感到紧张、烦躁，不敢放开说话，充满冷漠，敌意。

（四）如何组织一次有效的绩效面谈

（1）分析员工的注意力层次。①总体任务过程的层次或自我层次；②任务动机层次；③任务学习层次

（2）面谈计划的拟订。①面谈方式的选择：团体面谈；一对一面谈。②面谈时间的确定：季度考核应在考核结束一周内安排面谈，面谈时间不少于 30 分钟；年度考核应在考核结束一周内安排面谈，面谈时间应不少于 1 小时。

（3）资料准备。①绩效计划；②职位说明书；③绩效考评表；④绩效档案。

（4）员工准备。①主动收集与绩效有关的资料；②认真填好自我评估表，内容要客观真实、准确清晰。

（5）反馈面谈的 SMART 原则。

（6）开发有效的反馈技能。①及时反馈；②反馈对事不对人；③允许员工提出自己的意见；④确保理解的同时提出对员工的支持帮助计划。

（五）绩效面谈的内容

第一，通报员工当期绩效考核结果。通过对员工绩效结果的通报，使员工明确其绩效表现在整个组织中的大致位置，激发其改进现在绩效水平的意愿。

第二，分析员工绩效差距与确定改进措施。绩效管理的目的是通过提高每一名员工的绩效水平来促进企业整体绩效水平的提高。每一位主管在对员工进行过程指导时要记录员工的关键行为，按类别整理，分成高绩效行为记录与低绩效行为记录。通过表扬与激励，维持与强化员工的高绩效行为。还要通过对低绩效行

为的归纳与总结，准确地界定员工绩效差距。在绩效反馈时反馈给员工，以期得到改进与提高。

第三，沟通协商下一个绩效考评周期的工作任务与目标。绩效反馈既是上一个绩效考评周期的结束，同时也是下一个绩效考评周期的开始。在考核的初期明确绩效指标是绩效管理的基本思想之一，需要各主管与员工共同制定。各主管不参与会导致绩效指标的方向性偏差，员工不参与会导致绩效目标的不明确。

第四，确定与任务与目标相匹配的资源配置。绩效反馈不是简单地总结过去的上一个绩效周期员工的表现，更重要的是要着眼于未来的绩效周期。在明确绩效任务的同时确定相应的资源配置，对主管与员工来说是一个"双赢"的过程。

（六）绩效面谈的准备工作

1. 主管方面

收集资料。①建议部门内自己设立目标管理卡或绩效计划。这是当初你和员工共同的承诺，既是你们共识的结果，也是绩效管理整个过程的依托，直到绩效反馈，它依然是重要的信息来源。②职位说明书。职位说明书是绩效面谈的内容之一。管理活动是个动态的过程，员工的工作有可能在过程当中发生改变，可能增加一些当初制定绩效目标时所未能预料的内容，也有可能一些目标因为一些原因没能组织实施，那么，这个时候，职位说明书作为重要补充将发挥重要作用。所以，员工的职位说明书也一定要置于案头以备查阅。③绩效考评表。绩效考评汇总表填好后，各评价主体要认真分析数据，从中分析出员工的优势和劣势。在绩效反馈时你要把它拿出来等着员工签字认可，因为员工不会对自己签过的东西反悔。④员工的绩效档案。所谓绩效档案，就是你在平时的管理活动中，在跟踪员工绩效目标的时候所发现和记录的内容，这些东西是你作绩效评价的重要辅助资料，是造成事实的证据。⑤安排面谈计划。通常一个主管有若干个下属，所以面谈方式既可以是一对一的，也可以是一对多的。每次绩效考评结束后一周内安排绩效反馈，面谈完毕。

2. 员工方面

只有主管本人做准备是不行的，面谈是主管和员工两个人共同完成的工作，只有双方都做了充分的准备，面谈才有可能成功。

六、绩效改进计划

（一）绩效改进计划的含义

绩效改进计划又称个人发展计划（Individual Development Plan，IDP），是指根据员工有待发展提高的方面所制定的一定时期内完成有关工作绩效和工作能力改进与提高的系统计划。很多人认为，绩效评估是绩效管理最为重要的环节，但实际上绩效改进计划要重要得多。究其原因，主要在于绩效评估仅仅是从反光镜中往后看，而绩效改进计划是往前看，以便在不久的将来能获得更好的绩效，而不是关注那些过去的、无法改变的绩效。由于绩效评估的最终目的是为了改进和提高员工的绩效，因此制定与实施绩效改进计划是绩效评估结果最重要的用途，也是成功实施绩效管理的关键。

（二）制定绩效改进计划的准备工作

（1）选择合适的时间。要选择主管和员工双方都有空闲，能够全身心地投入到制定计划中去的时间，这段时间不要被其他事情打断。

（2）选择适宜的场地。通常，主管的办公室是最常用的制定绩效改进计划的场地。办公室给人以一种严肃、正式的感觉，这固然很好。同时，也可以考虑到类似于咖啡厅这些地方与员工进行这项工作，因为在这样的环境中员工会感觉比较放松，远离电脑、电话和成堆的文件，主管和员工坐在一起，喝上一杯茶或咖啡，更容易充分表达真实的感受。

（3）准备相关的资料。在制定绩效改进计划之前，主管和员工都应准备好制定绩效改进计划所需的各种资料。主管需要准备的资料包括：职位说明书、绩效计划、绩效评估表格、员工日常工作表现记录等。

（4）主管的心理准备。在制定绩效改进计划之前，主管除了要准备时间、场地和资料外，还要对制定计划的员工有所准备。这种准备是一种心理上的准备，也就是要充分估计到员工在制定计划时可能表现出来的情绪和行为。

（三）制定绩效改进计划的流程

（1）回顾绩效考评的结果。首先应对员工在绩效期间工作表现的成绩和优点加以肯定，从而对员工起到积极的激励作用。然而，员工想要听到的不只是肯定和表扬的话，他们也需要有人中肯地指出其有待改进的地方，因此，接下来可以指出员工的绩效中存在的一些不足之处，或者员工目前绩效表现尚可但仍需要改进的方面。

（2）找出有待发展的项目。有待发展的项目通常是指在工作的能力、方法、习惯等方面有待提高的地方，可能是现在水平不足的项目，也可能是现在水平尚可但工作需要更高水平的项目，这些项目应该是通过努力可以改善和提高的。

（3）确定发展的具体措施。具体措施包括：征求他人的反馈意见、工作轮换、参加特别任务小组、参加某些协会组织，等等。

（4）列出发展所需的资源。这些资源包括工作任务的分担、学习时间的保证、培训机会的提供、硬件设备的配备，等等。

（5）明确项目的评估期限。建议将评估周期设定为半年到一年，这样安排也可以与企业半年或年终总结相衔接。

（6）签订正式的改进计划。在制定绩效改进计划的过程中，让员工参与计划的制定，并且签订非常正规的绩效改进契约，也就是让员工感到自己对绩效改进计划中的内容是做出了很强的公开承诺的，这样他们就会倾向于坚持这些承诺，履行自己的绩效改进计划。

第二节　实训项目一　部门/个人绩效计划及指标体系构建

一、实训要求

要求学生了解绩效计划的制定原则，掌握绩效计划的制定流程和方法，能根据不同的部门和个人制定具体的绩效计划，并设计不同的考核指标。

要求学生运用所学知识，结合案例背景，设计部门/个人绩效计划及其指标体系构建。

二、绩效计划的相关知识

（一）绩效计划的要素

（1）绩效标准：绩效标准是对特定的职务工作而言的，是要求员工在工作中应达到的各种基本要求。绩效标准反映了职务本身对员工的要求。

（2）绩效目标：在绩效标准的基础上，考虑员工现有的绩效水平，体现了管理者对员工的具体要求。

（3）实现目标的步骤。

（二）绩效评价指标构成要素

（1）指标名称：对评价指标的内容做出的总体性概括。

（2）指标定义：对指标内容的可操作性定义，也就是指明该评价指标考评的具体内容是什么。

（3）标志：绩效评价一般要把员工的绩效分为若干等级，用于区别各个等级的特征规定，也就是员工的绩效分为多少个等级，每个等级的具体名称是什么。

（4）标度：对标志所规定的级别包含的范围做出规定，即每个等级的具体含义是什么。

（三）绩效评价指标的基本要求

（1）内涵具体明确：应对每一个评价指标规定出明确的含义，以避免不同评价者对评价指标内容产生不同的理解，从而减少评价的误差。

（2）具有独立性：每一个评价指标应有独立的内容，有独立的含义和界定。

（3）具有针对性：评价指标应针对某个特定的绩效目标，并反映出相应的绩效标准。应根据岗位职能所要求的各项工作内容及相应的绩效目标和标准设定每一个绩效评价的指标。

（四）构建绩效评价指标体系的步骤

（1）设计绩效评价指标库。

（2）针对不同岗位特点选择不同的绩效评价指标。

（3）确定不同指标的权重。

（五）绩效计划制定的方法和程序

（1）绩效计划的准备。①准备必要的信息。关于组织的信息、关于部门和团队的信息、关于个人的信息。②沟通方式和环境的准备。明确绩效沟通的原则、确定绩效计划沟通的方法、沟通时机和环境的准备。

（2）绩效计划的沟通。①回顾组织目标和岗位职责；②确定增值产出；③建立关键绩效指标；④确定绩效考核标准；⑤确定各指标的权重；⑥决定绩效跟踪方式。

（3）绩效计划的确认。通过绩效计划的沟通过程，管理者与下属共同确定下属工作计划（安排）的要点，填写绩效计划书，管理者与被管理者双方都要在绩效计划书上签字认可，绩效计划书一式两份，管理者与下属各自保留一份，作为下属在未来绩效周期内的工作指南，也是管理者对员工的工作进行监督、检查与评定的重要依据。

三、实训的实施流程

（1）做好实训前准备，根据提前准备的资料和相关理论梳理，结合背景案例的绩效管理现状，为该公司制定一份绩效计划。

（2）将学生分为 4~6 人的小组，以便于进行讨论。

（3）每组学生根据分析的结果，确定不同部门/个人的绩效评价指标及其权重。

（4）调动学生积极发言，让每组学生进行充分的分析和讨论，并在小组内部形成统一的结论，由小组代表进行汇报。

（5）各小组根据讨论内容编写绩效计划书。

四、实训案例背景①

泛嘉公司的绩效管理现状

泛嘉公司成立于2009年，总部位于G20主会场旁的杭州市钱江世纪城，是一家专门为企业提供商旅流程管理、实体消费、金融服务以及企业出行服务为一体的智能出行解决方案的高科技公司。泛嘉公司提供的服务非常广泛，不仅包括机票、酒店、火车票预订，还包括商务签证、会务服务、机场贵宾厅服务，更包括企业采购、企业旅游、企业用车等服务内容；公司的客户不仅有公牛电器、美的集团、东芝、网易等大型企业，还有绿城、农夫山泉、传化、财通证券等企业；公司市场范围越来越广泛，国内市场不仅在华东、华南、华中、西南多个城市设立分、子公司，还积极拓展国外市场，设立海外办事处。

泛嘉公司员工基本情况如下：泛嘉公司运营处、研发部员工人数较多，分别有144人和88人，质量部有65人，售后服务部有65人，财务部有41人，办公室有35人，人力资源部有27人。泛嘉公司男性员工243名，占52.26%；女性员工222名，占47.74%，男女比例接近。在年龄分布上，泛嘉公司员工年龄呈现出中间集中的特点。其中，20～25岁的员工数量为95人，占20.43%；26～35岁的员工数量最多有185人，占39.78%；36～45岁的有134人，占28.82%；46岁以上的有51人，占10.97%。26～35岁的员工数量最大，公司员工年龄主要是年轻群体，这与公司作为成立仅10年的高新技术企业是相一致的。泛嘉公司员工专业分布情况，电子商务专业的员工占比最高，为21.8%；其次是市场营销专业的员工占比16.3%；行政管理专业的员工占比14.5%；技术研发专业人员占到11.8%；旅游管理和人力资源管理专业的员工各占11.2%；财务管理专业员工较少，为7.7%；其他专业人员占比5.5%。

泛嘉公司实施绩效管理以来，通过对泛嘉公司员工全方位考核，对各项工作的开展起到了一定的推动作用，效果逐步显现，同时表现出一定的不足，例如对绩效管理缺乏系统性、整体性考虑，绩效管理多只用于利益分配。具体问题如下：第一，绩效管理制度不完善。泛嘉公司在制定绩效管理制度的时候并没有将员工个人发展目标与企业发展目标进行有机结合，公司绩效管理制度过度关注企业目标实现，忽视了对员工个人发展和成长的关注，这就会大大降低绩效管理对员工的推动激励作用。第二，绩效管理指标不合理。由于泛嘉公司在绩效管理指标的选取方面比较模糊，对员工工作履职情况的评价上，难以建立与之相匹配的

---

① 张妍妍. 泛嘉公司绩效管理体系优化研究［D］. 兰州理工大学博士学位论文，2019.

评价指标。第三，绩效管理流程不科学。绩效管理小组成员往往由上层管理人员组成，而泛嘉公司的上层管理人员绝大部分没有接受过专业的人力资源管理培训，进而导致了在绩效管理流程中出现了一些问题。例如，绩效管理过程中存在不按照流程执行问题，绩效管理领导小组领导者主观性影响较大。第四，绩效管理效果不甚理想。绩效管理结果运用到薪酬管理方面、员工晋升发展方面仍然不足，很多员工认为"干多干少都一样"，对在公司内部建立起公平竞争环境起到很大的阻碍作用，不利于营造积极向上的工作氛围，甚至产生消极的影响。

实训任务：

（1）根据上述公司背景，为公司的财务部、销售部和人力资源部设计部门/个人绩效的评价指标体系。

（2）制定上述三个部门的绩效计划书。

五、实训报告

在实训结束后，每位同学必须撰写实训报告，实训报告要求文字简练、条理清晰、观点明确。实训报告的参考模板如下所示：

××部绩效计划表

职位名称：销售主管　　　任职者签名：　　　上级管理者签名：　　　计划适用于　　　至

工作要项	目的	权重（%）	绩效目标	业绩评价指标	行动计划
制定销售计划	根据公司的年度销售计划和下达给本销售组的任务，制定本组销售计划	5	销售计划实现率达到100%	比预期的销售计划实现率增加的百分比，比预期销售收入增加的百分比	自项目投产起根据公司的销售计划制订本部门的销售计划
开展销售活动	组织本组人员开展销售活动，检查、监督销售人员的日常销售工作，实现销售量最大化	65	年度销售额计划完成率达到100%	年度销售额的完成率	自项目投产起组织销售活动，监察每日的销售状况

个人绩效计划表

员工姓名		职位名称		所属单位	
员工编号		级别		汇报对象	
考核期间	___年___月___日至___年___月___日			考核日	

	工作指标	指标标准	调整标准※	权重※	完成日期	考核依据
业绩指标						
态度指标	纪律					
	协作性					
	责任心					
	积极性					
能力指标	专业知识					
	工作技能					
	执行力					
	创新能力					
	沟通能力					
	表达能力					
	协调能力					

员工签字：　　　　　　　　　　　　　　　　主管领导签字：

　　　　　　　　　　　　年　月　日　　　　　　　　　　　　　年　月　日

注：标有※号的栏目由主管领导填写。

个人绩效评估表

姓名		所属部门	
汇报对象		上级主管	

_____年_____月_____日至_____年_____月_____日

	工作指标	衡量标准	计划完成日期	实际完成	个人自评结果	上级主管评估	权重
业绩指标							
态度指标	纪律						
	协作性						
	责任心						
	积极性						

续表

姓名			所属部门				
汇报对象			上级主管				

_____年_____月_____日至_____年_____月_____日

	工作指标	衡量标准	计划完成日期	实际完成	个人自评结果	上级主管评估	权重
能力指标	专业知识						
	工作技能						
	执行力						
	创新能力						
	沟通能力						
	表达能力						
	协调能力						
合计							

被评估人签字:	部门主管签字:	隔级主管签字:	人力资源部
年 月 日	年 月 日	年 月 日	

注：评估结果标准：①卓越：4.5~5分。②优秀：3.5~4.5分。③良好：2.5~3.5分。④需改进：1.5~2.5分。⑤不足：1.5分以下。

月度绩效考核评价表（范例）

部门		姓名		职务	统计员	考核人	
评价指标		评价标准			分值	评分	扣分原因
关键绩效指标（40%）	数据、资料整理报送的及时率和准确率	每天在作业票审核完毕后及时将数据上报至公司和集团，做到准确无差错，如有拖延，每出现一例，扣2分			11		
	薪酬分配的及时率和准确率	按照规定的时间节点完成各项薪酬分配工作，确保薪酬分配的准确率。如有拖延或差错，每出现一例，扣2分			11		
	……	……					
	加分项	工作中受到集团或公司的表彰，提出合理化建议并被采纳，每次加3分					

部门		姓名		职务	统计员	考核人		
评价指标		评价标准				分值	评分	扣分原因
工作态度 (30%)	积极性	①长期积极主动完成各项工作任务，并主动完成额外任务				9~10分		
		②积极主动完成各项工作任务				8~9分		
		③积极性一般，工作偶有拖沓				7~8分		
		④工作积极性差，工作经常拖沓，不能按时完成				7分以下		
	责任心	①工作有强烈的责任心				9~10分		
		②工作有较强的责任心				8~9分		
		③工作有一定的责任心				7~8分		
		④工作责任心不强				7分以下		
	纪律性	①能够长期严格遵守工作规定与标准，有较强的自觉性和纪律性				9~10分		
		②能够遵守工作规定与标准，有强烈的自觉性和纪律性				8~9分		
		③基本能够遵守工作规定、标准和纪律，但偶有出现自我要求不严的情况				7~8分		
		④不能遵守工作规定和标准，经常发生违规情况，自觉性和纪律性差				7分以下		
工作能力 (30%)	计划性与执行力	①能高效制定计划，对下达的任务、指示具有较强的执行力，不拖沓，效率高				9~10分		
		②能合理制定计划，按时完成工作任务				8~9分		
		③做事有一定的计划，需要领导、同事协助，工作偶有拖沓				7~8分		
		④做事无计划，缺乏组织能力，工作经常出现拖沓，不能按时完成工作任务				7分以下		
	沟通与解决问题能力	①具有较强的沟通能力，能有效处理工作中遇到的问题				9~10分		
		②通过自身的沟通能力，基本能处理工作中遇到的问题				8~9分		
		③沟通能力一般，偶尔需要领导或同事的协助，来沟通处理工作中的问题				7~8分		
		④需要领导或者同事的协助，才能沟通处理工作中的问题				7分以下		

续表

部门		姓名		职务	统计员	考核人		
评价指标		评价标准				分值	评分	扣分原因
工作能力（30%）	团队协作能力	①上级下达团队任务时，能够协助团队出色地完成任务				9~10分		
		②能够协助同事较好地完成一定的工作任务				8~9分		
		③团队协作能力一般，偶有拖延团队任务完成时间				7~8分		
		④团队协作能力差，经常拖延团队任务完成时间				7分以下		
评价能力	关键绩效考核总分+态度考核总分+能力考核总分_____分					部门领导签字：		

第三节　实训项目二　绩效考核实施方案设计

一、实训要求

要求学生了解绩效考核的含义、理解绩效考核的原则，掌握绩效考核的方法、实施过程及内容要素等理论知识，做好实训前的知识储备。

要求学生运用所学知识，结合案例背景，通过查找资料、走访相关企业等工作，尝试编制绩效考核的实施方案。

二、绩效考核的实施过程

（一）绩效考核的方法

（1）经验排序法。考核主体依据自身的经验判断，把所有待评价的员工的绩效按照优劣的顺序进行排列，由此确定每个员工绩效的大小。

（2）强制分步法。提前确定不同绩效等级的员工比例，从而将被评价者分别归类到一个绩效等级中去。

（3）关键事件法。指确定关键的工作任务以获得工作上的成功。关键事件是使工作成功或失败的行为特征或事件（如成功与失败、盈利与亏损、高效与低产等），关键事件法要求分析人员、管理人员、本岗位人员，将工作过程中的"关键事件"详细地加以记录，并在大量收集信息后，对岗位的特征和要求进行分析研究的方法。

（二）绩效考核的实施

（1）设计绩效考核指标体系。系统的绩效考核技术：基于关键绩效指标（KPI）的绩效考核系统、基于目标管理的绩效考核系统、基于平衡计分卡的绩效考核系统等。非系统的绩效考核技术：以业绩报告为基础的绩效考核、以员工比较为基础的绩效考核、关注员工行为及个性特征的绩效考核、以个人绩效合约为基础的绩效考核等。

1）关键绩效指标。关键绩效指标是用于评估和管理被评估者绩效的定量化或行为化的标准体系。关键绩效指标体现对组织目标有增值作用的绩效指标。

2）平衡记分卡。平衡计分卡是指管理者从四个角度关注企业绩效：顾客角度、内部流程角度、学习与发展角度和财务角度。

（2）确定评价者。合格评价者应具备的条件：①了解被考评者职务的性质、工作内容、要求以及绩效标准；②熟悉被考评者的工作表现，最好有近距离观察其工作的机会；③此人还必须公正客观，不具偏见。

（3）培训评价者。评价者培训的主要内容：①评价者误区培训；②关于收集绩效信息方法的培训；③绩效评价指标培训；④关于如何确定绩效标准的培训；⑤评价方法培训；⑥绩效反馈培训。

（4）绩效考核的实施步骤。①阅读前面设定的绩效计划；②检查每项目标完成的情况和完成的程度；③审视自己在价值观方面的行为表现；④给自己工作成果和表现打分；⑤哪些方面表现好？为什么？⑥哪些方面需要改进？行动计划是什么？⑦为下一阶段的工作设定目标；⑧需要的支持和资源是什么？

（三）绩效考核的体系要素

（1）考核目标。为什么要进行绩效考核？绩效考核的目标就是通过他的选择、判断、预测和导向作用，实现组织的战略目标。

（2）考核对象。主要是针对员工绩效。

（3）考核主体。直接从事考核活动的人或组织，不同的考核对象需要不同的考核主体。

（4）考核指标。考核内容的具体化。

（5）考核标准。评判考核对象绩效优劣的标准。

（6）考核方法。实施考核的程序和方法，一般表现为各种考核日程表和考核表格。

三、实训的实施流程

（1）做好实训前准备，根据提前准备的资料和相关理论梳理，结合背景公司绩效管理的现状，为该公司设计绩效考核实施方案。

（2）将学生分为 4 ~ 6 人的小组，以便于进行讨论。

（3）每组学生根据分析的结果，得出绩效考核实施方案的内容要素。

（4）调动学生积极发言，让每组学生进行充分的分析和讨论，并在小组内部形成统一的结论，由小组代表进行汇报。

（5）各小组根据讨论内容编写实训报告。

四、实训案例背景

本实训要求根据《泛嘉公司的绩效管理现状》的案例背景资料，根据本模块实训项目的要求，自行查找相关公司的内外部环境资料，分析目前该公司绩效管理存在的主要问题，为该公司撰写一份绩效考核实施方案。

实训任务：

为背景公司撰写一份绩效考核实施方案。

五、实训报告

在实训结束后，每位同学必须撰写实训报告，实训报告要求文字简练、条理清晰、观点明确。实训报告的参考模板如下所示：

×××绩效考核实施方案

一、目的

二、基本原则

三、适用范围

四、考核时间

五、考核参与者

六、绩效沟通

七、绩效面谈

八、考核等级（范例）

	等级	分值	说明
S	优秀	90 ~ 100 分	工作绩效始终超越职位常规标准要求，通常具有下列表现：在规定时间之前完成任务；完成任务的数量、质量等明显超出规定的标准；得到各级领导及同事的高度评价
A	良好	80 ~ 89 分	工作绩效经常超出职位常规标准要求，通常具有下列表现：严格按照规定时间要求完成任务并经常提前完成任务；经常在完成任务的数量、质量上超出规定的标准；得到各级领导及同事的好评

	等级	分值	说明
B	尚可	70～79分	工作绩效经常基本保持或偶尔超出职位常规标准要求，通常具有下列表现：基本上达到时间、数量、质量等工作标准
C	需改进	60～69分	工作绩效基本维持或偶尔未达到职位常规标准要求，通常具有下列表现：偶尔有小的疏漏；有时在时间、数量、质量上达不到规定的工作标准
D	不称职	60分（不含）以下	工作绩效显著低于职位常规工作标准的要求，通常具有下列表现：工作中出现重大疏漏或失误；或在时间、数量、质量上达不到规定的工作标准

九、结果应用

十、附表

考核表

绩效考核目的	建立以岗位竞争的绩效考评机制，充分调动全体员工的积极性和创造性，实现公司战略发展总目标。
绩效考核阶段	□月度考核　　　□季度考核　　　□年中考核　　　□年终考核
绩效考核部门	
绩效考核项目	以业绩指标、日常行为表现、综合能力等作为考评依据
绩效考核原则	公平、公正
绩效考核方法	KPI与360度相结合考核法（满分100）
考核组织负责人	部门主管、行政人资部

考核项目占比	优秀（10分）好（8～9分）良好（6～7分）较差（4～5分）极差（1～2分）		自评	主管评分	平均分
Ⅰ．个人工作任务及效率（60%）	能出色完成个人工作任务，工作效率高，并且自发性工作多				
	能胜任个人工作，效率较高				
	工作不误期，工作质量符合标准				
	勉强胜任个人工作，无甚表现				
	工作效率低，时有差错				
Ⅱ．综合能力（30%）	工作技能（10%）	具有极丰富的专业技能，能充分完成本身职责			
		有相当的专业技能，足以应付本身工作			
		专业技能一般，但对完成任务尚无障碍			
		技能程度稍感不足，执行工作常需请教他人			
		对工作必需技能不熟悉，日常工作难以完成			

考核项目占比	优秀（10分）好（8~9分）良好（6~7分） 较差（4~5分）极差（1~2分）		自评	主管评分	平均分
Ⅱ. 综合能力（30%）	工作态度与责任感（10%）	任劳任怨，竭尽所能完成任务			
		工作努力，主动，能较好完成分内工作			
		有责任心，能自动自发			
		交付工作需要督促方能完成			
		敷衍了事，无责任心，做事粗心大意			
	协调性（10%）	与人协调无间，为工作顺利完成尽最大努力			
		爱护团体，常协助别人			
		肯应他人要求帮助别人			
		仅在必要与人协调的工作上与人合作			
		精神散漫不肯与别人合作			
Ⅲ. 日常行为规范表现（10%）	自觉遵守和维护公司各项规章制度（考勤、网络使用规定）				
	能遵守公司各项规章制度，但需要有人督导				
	偶有迟到，但上班后工作兢兢业业				
	纪律观念不强，偶尔违反公司规章制度				
	经常违反公司制度，被指正时态度傲慢				
评价得分	Ⅰ（第1项平均分）×权重系数＋（第2项平均分）×权重系数＋（第3项平均分）×权重系数＝　　　分				
总计本月得分					
评价等级	□S 90~100分　　　□A 80~89.99分　　　□B 70~79.99分 □C 60~60.99分　　　□D 60分以下				

绩效考核实施工作计划（范例）

文本名称	绩效考核实施工作计划	受控状态	
		编号	

一、目标概述

二、具体实施计划

1. ××××年1月31日前完成对绩效考核制度和配套考核方案的修订与撰写，提交公司总经理办公会审议通过。

2. 自××××年2月1日开始，按修订完善后的绩效考核制度在公司全面推行绩效考核。

3. 具体设想：

文本名称	绩效考核实施工作计划	受控状态	
		编号	

4. 本年度绩效考核工作的起止时间为×××年1月1日到×××年12月31日。人力资源部完成此项工作的标准就是保证绩效评价体系平稳、有效运行。

三、注意事项

1. 绩效考核工作牵涉各部门各员工的切身利益，因此人力资源部在保证绩效考核结果能科学合理利用的基础上，要做好各部门绩效考核的宣传与培训工作，从正面引导员工用积极的心态对待绩效考核，以期达到通过绩效考核改善工作流程、提高工作绩效的目的。

2. 绩效评价体系对于公司来说还是一件新生事物，由于经验不足，难免会出现一些意想不到的困难和问题，人力资源部将在操作过程中着重听取各方面人员的意见和建议，及时调整和改进工作方法。

3. 绩效考核工作本身既是一项沟通的工作，也是一个持续改善的过程。人力资源部在操作过程中需注意纵向与横向的沟通，确保绩效考核工作的顺利进行。

四、需支持与配合的事项和部门

1. 修订后的各项绩效考核制度、方案、表单等文本需经公司各部门经理、主管副总经理及董事会共同审议。

2. 为保证绩效考核工作的顺利推行，公司需成立绩效考核推行委员会对绩效考核的推行与实施负责。建议公司至少应有一名高层领导参加，人力资源部作为具体承办部门将承担方案起草、方法制定、协调组织、记录核查及汇总统计等职责。

相关说明					
编制人员		审核人员		批准人员	
编制日期		审核日期		批准日期	

绩效考核面谈记录表

被面谈人姓名		部门		岗位	
面谈人		面谈时间		面谈地点	
面谈方式	□一对一面谈		□绩效会议		

绩效面谈内容

一、当月工作完成情况及绩效得分情况。（上级引导，告知员工本考核期内考核绩效分数）

二、考核周期内突出的业绩。（如上月工作做得好的地方、较以前有很大改进的地方，由下级讲述，上级补充并填写）

三、考核周期内工作中存在的不足及需要提升的技能或能力。（对应的是相对较差的指标项或扣分项，询问造成的原因并由上级提出指导意见，由上级填写）

四、双方沟通下月工作计划及目标是否达成一致？（由上级填写是或否）
□是   □否

续表

被面谈人姓名		部门		岗位	
面谈人		面谈时间		面谈地点	

五、对于上一考核周期内工作中相对薄弱的环节，你计划采取什么方式或行动弥补？（本项与第三项当中存在不足相对应，由员工讲述，上级代为填写）

六、在下一考核周期内完成既定的工作目标有哪些困难或需要协调的事项？希望从公司得到怎样的帮助和支持？你或你的团队需要什么样的培训（由员工讲述，上级代为填写）

直属上级签字		被面谈人签字	

说明：①面谈人肯定员工考核期内的工作成果，并就需要改进的地方提出改进措施，持续不断提升员工绩效。

②绩效结果出具后，要求每月 10 日前将此表与绩效考核结果一起填写完整交人力资源部作绩效面谈汇总。

绩效改进计划

_____先生/女士：

在____年____月____日至____年____月____日的考评周期中，你的考评结果未能达到任职岗位的要求。根据公司绩效管理相关规定，并基于你能正确认识到工作表现中存在的不足及有改进的愿望，经公司批准，给予你绩效及行为改进的机会。有关改进计划内容如下：

一、绩效表现中存在的不足

二、原因分析与改进举措

三、绩效改进计划

1. 绩效改进期：____个月，自____年____月____日起至____年____月____日止。

2. 绩效改进的具体目标：

目标项	目标	目标值	衡量标准	考核权重
业绩目标				
能力提升目标				
价值观改进目标				

3. 结果应用：若绩效改进期考核合格，则公司继续履行与你的劳动关系；否则，公司将对你的岗位进行调整或解除与你的劳动关系。

员工本人签字： 日期： 年 月 日

直接上级签字： 日期： 年 月 日

人事部签字： 日期： 年 月 日

第四节 实训项目三 绩效管理制度的编制

一、实训要求

要求学生了解绩效管理制度的含义、掌握绩效管理制度的构成内容和编制的注意事项等理论知识，做好实训前的知识储备。

要求学生运用所学知识，结合案例背景，通过查找资料、走访相关企业等工作，尝试编制绩效管理制度。

二、绩效管理制度的含义及构成内容

（一）绩效管理制度的含义

绩效管理制度是企业为了规范自身建设，加强企业成本控制，维护绩效管理工作秩序，提高绩效管理工作效率，增加公司利润，依据国家法律法规，结合自身实际情况而制定出的绩效管理日常工作的依据和准则。

（二）绩效管理制度的构成内容

（1）总则。主要针对企业设立本制度的目的、原则、适用范围进行说明。

（2）绩效管理体系实施。主要包含该公司绩效管理体系的流程及详细说明。

（3）绩效考核结果的应用。主要对本公司考核结果应用的层面和程序进行规定和说明。

（4）附则。对未竟事宜进行说明。

三、实训的实施流程

（1）做好实训前准备，根据提前准备的资料和相关理论梳理，结合背景案例绩效管理的现状，编写相应的绩效管理制度。

（2）将学生分为4~6人的小组，以便于进行讨论。

（3）每组学生根据分析的结果，确定绩效管理制度的主要内容。

（4）调动学生积极发言，让每组学生进行充分的分析和讨论，并在小组内部形成统一的结论，由小组代表进行汇报。

（5）各小组根据讨论内容编写实训报告。

四、实训案例背景

本实训要求根据《泛嘉公司的绩效管理现状》的案例背景资料，根据本模块实训项目的要求，自行查找相关公司的内外部环境资料，分析目前该公司绩效管理存在的主要问题，为该公司编制一份绩效管理制度。

实训任务：

为该企业编制一份绩效管理制度。

五、实训报告

在实训结束后，每位同学必须撰写实训报告，实训报告要求文字简练、条理清晰、观点明确。实训报告的参考模板如下所示：

××公司绩效管理制度

第一章 总 则

第一条 目的

第二条 绩效管理的基本目标

第三条 绩效管理的基本原则

第二章 绩效管理的构成与分类

第四条 绩效管理的构成

绩效计划。持续的绩效沟通。数据收集、观察和记录。绩效评价。绩效诊断和辅导。

第五条 绩效管理的分类

第三章 部门绩效管理

第六条 适用范围

第七条 部门绩效管理内容

1. 主要绩效

2. 基础绩效

3. 基本职能

4. 绩效管理

5. 学习与创新

第八条 部门绩效计划与数据的收集、记录

1. 部门绩效的计划通过《部门绩效考核标准表》进行，绩效数据的收集、记录通过《部门绩效考核评价表》来进行。其具体内容和编制方法如下：

《部门绩效考核标准表》

本表格式：参见附表二。

基本内容：包括考核角度、指标名称、单位、计算方法或评价依据、评价周期、权重、评价标准、评价方法。因每个部门的实际业务和职能职责而具体设定，此表由部门主管编制，公司审核确认。编制过程即为绩效计划过程，其指标确定后除短板要求和临时任务项外原则上本年度不予调整。

2. 权重设置原则：

（1）主要绩效基准分为 60 分，其中短板要求占 5 分，每一个临时任务占 5 分，其余为显性业绩分。

（2）基础绩效基准分为 40 分，其中基本职能占 20 分，绩效管理占 10 分，学习与创新占 10 分。

（3）其中基本职能和绩效管理的评分标准原则上只有扣分没有加分，如有特别优异之改善，由总经办人事科核定后酌情加分。

3. 《部门绩效考核评价表》

本表格式：参见附表三。

基本内容：此表之项目与《部门绩效考核标准表》完全对应，但栏次调整为考核角度、指标名称、单位、分值、标准值、实际值（结果）、差异值、简要说明、计分、下月计划。是每月部门绩效考核的执行评价表，也可称为绩效数据的收集和记录。

编制方法：完全按照《部门绩效考核标准表》进行，计分以自评为主，并对数据的真实性、准确性负全责，计分完成需经主管副总审核。

第九条　月度经营绩效检讨会议

第十条　部门经营绩效评价的应用

第四章　员工绩效管理

第十一条　适用范围

本章之管理针对公司除下列人员外的所有员工：

A. 在考核周期内出勤不满 2/3（2 个月）者，如产假、病假、人事变动等；

B. 在试用期或见习期内的新入公司员工。

按照公司职等规定又将员工分为四个绩效评价层次：

E 层（临时层）日薪制员工、季节性劳务工

J 层（作业层）6、7、8、9、10 职等，指科级（含中级职称）、班长级（含助理职称）以及普通员工

S 层（管理层）3、4、5 职等，指总监、特理、部门正副经理

M 层（决策层）1、2 职等，指总经理/副总经理、总工程师/副总工程师

第十二条　员工绩效管理内容

1. 任务绩效

2. 关系绩效

第十三条　员工任务绩效的管理与考核评价

M 层（决策层）的任务绩效即为董事会下达之年度经营目标，由董事会进行评价。具体参见集团的有关文件。

S 层（管理层）的任务绩效即为【第三章　部门绩效管理】中考核的部门绩效，按月考核计分，年度计分 = 各月考核计分合计/12。如该部门设有副职，则副职任务绩效计分方法为：部门经理定性评价 × 20% + 部门绩效年度评分 ×80%。

【说明：副职主要对正职负责，故要纳入正职的意见，但不完全取决于正职，在定性评价中同正职一样采用 360 度评价法进行评价，更能客观公正地评价其业绩和发展潜力】

J、E（普通员工层）的任务绩效按照【目标管理法】进行管理，基本程序如下：

确定目标，即绩效计划。

确定本季度员工目标任务的原则：

(1) 上下级一致认同；

(2) 目标符合 SMART 原则；

(3) 目标中有个人努力的成分；

(4) 目标存在于一项完整的工作中；

(5) 目标越少越好。

确定目标的方法或形式可选取下列中的一种或其他：

(1) 召开专题绩效计划会议，讨论公司经营计划、部门目标作用，岗位职责，讨论确定该未来一个考核期的目标并达成一致，签署书面的目标任务书。

(2) 结合部门、科室或班组的工作会议进行，要有会议和书面记录。

(3) 上下级的一次面谈，建议上级作简要的记载。

召开专题绩效计划会议，讨论公司经营计划、部门目标作用，岗位职责，讨论确定该未来一个考核期的目标并达成一致，签署书面的目标任务书。

结合部门、科室或班组的工作会议进行，要有会议和书面记录。

上下级的一次面谈，建议上级作简要的记载。

目标过程管理，即绩效的持续沟通、数据收集与记录。包括下级在行动开始

前列出方案和措施并与上级进行沟通，以确定方向和方法正确；上级对下级进行适当授权并让其分担责任；若遇情况变化，相互进行目标或工作方法的调整等。

过程管理的方法或形式可选取下列中的一种或其他：

（1）定期的部门、科室或班组的工作通报会；

（2）就某项工作的专题会议或小组会；

（3）员工定期的简短书面报告；

（4）非正式沟通，如走动观察或聊天；

（5）出现问题时应员工所需的专门沟通；

（6）结果评估，即绩效评价与反馈。

必须进行绩效评价，计算量化得分，员工之间可不进行强制分布。

必须将任务绩效评价反馈至员工本人并尽可能就此交换意见并确认。

如制定目标时有临时激励措施应及时兑现。

J、E（普通员工层）管理实施通过《员工目标管理考核评价表》进行，格式参见附表四。

此表主要包括【主要绩效目标与评价】；【与所在组织的绩效关联】；【重大事项加减分】；【定性评价与改进计划】四部分；各部门（或科室）可以进行适当的修改，但需要人事科予以确认。

此考核周期为季度，每季度次月中旬各部门对上季度的员工工作进行评价，确定员工下一季度的目标任务。

此表完成后不迟于每季度次月下旬报至总经办人事科备案，以便核查和年末汇总。

第十四条　员工关系绩效的管理与考核评价

员工关系绩效的考核周期为一年，在每年的 12 月中旬进行。

关系绩效的内容包括：

（1）工作业绩（定性部分）包括工作数量、工作速度、工作质量；

（2）工作态度包括主动性、协作性、责任性、纪律性；

（3）工作能力包括专业知识、工作方法、工作经验、协调沟通、理解与判断能力等；

（4）个性专长员工个人的学习能力、性格特征、业余爱好。

M 层（决策层）的关系绩效分为自我评价（15%）、同级互评（45%）、直接下级参评（40%）三部分。评价表适用附表五《管理层关系绩效评价表》。

S 层（管理层）的关系绩效分为自我评价（10%）、同级互评（30%）、直接上级考评（40%）、直接下级参评（20%）四部分。评价表适用附表五《管理层关系绩效评价表》。

J、E（普通员工层）的关系绩效分为自评（10%）＋直接主管（科级及以上）评价（50%）＋部门主管二次评价（40%）三部分。评价表适用附表六《员工关系绩效评价表》。

第十五条　员工绩效考核的年末评级

年末评价汇总处置流程：

M层（决策层）：自我评价＋下级参评＋同级互评→人事副总汇总形成关系绩效结果→总经理最终评价并反馈→呈报董事会。

S层（管理层）：任务绩效评价＋关系绩效评价→人事副总汇总并扼要总结提出相关建议方案→总经理审定方案 →总经理之书面回馈或面谈（含评价及改进意见、考评处置结果）→考评处置。

J（普通员工层）：任务绩效评价＋直接主管关系绩效评价→部门经理二次评价并扼要总结及建议→主管领导知/人事主管备案→人事副总商榷后决定处置方案→绩效面谈（含评价及改进意见、考评处置结果）→考评处置。

E（临时层）：定量评价＋直接主管定性评价→部门经理二次评价并扼要总结及建议→人事主管商榷后决定处置方案→绩效面谈（含评价及改进意见、考评处置结果）→考评处置。

绩效考核等级，按照强制分布原则分为：

等级	描述	区别比例
S	出色、无可挑剔（超群级）	A级中遴选，名额不定
A	满意、不负众望（优秀级）	15%
B	称职、令人放心（较好级）	50%
C	注意、存在问题（一般级）	25%
D	危险、勉强维持（较差级）	10%

上述区别比例适用于：

直接主管对下级的评定按照被评人数以此比例加以区别；

同级互评按照被评人数以此比例加以区别；

公司及各部门最终评定结果以此比例加以区别。

对计算过程中的小数问题按照满0.8进1原则先确定A、D，然后确定B、C，员工评价总人数不包括经理级人员。

第十六条　员工年度绩效评价的面谈

第十七条　员工绩效管理的结果应用

1. 作为公司级选拔评优的标准

从J层的A级员工中遴选10名最优秀者成为公司十佳员工（S级），推荐晋升或享受总经理特别奖励薪资或采取别的奖励措施；工会或对外推荐的各种评优活动人选原则上也从 A 级员工中遴选。

从 E 层的 A 级员工中选拔非常优秀者转为正式月薪制员工。

2. 作为公司整体绩效奖金与部门绩效奖金发放标准

此部分完全按照员工绩效考评结果，本着激励先进的原则，适当考虑其薪资基准，拉开档次发放。

……

第五章　绩效管理参与者的责任

第十八条　绩效管理的是公司经营管理的重要组成部分

1. 人事科在绩效管理中的责任

2. 各部门主管在绩效管理中的责任

3. 所有员工在绩效管理中的责任

第六章　附　则

第十九条　本制度由总经办制定并负责解释、执行、检查与考核

第二十条　本制度报总经理批准后施行，修改时亦同

第二十一条　本制度施行后，公司和部门原有之类似规章制度自行终止，与本制度有抵触的规定以本制度为准

第二十二条　本制度自 2020 年 3 月 1 日起施行。

第七章　薪酬管理

第一节　理论知识回顾

一、薪酬管理及其相关定义

薪酬是指员工向其所在单位提供所需要的劳动而获得的各种形式的补偿，是单位支付给员工的劳动报酬。薪酬包括经济性薪酬和非经济性薪酬两大类，其中经济性薪酬又分为直接经济性薪酬和间接经济性薪酬。直接经济性薪酬是单位按照一定标准以货币形式向员工支付的薪酬。间接经济性薪酬不直接以货币形式发放给员工，但通常可以给员工带来生活上的便利，减少员工额外开支或者免除员工后顾之忧。非经济性薪酬是指无法用货币等手段来衡量，但会给员工带来心理愉悦效用的一些因素。

（一）直接经济性薪酬

对于普通员工而言，直接经济性薪酬主要是工资、奖金、津贴补贴等；对于企业高层管理者以及技术骨干而言，直接经济性薪酬除工资、奖金、津贴补贴外，股权期权、职务消费等也是经常采用的形式，在经济性薪酬中往往也占有比较大的比例。

（1）工资。工资是薪酬的主要形式，是单位依据国家法律规定和劳动合同，以货币形式直接支付给员工的劳动报酬。工资的具体构成和称谓很多，在企业管理实践中，基本工资、岗位工资、绩效工资、技能工资、薪级工资、激励工资、职务工资、工龄工资、加班工资、计件工资以及计时工资等，都是企业所经常采用的。

（2）奖金。奖金是单位对员工超额劳动部分或绩效突出部分所支付的激励性报酬，是组织为鼓励员工提高劳动效率和工作质量给予员工的货币奖励。奖金的形式灵活多样，奖励的对象、性质、数额大小等也都可灵活应用。

（3）津贴补贴。津贴是对员工在非正常情况下工作付出的额外劳动消耗、生活费用以及身心健康受到损害单位所给予的补偿，其中与员工生活相关的称为补贴。非正常工作环境包括高温高空作业、矿下水下作业、有毒有害环境下作业等。

（4）股权期权。股权激励是通过经营者持有公司股票或股票期权，将经营者个人利益和股东利益紧密联系，激励经营者致力于企业长期价值提升的一种激励方式。

（二）间接经济性薪酬

间接经济性薪酬通常称为福利，包括各种保险、住房公积金、带薪休假、员工培训、节假日物品发放以及公共福利设施等。

（三）非经济性薪酬

非经济性薪酬包括工作本身的因素、价值实现因素以及工作条件等方面的因素。工作本身的因素包括有兴趣的工作、参与企业管理、挑战性工作、工作认可、培训机会、职业安全等；价值实现因素包括社会地位、个人发展、提拔晋升、个人价值实现等；工作条件等方面的因素包括良好的工作氛围、舒适的工作环境和便利的生活条件等。

（四）薪酬管理的含义

薪酬管理是在组织发展战略指导下，对员工薪酬支付原则、薪酬策略、薪酬水平、薪酬结构以及薪酬构成进行确定、分配和调整的动态管理过程。薪酬管理要为实现薪酬管理目标服务。薪酬管理目标是基于人力资源战略设立的，而人力资源战略服从于企业的发展战略。薪酬管理包括薪酬体系设计、薪酬日常管理两个方面。

薪酬体系设计主要包括薪酬水平设计、薪酬结构设计和薪酬构成设计。薪酬日常管理是由薪酬预算、薪酬支付、薪酬调整组成的循环，这个循环可以称为"薪酬成本管理循环"。

薪酬设计是薪酬管理最基础的工作，如果薪酬水平、薪酬结构、薪酬构成等方面有问题，那么企业薪酬管理是不可能达到预定目标的。薪酬预算、薪酬支付、薪酬调整工作是薪酬管理的重点工作，应切实加强薪酬日常管理工作，以便实现薪酬管理的目标。

（五）薪酬设计的三个核心问题

（1）内部一致性和薪酬结构。内部一致性指的是同一组织内部不同岗位之间或不同技能水平之间薪酬的比较，这种对比是以各自对组织目标所做贡献大小为依据的，例如司机和公司总经理对组织的贡献大小。

（2）外部竞争性和薪酬水平。外部竞争性是指雇主如何参照竞争对手的薪酬水平给自己的薪酬水平定位。外部竞争性决定着薪酬目标的两个方面——公平和效率，因此，外部竞争性是薪酬策略最核心的内容。

（3）员工贡献度和薪酬构成。员工贡献度是指企业相对重视员工业绩的程度，对高绩效员工的重视和激励程度直接影响着员工的工作态度及工作行为。

薪酬构成是指薪酬由哪些元素构成、各元素间的比例关系等。实行不同的基本工资制度有不同的薪酬元素，无论实行何种工资制度，工资收入都可分为固定部分薪酬和浮动部分薪酬。固定部分薪酬占主体还是浮动部分薪酬占主体，是薪酬设计中很关键的问题。

二、战略性薪酬

在特定的条件下会对组织的绩效和人力资源的有效使用产生影响的一系列重要的报酬支付选择，其核心是通过一系列的报酬选择来帮助组织赢得并保持竞争优势。

（一）企业战略与薪酬战略

1. 公司战略与薪酬战略

（1）成长战略。

1）企业反馈：①市场开发、产品开发、创新以及合并；②分为内部成长战略和外部成长战略。

2）人力资源战略：①共同分担风险；②分享企业未来的成功。

3）薪酬体系：①在短时期内提供水平相对较低的固定工资；②员工在长期的工作中得到比较丰厚的回报；③直线管理人员有较大的薪酬决定权。

（2）稳定或集中战略。

1）企业反馈：①在已经占领的市场中选择出自己能够做得最好的部分，然后把它做得最好；②处于较为稳定的环境中，增长率较低。

2）人力资源战略：①稳定掌握相关技能的劳动队伍；②有较高的薪酬内部一致性、连续性和标准化的要求。

3）薪酬体系：①稳定的薪酬和福利的比重很大；②追求与市场持平或略高于市场的工资水平；③长时期内薪酬水平不会有较大的增长。

（3）收缩或精简战略。

1）企业反馈：①面临严重的经济困难，缩减一部分业务；②裁员、剥离、清算。

2）人力资源战略：将员工的收入与企业的经营业绩相挂钩。

3）薪酬体系：①在薪酬中降低为拟定薪酬的比重；②力图实现员工股份所有权计划，鼓励员工与企业共担风险。

2. 企业竞争战略与薪酬战略

（1）创新战略：提高产品的复杂性。

1）商业反馈：①充当产品市场上的领袖；②转向大众化生产和创新；③缩短产品的生命周期。

2）人力资源战略：①灵敏；②有冒险精神；③富有创新意识。

3）薪酬体系：①鼓励产品创新和生产过程中的改革；②薪酬以市场为基础；③灵活的工作描述。

（2）成本领先战略：注重效率。

1）商业反馈：①操作精简；②寻求节省成本的方法。

2）人力资源战略：①少用人；②多办事。

3）薪酬体系：①重视竞争对手的劳动成本；②提高可变工资的比率；③重视生产率力；④重视系统控制和工作分工。

（3）客户中心战略：提高顾客期望。

1）商业反馈：①密切与顾客联系；②售后服务；③对市场反应迅速。

2）人力资源战略：①取悦顾客；②超过顾客期望。

3）薪酬体系：①以顾客的期望为基础的激励工资；②与以顾客的交往为依据评价工作和技能。

（二）全面薪酬战略的概念及内涵

全面薪酬战略是一种以客户的满意为中心，鼓励创新精神和持续的绩效改进，对娴熟的专业技能提供奖励，使员工与企业间营造出一种"双赢"的工作环境的战略。

（1）基本薪酬：尽量与竞争性劳动力市场保持一致，同时也作为可变薪酬的一个平台。

（2）可变薪酬：全面薪酬战略非常强调可变薪酬的运用，可以通过调整可变薪酬来反映组织目标的变化。一方面，对员工所达成的有利于企业成功的绩效提供灵活的奖励；另一方面，在企业经营不善时还可以有利于控制成本开支。

（3）福利：作为全面薪酬管理的核心要素，基本薪酬和可变薪酬的一种补充。

（三）战略性薪酬管理体系

1. 形成薪酬战略的步骤

（1）评价薪酬含义：文化和价值观；社会环境，经济形势，政治环境；全球竞争压力；员工/工会需要；其他人力资源制度。

（2）使决策与薪酬战略相适应：薪酬目标；内部一致；外部竞争；员工贡献薪酬管理。

（3）实施薪酬战略：设计薪酬制度使战略变为实践；选择薪酬技巧以适应薪酬战略。

（4）重新评价适应性：根据企业战略变化进行调整；根据环境变化进行调整。

2. 基于战略的薪酬体系设计

基于战略的薪酬体系设计包括：①企业目标战略方案：战略前景，价值观；②业务部门战略；③人力资源战略；④薪酬战略：薪酬管理，薪酬决定；⑤薪酬管理体系；⑥雇员的态度和方向；⑦竞争优势。

三、职位薪酬体系

（一）职位薪酬体系和职位分析与描述

（1）概念。对职位本身的价值作出客观的评价，然后根据这种评价的结果赋予承担这一职位的人与该职位的价值相当的薪酬这样一种基本薪酬决定制度。

（2）实施职位薪酬体系的前提条件。①职位的内容是否已经明确化、规范化和标准化；②职位的内容是否基本稳定，在短期内不会有大的变动；③是否具有按个人能力安排职位或工作岗位的机制；④企业中是否存在相对较多的职级；⑤企业的薪酬水平是否足够高。

（3）职位薪酬体系设计的流程。①组织结构分析；②职位分析；③职位描述；④职位评价；⑤职位/薪酬等级。

（二）职位分析

（1）职位分析的含义。职位分析（Job Analysis）是指了解一个职位并以一种格式把这种信息描述出来，从而使其他人能了解这个职位的过程。它所要回答的主要是这样两个大问题：第一，"某个职位上的任职者应该做些什么？怎样做？为什么要做？"第二，"什么样的人来承担这个职位上的工作才是最合适的？"组织通过职位分析可以得到两类信息：第一类信息被称为职位描述（Job Description），第二类信息被称为职位规范（Job Specification）。

（2）职位评价的含义。职位评价是一个系统分析某种工作对员工提出的各种相对要求的过程，即对一位标准任职者为了正常履行某种特定职位上的工作职责而必须达到的各种要求进行评估和比较的过程。

（3）职位评价工作的主要步骤。①挑选典型职位；②确定职位评价方法；③建立职位评价委员会；④对职位评价人员进行培训；⑤对职位进行评价；⑥与员工交流，建立申诉机制。

（4）排序法的定义及其类型。

1）定义。排序法是一种最简单的职位评价方法，它根据总体上界定的职位的相对价值或者职位对于组织成功所做出的贡献而将职位进行从高到低的排列。

2）类型。①直接排序法（从最高到最低排列）；②交替排序法（最高—最低—最高……）；③配对比较法（矩阵对比—循环赛）。

3）排序法的操作步骤。①获取职位信息；②选择报酬要素并对职位进行分类；③对职位进行排序；④综合排序结果。

（5）分类法。

1）定义。分类法：将各种职位放入事先确定好的不同职位等级中的一种职位评价方法。

2）操作步骤。①确定合适的职位等级数量；②编写每一职位等级的定义；③根据职位等级定义对职位进行等级分类。

（6）要素计点法。计点法是一种复杂的量化职位评价技术（自20世纪40年代开始被运用）。它通常包括三个组成要素：报酬要素；反映每一种报酬要素在整个职位评价体系中的相对重要性的权重；数量化的报酬要素衡量尺度。

1）要素计点的设计步骤。

第一，选取合适的报酬要素。

责任：组织对于员工按照预期要求完成工作的依赖程度。

技能：某种职位的工作所需具备的经验、培训、能力以及教育水平等。

努力：为完成某种职位上的工作所需发挥的体力或者脑力程度所进行的衡量。

工作条件：指职位上的人所从事工作的伤害性以及工作的物理环境。

第二，对每一种报酬要素的各种不同程度、水平或层次加以界定。

五级：为公司确定战略定位，并且为下属实现这一战略而制订范围广泛的目标。确定管理路线，并且对职能单位的总体结果负责。

四级：在公司战略导向范围内制订总体公司政策。就下属所提出的例外问题解决建议进行决策。所负责的公司总体目标达成情况每年接受审查。

三级：在公司总体政策和程序范围内履行职责。协助制定公司政策和程序。在出现例外时，频繁地解释公司政策并且就行为方案提出建议。职位需要阶段性地接受检查。所做出的大多数决策不需要接受审查。

二级：根据公司的具体政策和程序执行任务。可能需要根据例外情况作出适应性调整。职位需要接受定期的检查，可随时向管理人员求助。

一级：运用非常具体的公司政策和程序在有限的监督下执行任务和职位安排。工作经常要接受上级管理人员的检查，管理人员会随时应其要求而为其提供帮助。

第三，确定不同报酬要素在职位评价体系中所占的权重或者相对价值。

经验法：运用非常具体的公司政策和程序在有限的监督下执行任务和职位安排。工作经常要接受上级管理人员的检查，管理人员会随时应其要求而为其提供帮助。

报酬要素的权重是以百分比的形式表示的，它们代表了不同的报酬要素对于总体职位评价结果的贡献程度或者是所扮演角色的重要程度。

统计法：运用统计技术或者数学技术来进行决策的一种比较复杂的方法。

要求运用非加权报酬要素来对基准职位进行评价。基准职位是指那些可以作为统一"标准"的职位，基准职位存在于大多数组织中，因而可以在组织内部以及组织之间进行薪资比较。

第四，确定每一种报酬要素的不同等级所对应的点值。

第五，运用这些报酬要素来分析和评价每一个职位。

第六，将所有被评价职位根据点数高低进行排序，建立职位等级结构。

2）典型的职位评价方案——美国 Hay Group 职位评价体系。

职位共同要素。

知识：为达到职位绩效水平所必需的专业业务知识及其相应的实际运作技能的总和。

解决问题：在完成工作时所需要的分析、诊断、决策、创新能力的广度和复杂程度。

责任：职位承担者的决策和行动对于工作最终后果可能造成的影响，对后果负责的程度。

3）典型的职位评价方案——美世公司职位评价系统。①影响：贡献，组织类型；②沟通：沟通目的，沟通框架；③创新：复杂性；④知识：知识水平，团队，知识宽度。

（7）要素比较法。操作步骤。①获取职位信息，确定报酬要素；②选择典型职位；③根据典型职位内部相同报酬要素的重要性对职位进行排序；④将每一典型职位的薪资水平分配到其内部每一个报酬要素上去；⑤根据每个典型职位内部每一报酬要素的价值来分别对职位进行多次排序；⑥根据两种排序结果选出不便于利用的典型职位；⑦建立典型职位报酬要素等级基准表；⑧使用典型职位报酬要素等级基准表来确定其他职位的工资。

四、技能及能力薪酬体系

（一）技能薪酬体系

（1）技能薪酬体系的内涵。

技能薪酬体系是指组织根据一个人所掌握的与工作有关的技能、能力以及知识的深度和广度支付基本薪酬的一种报酬制度。这种薪酬制度通常适用于所从事的工作比较具体而且能够被界定出来的操作人员、技术人员以及办公室工作人员。技能薪酬计划通常可划分为深度技能薪酬计划和广度技能薪酬计划两种。

（2）技能薪酬体系的基本类型。

1）深度技能薪酬计划。即通过在一个范围较为明确的具有一定专业性的技术或专业领域中不断积累而形成的专业知识、技能和经验。

2）广度技能薪酬计划。与深度技能不同，广度技能往往要求员工在从事工作时，需要运用其上游、下游或者是同级职位上所要求的多种一般性技能。

3）设计技能薪酬体系的几个关键决策。①技能的范围。组织必须强调自己所要为之支付报酬的那些技能到底是哪些技能，员工可能会出现忽视本职工作，好高骛远的情况。②技能的广度和深度。组织还必须确定自己所要提供报酬的那些技能开发的范围。③单一职位族/跨职位族。技能薪酬计划是应当严格限定在某一职位族之内，还是应当设计成一个鼓励真正的跨职能培训计划。前者鼓励员工沿着某一特定的职业通道跨越多级单个的台阶来获得报酬（更适合职能型组织）。④培训体系与资格认证。必须有一个资格认证过程来确保员工确实掌握了这些技能，同时还要有一个阶段性的资格重新认证过程，以保证他们将这些技能保持在某种水平上，取消那些不再具备特定技能者原有资格的过程有时也非常重要。⑤学习的自主性。组织还必须决定是应当由员工自己掌握下一步学习何种技能，还是由雇主、工作流程的流动方向或者客户的需求来决定应当学习的技能类型。⑥管理方面的问题。管理的重点不再是限制任务安排，确保其与职位级别保持一致，而是要最大限度地利用员工已有的技能。

（3）技能薪酬体系的设计过程。

①成立设计小组；②技能分析；③确定技能模块；④技能培训与认证；⑤制定技能薪酬方案。

（二）能力薪酬体系

（1）能力的基本内涵。能力（Competency）：又被译为胜任能力，是指一个人身上所具有的、能够被表现出来且能够强化绩效的那些特征，其中包括知识、技能、能力、行为等。能力在组合得当并且环境合适的情况下，对优良绩效——个人、群体、管理层次、特定职位以及整个组织——有一种预测作用。

（2）能力模型的类型。

1）核心能力模型。这种能力模型实际上是适用于整个组织的能力模型，它常常与一个组织的使命、愿景和价值观保持高度一致。

2）职能能力模型。是一种围绕关键业务职能——比如财务管理、市场营销、信息技术、生产制造等——建立起来的能力模型。

3）角色能力模型。这种能力模型适用于在一个组织中的某些人所扮演的特定角色——比如技师、经理等，而不是这些人所在的职能领域。

4）职位能力模型。这是一种适用范围最狭窄的能力模型，因为它只适用于单一类型的职位。

（3）能力与能力薪酬挂钩的几种方案。

1）职位评价法。将能力与薪酬挂钩的最常见方法是借助职位评价过程来实现。即在传统的要素计点法中，用与能力相关的要素部分或全部替代传统的报酬要素。

2）直接能力分类法。这种方法与上面所说的职位评价法几乎是完全相反的做法，它完全根据个人的能力情况而不是职位的情况来进行基本薪酬等级的划分，是真正意义上的能力薪资体系。

3）传统职位能力定薪法。在这种方法中，员工依然会因为开发能力而获得报酬，但是关于职位和薪资的概念都更为传统。

4）行为目标达成加薪法。这是一种根据基于能力的行为目标达成度来确定加薪水平的做法。在这种情况下，组织是通过运用实现拟定的行为目标——而不是整体能力评价结果——来对能力进行评价的，然后根据评价结果确定加薪幅度。

5）能力水平变化加薪法。这种方法将员工的薪资水平直接与对其总体能力水平的变化情况所做的评价挂钩，即企业首先通过多位评价者对员工的总体能力水平进行评估，然后根据员工的能力水平变化情况决定员工的加薪幅度。

五、薪酬水平

（一）薪酬水平及其外部竞争性决策

（1）薪酬水平及外部竞争性决策的类型：领袖政策。薪酬领袖政策又称为领先型薪酬政策。采用这种政策的企业通常具有这样的特征：规模较大、投资回报率较高、薪酬成本在企业经营总成本中所占的比例较低、在产品市场上的竞争者少。对数据进行调整以全额反映来年预期的市场增长幅度；薪资水平调整至年底的预期水平，在全年中都比市场水平高，在年底与市场水平持平。

（2）薪酬水平及外部竞争性决策的类型：追随政策。力图确保本企业的薪资成本大体上与产品市场上的竞争对手相等；确保本企业在吸引和雇佣劳动者方面的能力大体上与劳动力市场上的竞争对手相同；避免使组织在产品定价或者在维持高质量劳动力队伍方面处于不利地位；不能为雇主在劳动力市场上提供竞争优势。对数据进行调整以半额反映来年预期的市场增长幅度；薪资水平确定在半年以后的水平上，在上半年薪资水平高于市场水平，但是在下半年中低于市场水平。

（3）薪酬水平及外部竞争性决策的类型：拖后政策。制定跟踪竞争性薪资率水平的拖后政策会阻碍企业吸引潜在员工的能力；如果这种做法是以提高未来收益作为补偿的，那么反而有助于提高员工对企业的组织承诺度，培养他们的团队意识，进而改善绩效。对数据不进行调整，即不考虑来年可能出现的市场增长；薪资水平确定在年初的竞争性水平上，结果导致自己的薪资在全年都低于市场水平。

（4）薪酬水平及外部竞争性决策的类型：混合政策。指企业在确定薪酬水平时，是根据职位或员工的类型或者是总薪酬的不同组成部分来分别制定不同的薪酬水平决策，而不是对所有的职位和员工均采用相同的薪酬水平定位。

（二）市场薪酬调查

（1）薪酬调查的定义与作用。薪酬调查（Compensation Survey）：指企业通过收集（总体的薪酬）信息来判断其他企业所支付的总薪酬状况这样一个系统过程。薪酬调查能够向实施调查的企业提供市场上的各种相关企业（包括自己的竞争对手）向员工支付的薪酬水平和薪酬结构等方面的信息。

（2）薪酬调查的种类。①商业性薪酬调查，咨询公司；②专业性薪酬调查，专业协会；③政府薪酬调查，国家劳工、统计等部门。

（3）薪酬调查的实施步骤。

1）准备阶段。①审查已有薪酬调查数据，确定调查的必要性及实施方式；②选择准备调查的职位及层次；③界定劳动力市场范围，明确调查对象的目标企业及其数量；④选择所要收集薪酬信息内容。

2）实施阶段。

3）结果分析阶段。①核查数据。②分析数据：频度分析，趋中趋势分析，离散分析，回归分析。

薪酬调查中需要收集的信息：基本薪酬及其结构、年度奖金和其他年度现金支付；股票期权或虚拟股票计划等长期激励计划；各种补充福利计划；薪酬政策等方面的其他信息。

（4）薪酬调查数据的分析。

1）频度分布。

2）趋中趋势衡量：①平均数或非加权平均数；②加权平均数；③中值。

3）离散分析：①标准差；②百分位或四分位；③回归分析。

六、薪酬结构

（一）薪酬结构的原理及其设计

（1）薪酬结构模型。①薪酬的等级数量；②同一薪酬等级内部的薪酬变动范围（最高值、中值以及最低值）；③相邻两个薪酬等级之间的交叉与重叠关系。

（2）薪酬变动区间与变动比率。

上半部分薪酬变动比率 =（最高值 – 中间值）/中间值 = 20%

下半部分薪酬变动比率 =（中间值 – 最低值）/中间值 = 20%

总体变动比率 =（最高值 – 最低值）/最低值 = 50%

（3）薪酬比较比率。比较比率（Compa – ratio），我们通常用这一概念来表示员工实际获得的基本薪资与相应薪资等级的中值或者是中值与市场平均薪资水平之间的关系。

薪资比较比率 =（实际所得薪资 – 区间最低值）/区间中值

（4）薪资结构设计的步骤。

步骤一：通观被评价职位的点值状况，根据职位评价点数对职位进行排序。

步骤二：按照职位点数对职位进行初步分组。

步骤三：根据职位的评价点数确定职位等级的数量及其点数变动范围。

步骤四：将职位等级划分、职位评价点数与市场薪酬调查数据结合起来。

步骤五：考察薪酬区间中值与市场水平的比较比率，对问题职位的区间中值进行调整。

步骤六：根据确定的各职位等级或薪酬等级的区间中值建立薪资结构。

（二）薪酬宽带

（1）定义。采取一种被称为"薪酬带"（Banding）或"薪酬宽带"（Broadbanding）的新战略，在这种薪资系统中，大量的薪资等级被少数相对范围较宽的薪资宽带所取代。薪资宽带来源于广播术语：组织不再期望员工是"单一频率"的，而是希望他们能够覆盖"宽频道"——具有多种技能和素质，从而在需要时能够承担多种任务。

（2）薪资结构设计的几个关键决策。①薪资宽带数量的确定。薪资宽带数量的决策依据还应当是组织中能够带来附加价值的不同员工的贡献等级到底应该有多少比较合适。②宽带的定价。参照市场薪资水平和薪资变动区间，在存在外部市场差异的情况下，对同一宽带之中的不同职能或职位族的薪资要分别定价。③将员工放入薪资宽带中的特定位置。④跨级别的薪资调整以及宽带内部的薪资调整。

七、绩效薪酬

（一）绩效奖励计划的内涵

绩效奖励计划，指员工的薪酬随着个人、团队或者组织绩效的某些衡量指标发生变化而变化的一种薪酬设计。由于绩效奖励计划是建立在对员工行为及其达成组织目标的程度进行评价的基础之上的，因此，绩效奖励计划有助于强化组织规范，激励员工调整自己的行为，并且 GTRF 有利于组织目标的实现。

（二）绩效奖励的种类

（1）绩效奖励计划的类型。

1）短期奖励计划。①绩效加薪；②一次性奖金；③特殊绩效认可计划。

2）个人奖励计划。①绩效奖励计划；②长期绩效奖励计划，如股票所有权。

3）群体奖励计划。①利润分享计划；②收益分享计划；③成功分享计划。

4）基本薪酬增加与绩效加薪。基本薪酬增加的途径：普遍加薪；绩效加薪计划；生活成本加薪。

5）绩效加薪关键要素。①加薪的幅度，取决于企业的支付能力、企业的薪酬水平和市场薪酬水平的对比关系或者员工所在的管理层级等。②加薪的时间。常见的是每年一次，也有些企业采取半年一次或者每两年一次的做法。③加薪的实施方式。可以采取基本薪酬累积增长的方式，也可以采取一次性加薪的方式。

6）绩效加薪的方式：①简单绩效加薪；②市场化绩效加薪；③以绩效和相对薪酬水平为基础的绩效加薪；④基于薪资比较比率的绩效加薪；⑤以绩效、相对薪酬水平及时间为基础的加薪计划；⑥一次性奖金，从广义上讲，一次性奖金属于绩效加薪的范畴，但不是在基本薪酬基础上的累积性增加，而是一种一次性支付的绩效奖励；⑦月/季度浮动薪酬。

7）个人绩效奖励计划——直接计件工资计划。薪酬直接根据产出水平而发生变化。先确定在一定时间内（比如1小时）应当生产出的标准产出数量，然后在单位产出数量确定单位时间工资率，最后根据实际产出水平算出实际应得薪酬。显然，在这种计划下，产出水平高于平均水平者得到的薪酬也较高。

8）个人绩效奖励计划——标准工时计划。所谓标准工时计划，是指首先确定正常技术水平的工人完成某种工作任务所需要的时间，然后再确定完成这种工作任务的标准工资率。即使一个人因技术熟练以少于标准时间的时间完成了工作，他或她依然可以获得标准工资率。

（2）群体奖励计划的适应情况。

1）绩效衡量。①产出是集体合作的结果；②无法衡量出个人对产出的贡献。

2）组织适应性。①在组织目标相对稳定的情况下，个人的绩效标准是需要针对环境的压力而变化的；②生产方法和劳动力组合必须适应压力的要求而变化。

3）组织承诺。建立在对组织目标以及绩效标准进行良好沟通的基础之上的组织承诺。

（3）利润分享计划。

1）定义：所有或者某些特定群体的员工按照一个事先设计好的公式，来分享所创造利润的某一百分比。在管理层以下的员工群体中是最经常性被使用的一种奖励计划。

2）现代形式：将利润分享与退休计划联系在一起。利润分享基数被用于为某一养老金计划注入资金，经营好时注入，差时则停止注入。利润分享的组织范围也由原来的整个组织降低到承担利润和损失责任的下级经营单位。在进行利润分享之前，通常要求能够达到某一最低投资收益率（绩效水平），否则利润分享基金中不会有实实在在的货币。

（4）收益分享计划。

1）员工按照一个事先设计好的收益分享公式，根据本工作单位的总体绩效改善情况获得奖金。在20世纪90年代逐渐开始流行的一种浮动薪酬计划，常常是与生产率、质量改善、成本有效性等方面的既定目标达成联系在一起的（通常是因生产率和质量改善所导致的成本节约）。

2）收益分享计划中的几个关键决策。①收益衡量与角色定位问题；②支付频率问题；③支付方式问题；④设计要求问题；⑤沟通问题；⑥确保财务收益问题。

（5）成功分享计划。

1）定义。成功分享计划又被称为目标分享计划，它的主要内容是运用平衡计分卡方法来为某个经营单位制定目标，然后对超越目标的情况进行衡量，并根据衡量结果来对经营单位提供绩效奖励这样一种做法。

2）成功分享计划中的实施要点。①根据核心业务流程制定关键绩效指标；②经营单位中的所有员工全体参与；③管理层与基层员工共同制定绩效目标；④定期衡量绩效，及时沟通；⑤适时结束。

3）成功分享计划的设计程序。①建立成功分享计划委员会；②制定经营绩效指标并且确定不同指标之间的权重；③为绩效指标确定公平合理的进展目标并确定奖励的办法。

（6）长期奖励计划。

1）内容。尽管大多数长期奖励计划是围绕股票计划来设计的，但是其他一些经济奖励也同样可以成功运用（Cash Long－Term Variable Pay & Incentives 和 Stock Option）。参与长期项目或者风险计划的员工有时会有资格参与一种非常类似短期群体奖励计划的长期激励计划，他们以现金的形式或者股权的形式得到奖励。

2）股票所有权计划的类型。

现股计划：通过公司奖励或参照股权当前市场价值向员工出售股票的股权计

划。员工能够及时获得股权，同时规定员工在一定时期内必须持有股票，不得出售。

期股计划：公司和员工约定在将来某一时期内以一定价格购买一定数量的股权，购股价格一般参照股权的当前价格确定，同时对员工在购股后出售股票的期限做出规定。

期权计划：公司给予员工在将来某一时期内以一定价格购买一定数量股票的权利，员工到期可以行使也可以放弃这个权利，购股价格通常参照股权的当前价格确定。同时对员工在购股后出售股票的期限做出规定。

（三）特殊绩效认可计划

（1）概念。特殊绩效认可计划是指一种现金或非现金的绩效认可计划，即在员工远远超出工作要求表现出特别的努力、实现了优秀的业绩或者做出了重大贡献的情况下，组织给予他们的小额一次性奖励，它是一种经常被忽视的变动性报酬战略。

（2）作用。绩效认可计划的激励作用不仅限于被奖励者，它会鼓励所有员工寻找各种机会来为组织做出意想不到的贡献。以奖励显著绩效闻名的企业，无论是否以预定公式的正式形式来认可绩效，都会吸引那些能够在这方面做出贡献的人加入和留在组织中，并且谨慎地承担一些风险以获得这种报酬。

（3）特殊绩效认可计划的设计与实施。①确定特殊绩效认可计划的目标；②决定绩效认可计划的种类和数量；③确定需要报酬的活动的类型和性质；④决定谁有资格参加认可计划；⑤决定绩效奖励的类型和水平；⑤决定奖励的频率；⑥决定报酬的成本和资金来源；⑦确定提名和挑选获奖者过程；⑧确定奖励授予方式。

八、员工福利

员工福利概论：

（1）员工福利的特点。①一是基本薪酬往往采取的是货币支付和现期支付的方式，而福利则通常采取实物支付或者延期支付的方式；②二是基本薪酬在企业的成本项目中属于可变成本，而福利，无论是实物支付还是延期支付，通常都有类似固定成本的特点，因为福利与员工的工作时间之间并没有直接的关系。

（2）员工福利的种类。①法定福利，法定社会保险、住房公积金、法定假期；②企业补充保险计划；③员工服务福利；④弹性福利计划。

（3）弹性福利计划。

1）内涵。弹性福利计划又被称为"自助餐福利计划"，其基本思想是让员工对自己的福利组合计划进行选择，但这种选择会受两个方面的制约，一是企业必须制定总成本约束线，二是每一种福利组合中都必须包括一些非选择项目，例如社会保险、工伤保险以及失业保险等法定福利计划。

2）实施方式。①附加福利计划；②混合匹配福利计划；③核心福利项目计划；④标准福利计划。

九、薪酬预算、控制与沟通

（一）薪酬预算

（1）薪酬预算的内涵。薪酬预算，实际上指的是管理者在薪酬管理过程中进行的一系列成本开支方面的权衡和取舍。

（2）薪酬预算过程中的一些关键决策。①什么时候对薪酬水平进行调整？②对谁的薪酬水平进行调整？③企业的员工人数是增加了还是减少了？这种变动是在什么时候出现的？④员工的流动状况怎样？⑤企业里的工作职位状况会发生哪些变化？

（3）薪酬预算环境——内部环境。①企业制作薪酬预算的内部环境主要取决于组织既有的薪酬决策和它在招募、挽留员工方面所花费的费用。②企业内部环境的变动情况主要是源于员工队伍本身发生的变化，例如员工数量的增减以及员工的流动。③另外一个会对薪酬预算的内部环境产生较大影响的因素是技术的进步，企业总体技能水平的提高或降低足以发挥出不亚于其他因素的影响作用。

（4）薪酬预算环境——成活成本的变动。①企业在进行薪酬预算时，把生活成本的变动情况结合进去考虑是一种很自然的做法；毕竟薪酬最基本功用就在于满足员工生活开支方面的需求。②但对员工的生活成本进行衡量又实在不是一件很容易的事情，企业普遍采取的做法是选取消费价格指数（CPI）作为参照物，以产品和服务价格的变化来反映出实际生活水平的变动情况。③但也有不少人对价格指数（CPI）作为参照物做法提出了不同意见。

（5）薪酬预算环境——企业现有的薪酬状况。①上年度的加薪幅度。相对于企业本年度的薪酬预算而言，上年度的加薪幅度可以充当一种参照。②企业的支付能力。企业的支付能力是其自身财务状况的函数，当企业的财务处境良好时，往往具备保持其在劳动力市场上的优势竞争地位的实力，而当企业在财务方面出现问题时，企业则通常会采取裁员、降低基本薪酬上涨幅度或是缩减可变薪酬的做法来确保企业渡过难关。③企业现有的薪酬政策。企业的薪酬政策主要可以分为两大类，即现有的薪酬水平政策和薪酬结构政策。

（6）薪酬预算方法——宏观接近法。所谓宏观接近法，是指首先对公司的总体业绩指标做出预测，然后确定下来企业所能够接受的新的薪酬总额，最后再按照一定的比例把它分配给各个部门的管理者，由管理者负责进一步分配到具体的员工身上。

薪酬费用比率 = 薪酬费用总额/销售额

= (薪酬费用总额/员工人数)/(销售总额/员工人数)

(7) 薪酬预算方法——微观接近法。微观接近法指的是先由管理者预测出单个员工在下一年度里的薪酬水平,再把这些数据汇总在一起,从而得到整个企业的薪酬预算。在企业的经营过程中,这一做法比宏观接近法更为常见。

微观接近法的步骤:①对管理者就薪酬政策和薪酬技术进行培训。②为管理者提供薪酬预算工具和咨询服务。③审核并批准薪酬预算。④监督预算方案的运行情况,并向管理者进行反馈。

(二)薪酬控制

(1) 薪酬控制的内涵。所谓薪酬控制,是指为确保既定方案顺利落实而采取的种种相关措施。在企业的实际经营中,正式的控制过程往往包括:①确定相关标准以及若干衡量指标;②将实际结果和既定标准进行比较;③如果二者之间存在差距,明确并落实补救性措施。

(2) 薪酬控制的对象。在企业的经营过程当中,薪酬控制在很大程度上指的是对于劳动力成本的控制,大多数企业里也都存在正式的薪酬控制体系。

劳动力成本 = 雇佣量 × (平均薪酬水平 + 平均福利成本)

可以从以下几个方面关注企业里的薪酬控制:第一,通过控制雇佣量来控制薪酬;第二,通过对平均薪酬水平、薪酬体系的构成的调整以及有目的地设计企业的福利计划以达到控制薪酬的目的;第三,利用一些薪酬技术对薪酬进行潜在的控制。

(3) 薪酬控制途径。①通过雇佣量进行薪酬控制;②通过薪酬水平和薪酬结构进行薪酬控制。

(4) 通过薪酬技术进行潜在的薪酬控制。①最高薪资水平与最低薪资水平。②薪酬比较比率 = 实际支付的平均薪酬水平/某一薪酬区间中值。③成本分析。

(三)薪酬沟通

(1) 薪酬沟通的步骤。

1) 确定沟通目标。第一,确保员工完全理解有关新的薪酬体系的方方面面;第二,改变员工对于自身薪酬决定方式的既有看法;第三,鼓励员工在新的薪酬体系之下做出最大的努力。

2) 收集薪酬相关信息。首先,从所要收集的信息的内容来看,尽管不同企业在经营状况方面的差异很大,想要达到的目标也不尽相同,但还是有一些信息是值得所有企业都加以重视的。其次,从信息收集的方式来看,企业可以采取若干种不同的方式来进行信息的收集工作,主要包括问卷调查法、目标群体调查法、个体访谈法等。

3）制定沟通策略。

市场策略。与向客户推销商品很相似，目标员工和管理者也充当了客户的角色；而组织的沟通目标在于有效控制客户对于薪酬方案的预期和态度，提高客户满意度。因此，这方面的相应措施包括：就客户对薪酬体系的反映进行调查；准确告知客户现有薪酬制度的优势和不足；以及对组织最新的薪酬举措进行宣传。

技术策略。这种策略不太重视薪酬政策本身的质量或优缺点，而是着眼于向客户提供尽可能多的技术细节。这些细节可能会包括：组织里的具体薪资等级、特定薪资等级的上限和下限、加薪的相关政策，诸如此类。

4）选择沟通媒介。①视听媒介。视听媒介涵盖的种类很多，包括幻灯片、活动挂图、电影、录像带和电子远程会议。②印刷媒介。一般情况下，薪酬手册、书信、备忘录、企业内部刊物、薪酬方案摘要和薪酬指南等都属于薪酬沟通时会使用到的印刷媒介。③人际媒介。在薪酬沟通的所有媒介中，人际媒介应该可以算作是最为有效的方式之一。④电子媒介。电子媒介是电子化的、以计算机为基础的一种沟通媒介，包括信息中心、电话问答系统、交互式个人电脑程序、E–mail 系统等。

5）举行薪酬沟通会议。在任何薪酬沟通方案中，最重要的步骤可能是正式沟通会议的筹办和举行。这种会议一般会位于薪酬沟通流程的末期，目的在于就整个薪酬方案进行解释和推销工作。在一次典型的薪酬沟通会议上，企业一般会就薪酬方案的各个方面进行解释。

6）评价薪酬沟通效果。企业内部成员对于薪酬和福利方案的理解达到了怎样的程度；管理者和员工之间的沟通状况是否让人满意；决策层传达的信息和他们采取的做法之间是否一致；员工是否认为绩效和报酬体系之间存在着联系；等等。

第二节　实训项目一　职位评价

一、实训要求

要求学生了解职位评价的含义和作用、掌握职位评价的方法、职位评价设计过程中常见的误区等理论知识。做好实训前的知识储备，如梳理理论知识、相关书籍、典型案例等要求学生运用所学知识，结合案例背景，选择恰当的方法给背景公司设计一套职位评价方案并进行职位评价。

二、职位评价的含义和方法

（一）职位评价的含义

所谓职位评价，是指在对工作职位进行充分了解、分析的基础上，根据工作的任务和责任、工作的难度、完成工作所需要的技能、工作环境和风险等因素，对工作在组织中的相对价值进行系统评估的过程。结果是形成组织内部的职位相对价值体系，反映各个职位对组织贡献的大小。评估结果会成为确定薪酬的有力证据。工作分析是工作评价的基础和起点。

（二）职位评价的方法

（1）排序法是一种最简单的职位评价方法，它是从整体价值上，将各个工作职位进行相互比较，最后将职位分为若干等级的方法。排序法的步骤：①由熟悉被评价职位的人员组成评定小组，并做好准备工作。②了解情况，收集有关职位方面的资料、数据。③按评定人员事先确定的评判标准，对本企业同类职位中的各职位的重要性做出评判，以最重要的排在第一位，次要、再次要的顺序往下排列。④将每个职位经过所有评定人员的评定结果汇总，得到序号后，将序号和除以评定人数得到每一职位的平均序数，最后按平均序数的大小，由小到大评定出各职位的相同价值的次序。

适用范围：不适宜在大企业中应用，适用于生产单一、工作职位数量较少的中小企业。

（2）分类法排列法的改进，它是根据事先确定的类别等级，参考职位的内容进行分等。分类法的工作步骤：①确定合适的职位等级数目；②等级定义；③评价与分类。

适用范围：在一个单位较小，工作不太复杂或种类不多，以及受到时间和财力的限制不能采用其他方法时可以使用。

（3）要素计点法。首先选定职位的主要影响因素，并采用一定点数（分值）表示每一因素，然后按预先规定的衡量标准，对现有职位的各个因素逐一评比、估价，求得点数，经过加权求和，得到各个职位的总点数，最后根据每一个职位的总点数大小对所有职位进行排序，即可完成职位评价过程。要素计点法的工作步骤：①选取合适的报酬要素；②对每一种报酬要素的各种不同程度、水平或层次加以界定；③确定不同报酬要素在职位评价体系中所占的权重或者相对价值；④确定每一种报酬要素的不同等级所对应的点值；⑤运用这些报酬要素来分析和评价每一个职位；⑥将所有被评价职位根据点数高低进行排序，建立职位等级结构。

（4）要素比较法是对上述三种方法的综合，是一种量化的职位评价技术。

实际上，可以将要素比较法看成是一种复杂的排序法。要素比较法的工作步骤：①确定薪酬要素；②选取典型职位；③将每个典型职位的每个报酬要素加以比较，按程度的高低对典型职位进行排序；④评价小组对每个典型职位的工资总额按照上述报酬要素进行分解，找出对应的工资份额；⑤建立典型职位薪酬要素等级基准表；⑥使用典型职位报酬要素等级基准表来确定其他职位的工资。

适用范围：比较适用于岗位种类多的大型企业。

三、实训的实施流程

（1）做好实训前准备，根据提前准备的资料和相关理论梳理，结合背景案例的薪酬管理现状，列出不同类别的员工应采取哪一种薪酬体系？

（2）将学生分为4~6人的小组，以便于进行讨论。

（3）每组学生根据分析的结果，确定哪些因素会影响薪酬体系的选择，明确薪酬体系的主要内容。

（4）调动学生积极发言，让每组学生进行充分的分析和讨论，并在小组内部形成统一的结论，由小组代表进行汇报。

（5）各小组根据讨论内容编写实训报告。

四、实训案例背景

WS公司薪酬管理现状

WS房地产公司组建于2005年3月，注册资金3亿元，是一家正处于成长期的本土中小型房地产开发公司。主要从事房地产开发、建筑安装等专业工程项目。WS公司在发展初期由于发展不成熟，组织管理的水平普遍较低，组织管控模式模糊，部门结构设置归属不合理，岗位职能职责定位不准确，集、分权不合理，多头交叉管理，组织结构体系的不健全、不规范已在很大程度上不能满足该企业的发展需求。WS公司规模不大，公司现组织架构属于直线职能型组织架构。高级经营决策由公司总经理决策；一般经营决策由总经理授权的职能中心经理决策。总经理根据公司总体的发展规划，负责制定公司长期（一般为5年）规划和年度、季度、月度房经营计划和利润目标，并监督计划执行情况和考核。主要负责建立和健全完善公司管理规章制度、岗位职责、绩效评估、工作流程，统筹协调公司各职能部门的工作。参与招聘、选拔与管理各项目管理人员。负责考核下属各部门及岗位的工作绩效，保证公司管理科学、合理、快捷，在总经理之下设置两位副总，分别协助总经理分管营销、财务、行政；工程、开发等。副总经理直接对公司总经理负责，协助总经理抓好全面工作。对开发项目的财务、行政、营销负直接领导责任，管理各部门的日常工作，协调部门间的协作关系；负责组织编制、完善各项管理制度，加强公司人才队伍建设工作；参与招聘、选拔、任用各部门各岗位人选；负责考核下属各部门及岗位的工作绩效；审核员工的考评和薪酬标准；总工程师，直接对总经理负责，主要负责公司工程技术管理工作，对开发项目的开发部、预算合同部、工程部负直接领导责任，管理各部门的日常工作。营销策划部主要负责公司完成各类营销推广方案并组织实施。根据公司下达的年度销售任务，制定并执行商品房销售月度、季度、年度计划，采取有效措施，保证销售计划的完成。营销策划部下有销售经理和营销部经理分管工作。财务部是在副总经理直接领导下的公司经济活动的管理机构，通过建立完善的财务系统制度流程，及时准确反映公司的经营状况，为企业的经营决策提供依据；通过合理的资金调配，提高资金的使用效率。行政部主要负责公司的后勤及日常运作，协助公司领导制定、控制、调整公司及各部门的编制、定员。工程部负责公司工程项目管理，确保各项目安全正常运作；配合策划部完成开发前期策划和定位工作。坚持做到主动配合、密切协作，及时准确地提供相关资料，促进前期策划和定位工作。开发部负责开展房地产开发过程相关手续的合法办理，公共关系、人脉资源的建立与维护，负责前期工作相关的房地产信息和政策法规收集与研究。预算合同部主要编制项目投资分析、成本估算，协助编制可行性研究报告，经济分析部参与招投标，参与起草招标文件、工程合同等。

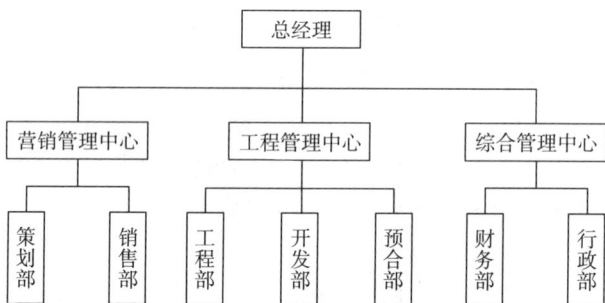

图7-1　WS公司的组织架构

　　WS房地产公司是一家正处于成长期的本土中小型房地产开发公司。近几年市场份额迅速扩大，内部管理流程不断完善，各岗位职责日益分明，公司相比以往逐步开始规范化管理。企业规模扩大的同时也意味着人才需求较大，员工人数开始不断增加，因此企业要构建一套科学、合理、系统的薪酬管理方案，薪酬需要具备一定的竞争力来吸引、保留人才。然而WS公司在此阶段仍采取滞后型薪酬策略，这样很难吸引到关键的人才，也留不住核心人才，对公司的未来发展将十分不利。公司的战略达成需要大量核心人才去支撑，这批人才的稳定性与否决定了战略目标能否达成。

WS公司自成立以来，薪酬涨幅没有结合外部市场环境进行有效调整，而近几年来，居民生活成本不断增加，加之通胀因素，员工的薪酬实际上是不涨而降了，因此，必须提供有竞争力的薪酬来吸引和保留更多优秀的核心人才行业，来制定公司的薪酬策略。此外，公司现行薪酬制度近几年来没有进行修改过，没有形成较为规范的薪酬管理相关制度文件，新的薪酬管理制度体系需要重新建立。

通过分析WS公司发展战略规划、组织结构和薪酬策略，可以发现该公司薪酬系统的设计和管理缺乏合理性、规范性和科学性，即存在以下问题：

（1）薪酬设计不科学有失公平。现今的WS公司从其薪酬管理运作下可得出其依旧以传统薪酬管理模式运行，缺乏科学合理的薪酬管理模式。从根本上而言，目前的薪酬管理中存在如下问题：第一，企业缺乏实际根据，没有进行深入的调查，反而根据自身经验或者偶然判断进行，并没有切实的资料数据作为依据。第二，WS公司目前已具有一定的规模，公司各岗位价值差别很大，然而现行的薪酬制度没有很好地体现管理人员、技术人员和销售人员的人力资本价值，没有充分考虑各岗位的具体工作性质、工作强度、所承担的责任的差别，同一个岗位没有级差或者差距很小。

（2）薪酬设计不科学有失公平。现今的WS公司从其薪酬管理运作下可得出其依旧以传统薪酬管理模式运行，缺乏科学合理的薪酬管理模式。从根本上而言，目前的薪酬管理中存在如下问题：第一，企业缺乏实际根据，没有进行深入的调查，反而根据自身经验或者偶然判断进行，并没有切实的资料数据作为依据。第二，WS公司目前已具有一定的规模，公司各岗位价值差别很大，然而现行的薪酬制度没有很好地体现管理人员、技术人员和销售人员的人力资本价值，没有充分考虑各岗位的具体工作性质、工作强度、所承担的责任的差别，同一个岗位没有级差或者差距很小。多数员工认为个人收入与付出不相匹配，个人收入没有与个人的知识、经验、技能，对公司所承担的责任和风险相挂钩，使员工对公司的贡献以及个人价值不能得到体现。

（3）岗位评价不规范。WS公司现有薪酬管理对于各岗位的工作描述过于宽泛笼统，没有清晰的岗位量化标准，对于各岗位的工作描述缺乏相应的工作技能、任职资格等要求，导致部分岗位职责界限不清，甚至出现推诿现象。员工的工作结果评价过程较为主观随意，往往以中高层管理者的经验和个人喜好或者员工工作态度等主观感受来进行评定，缺乏有效规范、多维度的综合评价机制，这就造成了企业员工工资标准不规范，岗位评价体系的不公平性日渐突出，员工缺乏企业认同感和归属感，导致工作积极性下降。另外，由于岗位评价体系的不规范使得 WS 公司员工在工作中不能很好地区分不同岗位之间所需要的工作技能、绩效考核依据等，对于各岗位之间的差别模糊不清，致使薪酬管理造成困难，缺乏科学规范标准。

表 7 - 1　各层级年度薪酬结构及占比

职位所属层级	基本现金收入/总额	补贴收入/总额	变动收入/总额	福利/总额
总经基层	58.9	11.4	28.0	1.7
经理层	63.5	4.5	28.0	4.0
主管层	78.1	2.0	14.0	5.9
一般员工层	78.9	0.2	14.0	6.9

（4）各层级薪酬结构不合理。该公司在固定薪酬所占的比例偏大（见表 7 - 1），变动收入所占的比例过小。主要原因是 WS 公司绩效管理体系不够规范合理，不能充分调动员工的工作积极性和主动性，同时导致员工不能将自身发展与公司长远发展相结合。另外，福利薪酬是薪酬管理中的保障因素，良好的福利能够体现管理者以人为本的经营思想，使员工产生较高的工作满意度，进而激发自觉为企业目标而奋斗的动力，更好地吸引和留着员工。而 WS 公司总体的薪酬福利占整个薪酬管理体系的比例远远低于市场水平，这表明 WS 公司在某些福利项目上是缺失或者过低的，这样容易导致员工缺乏安全感，影响队伍的稳定性。

（5）企业薪酬激励缺乏弹性。WS 公司现行薪酬管理体系相对简单，均以中短期激励手段为主。其中基本薪酬和福利薪酬固定不变，与个人绩效考评结果挂钩较少，绩效薪酬（奖金）实行即期支付的方式，不能产生中长期激励约束作用。管理层岗位"固定收入 + 年终奖金"的年薪模式由于固定收入占比较大，大大降低了薪酬的弹性，薪酬激励单一化。另外 WS 公司全体员工统一进行同样的福利薪酬，看似公平，实际上忽视了员工个性化需求的满足，对员工显然没有起到有效的激励作用。

实训任务：

（1）根据上述案例背景，确定该公司中哪些岗位采用职位薪酬的评价体系，并查找相关资料为这些岗位撰写职位说明书，运用要素计点法为该公司设计一套职位评价表。

（2）根据涉及的职位评价表对上述岗位进行评价，根据评价结果对职位进行排序和分等定级，建立职位等级结构。

五、实训报告

在实训结束后，每位同学必须撰写实训报告，实训报告要求文字简练、条理清晰、观点明确。实训报告的参考模板如下所示：

职位评价方案设计

一、评价目的（范例）

二、评价方案

1. 鉴于企业规模较大，岗位众多，我们选择对部分基准职位进行评价。

2. 鉴于各岗位间价值、性质等因素的差异性，我们针对不同岗位采取不同的评价方案。

×××公司基准岗位选择

管理类	生产类	技术类	采供类	销售类	财务类

三、评价方法（范例）

要素计点法是一种复杂的量化职位评价技术，它通常包括三个组成要素：报酬要素、数量化的报酬要素衡量尺度、反映每一种报酬要素的相对重要程度的权重。以下我们分步进行：

报酬要素选取

一级要素	二级要素
知识技能因素	学历要求；工作经验；专业知识能力；计算机知识；管理知识能力；创新与开拓能力
责任因素	协调责任；指导监督责任；经济效益责任；结果承担责任
努力程度因素	工作压力；工作量的大小；脑力辛苦程度
沟通因素	内部沟通；外部沟通；沟通的频率；沟通的方式；沟通的效果
工作环境因素	工作时间的长短；工作地点稳定性；工作环境的舒适性

根据以上报酬要素的选择，以及结合本公司岗位众多、价值差异较大的实际情况，我们对各报酬要素进行界定以及权重和点值分配，以便更好地实施岗位评价。

报酬要素的界定与各等级权重和点值（范例）

定义一级要素的权重总分为1500分，详情如下：

一级要素	二级要素	等级	分数	定义
知识技能因素（30%、450分）	学历要求（80）			指顺利履行工作职责所要求的最低学历，是按正规教学水平判断
	工作经验（85）			指达到工作所需基本要求后，还必须运用某种必须随经验不断积累才能掌握的技巧
	计算机知识（45）			指工作中所要求的实际计算机知识水平，以经常使用的最高程度为标准
	专业知识能力（100）			指顺利履行工作职责所需要具备的专业技术知识和技能
	管理知识能力（80）			指顺利、高效履行工作职责所应具备的管理知识、管理素质和能力的要求
	创新开拓能力（60）			指顺利履行工作职责所必需的创新与开拓的精神和能力的要求
责任因素（25%、375分）	经济效益责任（85）			在任职职位上发生工作失误，或者工作没有达到标准，对公司经济效益所造成的直接和间接经济损失，由经济效益损失的大小来衡量
	指导监督责任（90）			指在正常权力范围内所拥有的正式指导职责，由本职位管理的人数和被管理人员的权限决定
	协调责任（100）			指在工作的过程中，需要与系统内外的单位和个人协调关系，以共同开展业务工作的活动，由协调对象所在的层次、人员数量及繁重程度判断
	工作结果的责任（100）			指本职位对工作结果承担多大的责任，以本职位承担责任和范围作为标准
努力程度因素（15%、225分）	工作压力（75）			指工作本身给职位任职者带来的压力，根据工作常规性、任务多样性、工作艰巨性和重要性、工作内容跨度进行判断
	脑力辛苦程度（90）			指在工作时所需注意集中程度的要求
	工作量的大小（60）			指每天工作的繁重程度，以完成每天的工作，需要持续忙的时间长短和工作量的大小判断

一级要素	二级要素	等级	分数	定义
工作环境因素（10%、150分）	工作时间特征（45）			指对工作要求的特定起止时间的控制程度
	工作地点稳定性（45）			指工作时是否经常变换工作地点，以工作地点的变化和外出时间长短判断
	工作的舒适度（60）			指工作的办公环境和条件，给人带来的舒适程度和对工作心情的影响
沟通因素（20%、300分）	内部沟通（80）			指公司内部各部门和人员之间所需要的运用口头交流和表达的能力
	外部沟通（60）			指公司内部与外部人员之间的交流和表达
	沟通频率（40）			指与公司相关人员间的日常交流的次数多少
	沟通方式（45）			指公司人员一般采取何种交流方式进行沟通
	沟通效果（75）			指公司人员交流所达到的效果的程度

四、实施评价

五、结论

以上通过要素计点法对基准岗位进行评价，我们可以得出以下结果：

岗位	总经理	副总经理（技术）	销售部经理	财务经理	……
总分	1468	1363	1304	1259	……
排序	1	2	3	4	……

然后，根据划分出来的点值范围确定职位的等级结构。

我们把点值划分为 8 个区间，以 100 分为间隔。然后，将不同的岗位划分到不同的等级中，最后，公司中其他相类似的岗位也可以进行划分。

用报酬要素对职位进行评价

一级要素	二级要素	生产部经理 等级	生产部经理 点值	车间主任 等级	车间主任 点值	技术员 等级	技术员 点值	合计 等级	合计 点值	业务员 等级	业务员 点值	薪酬管理专员 等级	薪酬管理专员 点值	采购员 等级	采购员 点值	设备管理员 等级	设备管理员 点值
知识因素	学历要求	3	60	3	60	3	60	3	60	3	60	3	60	3	60	2	40
	工作经验	3	51	2	34	2	34	2	34	2	34	2	34	2	34	2	34
	计算机知识	3	45	2	30	2	30	3	45	2	30	3	45	2	30	1	15
	专业知识	3	75	3	75	3	75	3	75	2	50	3	75	1	25	1	25
	管理能力	3	60	3	60	1	20	1	20	1	20	1	20	1	20	1	20
	创新能力	2	40	2	40	2	40	1	20	1	20	1	20	1	20	1	20
责任因素	经济责任	4	68	3	51	2	34	1	17	2	34	1	17	2	34	2	34
	指导监督	3	90	2	60	2	60	2	60	2	60	2	60	2	60	2	60
	协调能力	4	100	3	25	2	50	2	50	3	75	3	75	2	50	2	50
	结果承担	3	75	3	75	3	75	2	50	3	50	2	25	2	50	2	50
努力程度	工作压力	3	75	2	50	2	50	2	50	3	75	2	50	2	50	2	50
	脑力付出	2	60	3	60	3	90	2	60	2	60	2	60	1	30	1	30
	工作量的大小	3	60	3	60	2	40	3	60	3	60	3	60	3	60	2	40
工作环境	工作时间	3	45	2	30	2	30	2	30	3	45	2	30	2	30	2	30
	工作地点	2	30	2	30	2	30	2	30	1	15	2	30	2	30	2	30
	环境舒适度	2	40	2	40	2	40	2	40	1	20	2	40	1	20	2	40
沟通因素	内部沟通	3	60	3	60	3	60	2	40	2	40	3	60	2	40	2	40
	外部沟通	2	40	2	40	1	20	1	20	3	60	1	20	2	40	1	20
	沟通频率	4	40	3	30	2	20	1	20	3	30	2	20	3	30	1	10
	沟通方式	3	45	2	30	2	30	2	30	3	45	2	30	2	30	1	15
	沟通效果	3	75	3	75	1	25	1	25	2	5	2	50	2	50	1	25

第三节　实训项目二　薪酬调查

一、实训要求

要求学生了解薪酬调查的含义、目的和作用，掌握薪酬信息的获取渠道、调查方法和调查程序等理论知识，做好实训前的知识储备。

要求学生运用所学知识，结合案例背景，通过查找资料、走访相关行业等工作，为背景公司制定薪酬调查的方案和撰写调查报告。

二、薪酬调查的相关知识

（一）薪酬信息的获取渠道

（1）无偿信息的获得：政府提供的企业平均工资和劳动力市场的职位价格；政府有关部门做的专项调查；社会其他部门和团体提供的劳动力市场职位价格。

（2）有偿信息的获得：通过咨询公司获得企业薪酬信息（会员制、购买）；公司自己做薪酬调查：互换、委托调查、非正式方式。

（二）薪酬水平的确定过程

（1）确定薪酬策略。

（2）界定相关市场。

（3）进行薪酬调查。

（4）处理调查结果。

（5）应用薪酬信息。

（三）薪酬调查方法

（1）基准职位比较法。又称为主要职位比较法，是通过对基准职位的比较确定薪酬的方法。企业把本组织中的职位与调查结果相比较进行薪酬调整。基准职位选取的标准是：①工作内容熟知，具有长期或相对的稳定性；②从事该工作的人员数量较多；③在公司被评价的工作中具有代表性；④被劳动力市场广泛地用来确定工资水平。

（2）薪酬调查表的设计。薪酬调查一般采用问卷调查法，由企业直接发放问卷，或者委托有关部门进行调查，后一种形式比较便利。调查问卷一般设计两套，一套用于综合性调查；一套用于典型调查。①综合性调查问卷的项目数量多，且比较复杂，除了包括企业特征和员工特征之外，主要包括：基本薪资、奖励薪酬、红利、加班费、养老金、员工股息、医药补助等各种福利和保险待遇等。②典型调查项目相对简单，主要包括基本薪资、实际收入、工作时间等项目。

注意收集企业的薪酬管理政策、方式和制度规定等一些针对性比较强，或者侧重定性的信息。

（四）薪酬调查的程序

（1）根据需要审查已有的薪酬调查数据，确定调查的必要性。

（2）确定需要进行调查的职位和层次。

（3）界定劳动力市场范围。

（4）确定需要进行调查的薪酬信息。

（5）设计薪酬调查问卷并确定实施方案。

（6）核查调研信息。

（7）统计分析调查数据。

（8）形成薪酬调查结果分析报告。

三、实训的实施流程

（1）做好实训前准备，根据提前准备的资料和相关理论梳理，结合背景案例的薪酬管理现状，为该公司制定一份薪酬调查方案和撰写薪酬调查报告。

（2）将学生分为 4~6 人的小组，以便于进行讨论。

（3）每组学生根据分析的结果，明确薪酬调查方案和报告的主要内容。

（4）调动学生积极发言，让每组学生进行充分的分析和讨论，并在小组内部形成统一的结论，由小组代表进行汇报。

（5）各小组根据讨论内容编写实训报告。

四、实训案例背景

本实训要求根据《WS 公司薪酬管理现状》的案例背景资料，根据本模块实训项目的要求，自行查找房地产行业的内外部环境资料，对公司目前薪酬管理的问题进行分析，撰写一份薪酬调查实施方案和调查报告。

实训任务：

（1）分析影响企业薪酬水平的主要因素，制定一份薪酬调查实施方案。

（2）撰写企业薪酬调查的分析报告。

五、实训报告

在实训结束后，每位同学必须撰写实训报告，实训报告要求文字简练、条理清晰、观点明确。实训报告的参考模板如下所示：

×××行业薪酬调查方案

一、薪酬调查的目的

二、薪酬调查的范围

1. 确定调查的岗位（内部调查）

2. 确定调查的行业及企业（外部调查）

（1）调查行业：×××行业。

（2）拟调查的企业。

三、确定调查的数据

1. 与员工基本工资相关的信息

2. 与支付年度和其他相关的奖金信息

3. 股票等激励计划

4. 与薪酬政策诸方面有关的信息

四、薪酬调查方法

1. 外部调查——薪酬调查网站、政府发布的相关信息

2. 内部调查——问卷调查法（三个企业共计300份）

五、薪酬调查的程序

1. 薪酬调查的准备

（1）调查问卷的设计。

（2）调查资料的准备。

（3）调查人员的配备。

2. 薪酬调查的实施

3. 调查结果的整理和分析

六、进度安排

七、经费预算

资料费	
通讯费	
车费	
数据分析	
打印费	
其他	
共计	

八、活动中应注意的问题和细节

1. 积极争取与相关调查对象的合作

2. 收集材料的准确性和实效性

3. 对数据的分析力求客观注

九、附件——薪酬调查问卷

薪酬调查问卷

说明：本问卷共有17个问题，问题都采用单项选择的形式，简单易答。为保证数据的准确性、真实性，请您配合我们的调查。我们将对您所填的一切信息保密！

第一部分　基本信息

（一）企业信息

1. 贵公司的员工数量：（　　　）

A. 20 名及以下　　　B. 21~99 名　　　C. 100~499 名　　　D. 500~999 名

E. 1000 名以上

2. 公司的营业额：（　　　）

A. 50 万元以下　　　　　　　　　　B. 50 万~300 万元

C. 300 万~1000 万元　　　　　　　D. 1000 万~3000 万元

E. 3000 万元以上

（二）员工信息

1. 您的性别：（　　　）

A. 男　　　　　　　　B. 女

2. 您的年龄：（　　　）

A. 18~25 岁　　　B. 26~35 岁　　　C. 36~45 岁　　　D. 45 岁以上

3. 您的工作年限：（　　　）

A. 1 年以下　　　B. 1~5 年　　　C. 6~10 年　　　D. 10 年以上

4. 您的学历程度：（　　　）

A. 中专或以下　　　B. 大专　　　C. 本科　　　D. 研究生及以上

5. 您所处公司职位：（　　　）

A. 中、高层管理者　　　　　　　　B. 基层管理者

C. 办公室科员　　　　　　　　　　D. 一线工人

第二部分　薪酬调查部分

6. 您平均每月的总收入是多少？（　　　）

A. 1000 元以下　　　　　　　　　　B. 1000~2000 元

C. 2000～3000 元   D. 3000～4000 元

E. 4000～5000 元   F. 5000 元以上

7. 您所在职位薪酬的构成是（可多选）：（　　　）

A. 岗位工资   B. 技能工资

C. 工龄工资   D. 绩效工资

E. 月度（季度）奖金   F. 年终奖

G. 职称补贴   H. 五险一金

I. 电话（交通）补贴   J. 学历补贴

K. 其他

8. 您的公司福利有哪些？（可多选）（　　　）

A. 社会保险   B. 住房补贴金   C. 交通补贴   D. 餐补

E. 手机费   F. 其他

9. 您的公司奖金有哪些类型？（　　　）

A. 月度奖金   B. 季度奖金   C. 年终奖   D. 其他_____

10. 您薪酬收入中奖金部分占总收入的比例为多少？（　　　）

A. 5%～10%   B. 11%～20%   C. 21%～30%   D. 30% 以上

11. 您薪酬收入中固定工资部分占总收入的比例为多少？（　　　）

A. 40%～50%   B. 51%～60%   C. 61%～70%   D. 71% 以上

12. 您的基本薪酬为多少？（　　　）

A. 800 元以下   B. 800～1500 元

C. 1500～2000 元   D. 2000～2500 元

E. 2500～3000 元   F. 3000 元以上

13. 你所在公司的基本薪酬发放的依据是什么？（　　　）

A. 基于职位   B. 基于能力

14. 你所在公司的薪酬调整频率为？（　　　）

A. 半年一次   B. 每年一次   C. 两年一次   D. 三年一次

E. 不定期

15. 您对自己的工资收入：（　　　）

A. 非常满意   B. 较满意   C. 不确定   D. 不满意

E. 非常不满意

16. 您认为自己薪酬水平与同行业其他公司相比：（　　　）

A. 远高于平均水平   B. 略高于平均水平

C. 与平均水平持平   D. 略低于平均水平

E. 远低于平均水平

第三部分　开放式问题

17. 你认为公司薪酬管理方面还有哪些需要改进?

_____

_____

18. 您是否还有需要表达的意见?

_____

_____

感谢您的配合!

××××有限公司××年度薪酬调研报告

一、调查方法简介

1. 数据来源信息

（1）数据来源行业与企业。

（2）薪资组成。

本薪酬调查报告主要包括以下项目	符号
年基本工资 = 月基本工资×12个月	
年固定津贴 = 月固定津贴×12个月	
年奖金收入 = 年中奖金 + 年末奖金（不含提成、佣金与业绩奖金）	
月总收入（M）= 月基本工资 + 月固定津贴	M
年总收入（N）= 年基本工资 + 年固定津贴 + 年奖金收入	N
※　本薪酬调查岗位薪资未包含福利项目（福利项目另有说明）	
福利项目包含且不限于以下项目	符号
培训计划	A
带薪休假	B
司龄/寒暑期补贴	C
……	

注: 因篇幅有限, 对各岗位职责不再做详细描述, 仅针对×××系统内部已设或即设岗位与行业内薪酬进行对比。

2. ××××系统岗位工资现状

（1）薪酬体系与模式简介。××××系统现行的薪酬模式分为两个层次:

第一层为管理人员工资: 总工资由"月工资"与"年终奖"组成, 月工资由基本工资与岗位津贴两个部分组成, 其中岗位津贴与基本工资基数、单位平台系数、员工个人系数、月度工作绩效系数四个因素相关; 年终奖则与月度实际发放工资标准及岗位职级相关。

第二层为作业人员工资: 总工资由"固定月工资"与"年底一个月工资奖

金"组成。根据工种（保洁、秩维或保安、维修工）不同，将固定月工资进行区间划分。

工种	一级	二级	三级	四级	五级	六级	七级	八级	九级	十级
保安岗	800	850	900	950	1000	1050	1100	1200	1300	1400
环境岗	600	650	700	750	800	850	900	950	1000	1050
维修岗	1100	1200	1300	1400	1500	1600	1700	1800	1900	2000

（2）现存问题。该薪酬模式运行半年时间以来，逐渐呈现出了一些情况：

1）薪酬的激励效果难以体现：其一，受到项目本身的整体经营状况的影响，物业板块的薪酬标准普遍较低，且整体涨幅都较低于集团内其他系统与公司；其二，营销与招商板块人员的业绩提成方案尚未明确，营销、招商人员的薪酬待遇未与实际业绩挂钩，不能体现多劳多得、业绩与财富的对等；极易造成员工"吃大锅饭""平均主义"的心理，不利于公司整体业绩的提升。

2）员工系数的确定缺乏客观依据：2010年3月进行薪酬套改过程中，都是在原系数工资薪酬标准上，根据给予上浮1.8%~22%的比例进行确定的；主观因素较大。

……

（3）各具体岗位月工资标准表。

1）××××公司总部职能部门工作人员工资标准。

岗位编号	岗位名称	基础数	月度工资（元/月）			年终奖	年度总收入（元/年）			其他福利
			高位数 1.2	中位数 1	低位数 0.8		高位数 1.2	中位数 1	低位数 0.8	
P1	总经理	3600	7920	7200	6480	12个月平均月工资	190080	172800	155520	
P2	副总经理	2900	6380	5800	5220	9个月平均月工资	133980	121800	109620	
P3	部门经理	2400	5280	4800	4320	6个月平均工资	95040	86400	77760	周末实行单双休；享受交通补助、餐补
P4	会计	1800	3960	3600	3240	3个月平均工资	59400	54000	48600	
P5	出纳	1300	2860	2600	2340	2个月平均工资	40040	36400	32760	
P6	文员	900–1100	2420	1980	1620	1个月平均工资	31460	25740	21060	

2）××××系统项目单位人员工资情况。

岗位编号	岗位名称	月工资标准 单位：元/年				其他
		平均数	高位数	中位数	低位数	
P14	单位总经理或主管工作的负责人	5600	7488	5616	3840	单双休，平均每月休7天，现金福利月均100元，年底12个月工资作为年终奖
P15	项目单位会计	3000	4992	3060	1924	
P16	项目单位出纳/文员	2000	2704	2024	1332	
P17	招商经理或主管人员	3000	4704	3060	2028	
P18	招商员	1800	2156	1870	1404	
P19	营销经理或主管人员	3000	4704	3060	2028	
P20	营销员/置业顾问	2000	2500+提成	1800+提成	1200+提成	
P21	行政人事人员	2400	3744	2392	1404	
P22	客服中心主任/副主任	2800	3744	2808	2210	
P23	客服主管	2200	2548	2028	1716	月休4天；现金福利平均50元/月；年底双薪作为年终奖
P24	客服员	2000	2860.8	1870	1404	
P25	维修主管	2000	2548	2028	1870	
P26	维修员	1800	2156	1716	1530	
P27	保安主管/队长	2000	3240	2210	1716	
P28	保安班长	1300	1800	1400	1000	
P29	保安员（含监控、车岗、门岗）	850	1400	1000	750	
P30	保洁班长	900	1200	900	750	
P31	保洁员	700	900	750	600	
P32	绿化员	1000	1200	1000	800	
P33	后勤人员/炊事员	850	1100	900	700	

3. 外调数据信息

长株潭地区各岗位工资调查情况。

（1）本地区物业板块薪资情况。

（2）本地区专业板块薪资情况。

（3）地县市各岗位工资调查情况。

4. 数据分析

体现本单位与行业平均工资之间的差距，为下年度薪酬调整提供数据基础（范例）。

1）2010年度秩维安保人员工资线（本）。

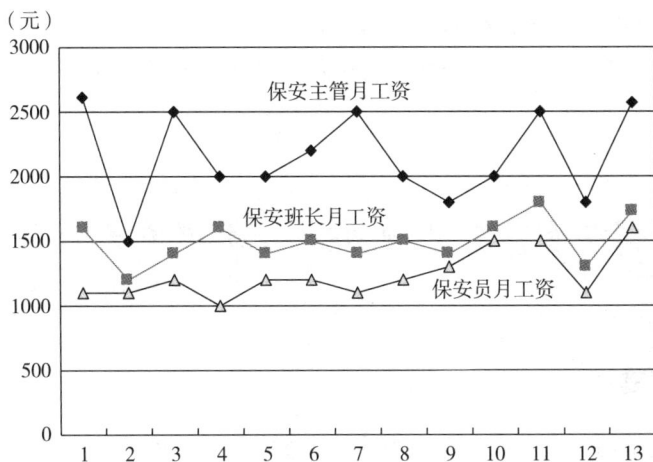

图 7 - 1　秩维（安保）人员月工资对比曲线

从表中可以看出，

①×××系统内本地区保安员工资为 1000 元/月，处于本地区保安人员黄线的中低水平，在 2011 年度可以适当调整工资，至行业中上水平。

②×××系统内保安班长工资为 1000 ~ 1800 元/月，处于本地区的中等水平，在 2011 年度可对班长人员适当调整工资，至行业中上水平。

2）2010 年保洁员工资线（本）。

5. ×××年度薪酬调整建议

（1）"四化"。

①明确化。制订、改良平台系数与个人系数确定方案，或明确单位平台系数设定标准。②合理化。从行业薪资水平出发，适当调整一线作业人员工资标准；从项目单位整体经营情况设定管理层员工薪酬标准。③多样化。针对不同岗位实行多样化的津贴补贴。④体系化。补充完善硬件制度与软件福利，建立完善的薪酬管理体系。

（2）具体措施。

（3）（拟）调整标准。

根据表 5 - 1《××地区房产—物业—咨询管理企业工资分位值》所列薪资分位情况，依据×××薪酬调整整体方案，2011 年建议对我公司各岗位基本薪酬进行以下调整。

1）管理层人员：××地区：建议调整至 75 ~ 90 分；并在 2010 年度行业岗位平均工资上浮 10% ~ 15% 的基础上进行对比参照。

其他地区项目：建议调整至所在地工资样本的 90 ~ 100 分。

2）作业层人员：为了提高一线人员的岗位竞争力，建议一线人员的薪资标准调整至行业薪资 90 分位，同时，辅以岗位津贴、培训教官津贴、专员转岗津贴等。

第四节　实训项目三　薪酬体系设计

一、实训要求

要求学生掌握三大薪酬体系的概念，掌握设计薪酬体系的基本流程、关键决策和主要内容等理论知识，做好实训前的知识储备。

要求学生运用所学知识，结合案例背景，通过查找资料、走访相关行业等工作，尝试为背景公司进行薪酬体系设计。

二、薪酬评价体系设计的相关知识

（一）职位薪酬体系

首先对职位本身的价值作出客观的评价，然后根据这种评价的结果赋予承担这一职位的人与该职位的价值相当的薪酬这样一种基本薪酬决定制度。

（二）职位薪资体系设计的基本流程

基本流程包括：①组织结构分析；②职位分析；③职位描述；④职位评价；⑤职位/薪酬等级。

（三）技能薪酬体系

该体系是指组织根据一个人所掌握的与工作有关的技能、能力以及知识的深度和广度支付基本薪酬的一种报酬制度。这种薪资制度通常适用于所从事的工作比较具体而且能够被界定出来的操作人员、技术人员以及办公室工作人员。技能薪资计划通常可划分为深度技能薪资计划和广度技能薪资计划两种。

（1）设计技能薪资体系的几个关键决策。①技能的范围；②技能的广度和深度—员工向上一级或同级技能的扩展应得到报酬，如是低一级技能的强化不赢得报酬；③单一职位族/跨职位族；④培训体系与资格认证问题；⑤学习的自主性；⑥管理方面的问题。

（2）技能薪酬操作要点。①培训体系与资格认证；②技能的范围；③技能的广度和深度；④学习的自主性；⑤单一职位族/跨职位族；⑥管理方面的问题。

（3）技能薪资体系的设计流程。①成立设计小组。企业高层管理人员、技术专家、有代表性的员工 5 人以上。②工作任务分析。工作任务的描述、工作任务的评价。③技能等级确定与定价。学徒、熟练工人。④技能培训与认证。技能分析、培训计划、技能等级认证与再认证。⑤制定技能薪酬方案。

（四）能力薪资体系

（1）能力模型与薪资建立的基本流程。能力界定、能力认证、能力与薪酬挂钩。

（2）能力与能力薪资挂钩的几种方案。职位评价法、直接能力分类法、传统职位能力定薪法、行为目标达成加薪法、能力水平变化加薪法。

（五）薪酬水平

（1）薪酬领袖政策又称为领先型薪酬政策。采用这种政策的企业通常具有这样的特征：规模较大、投资回报率较高、薪酬成本在企业经营总成本中所占的比例较低、在产品市场上的竞争者少。

（2）薪酬的追随政策力图确保本企业的薪资成本大体上与产品市场上的竞争对手相等；确保本企业在吸引和雇佣劳动者方面的能力大体上与劳动力市场上的竞争对手相同；避免使组织在产品定价或者在维持高质量劳动力队伍方面处于不利地位；不能为雇主在劳动力市场上提供竞争优势。

（3）薪酬的拖后政策制定。跟踪竞争性薪资率水平的拖后政策会阻碍企业吸引潜在员工的能力；如果这种做法是以提高未来收益作为补偿的，那么反而有助于提高员工对企业的组织承诺度，培养他们的团队意识，进而改善绩效。

（4）薪酬的混合政策指企业在确定薪酬水平时，是根据职位或员工的类型或者是总薪酬的不同组成部分来分别制定不同的薪酬水平决策，而不是对所有的职位和员工均采用相同的薪酬水平定位。

（六）薪酬结构

（1）薪酬结构的设计。①通过被评价职位的点值状况，根据职位评价点数对职位进行排序。②按照职位点数对职位进行初步分组。③根据职位的评价点数确定职位等级的数量及其点数变动范围。④将职位等级划分、职位评价点数与市场薪酬调查数据结合起来。⑤考察薪酬区间中值与市场水平的比较比率，对问题职位的区间中值进行调整。⑥根据确定的各职位等级或薪酬等级的区间中值建立薪资结构。

（2）薪酬宽带。传统上那种带有大量等级层次的垂直型薪资等级制度与扁平、灵活、团队导向的文化是不相符的。因此，一些组织开始采取一种被称为"薪酬带"（Banding）或"薪酬宽带"的新战略，在这种薪资系统中，大量的薪资等级被少数相对范围较宽的薪资宽带所取代。

三、实训的实施流程

（1）做好实训前准备，根据提前准备的资料和相关理论梳理，结合背景案例的薪酬管理现状，进行薪酬体系设计。

（2）将学生分为 4~6 人的小组，以便于进行讨论。

（3）每组学生根据分析的结果，确定进行薪酬体系设计时需要考虑的因素。

（4）调动学生积极发言，让每组学生进行充分的分析和讨论，并在小组内部形成统一的结论，由小组代表进行汇报。

（5）各小组根据讨论内容编写实训报告。

四、实训案例背景

本实训要求根据《WS 公司薪酬管理现状》的案例背景资料，根据本模块实训项目的要求，自行查找房地产行业的内外部环境资料，对公司目前薪酬管理的问题进行分析，撰写一份薪酬体系设计方案。

实训任务：

（1）通过查询与案例同行业的现状，分析该公司在涉及薪酬体系时需要考虑到哪些因素？

（2）为该公司撰写一份薪酬体系设计方案。

五、实训报告

在实训结束后，每位同学必须撰写实训报告，实训报告要求文字简练、条理清晰、观点明确。实训报告的参考模板如下所示：

×××薪酬体系设计方案

一、总则

二、适用范围

三、构建目的

四、构建原则

五、构建依据

六、薪酬体系（范例）

1. 本薪酬体系共分为四大职系：即管理职系、销售职系、技术职系和工勤职系。

（1）管理职系：具有企业管理职能；涵盖高层、中层、基层管理人员。

（2）销售职系：具有业务销售职能；涵盖营销管理部非管理人员。

（3）技术职系：具有专业技术职能；涵盖技术统括部、设施研发部和农技管理部非管理人员。

（4）工勤职系：具有后勤保障职能；涵盖综合管理部、财务管理部和设施研发部非管理人员。

2. 本薪酬体系分别采取两种不同类别：与公司年度经济效益相关的年薪制；与个人月度工作业绩相关的月薪制。

（1）实行年薪制的员工，其工作特征是以年度为周期对公司经济效益进行考核并发放相应的薪酬；年薪制适用于基层（含）以上管理人员。

（2）实行月薪制的员工，其工作特征是以月度为周期对个人工作业绩进行考核并发放相应的薪酬；月薪制适用于基层（不含）以下非管理人员。

（3）特聘人才的薪酬详见薪酬特区的有关规定。

3. 本薪酬体系中，因职系划分和职系等级不同，职系范围也各不相同。

职系等级一览表

职系划分	职系等级	职系范围
管理职系	董事长	
	总经理	
	高层	董秘、副总、财务总监
	中层	部长
	基层	主管、部长助理
销售职系	二级员工	资深营销经理
	三级员工	营销经理、客服经理
技术职系	一级员工	设施技术总工、种植技术总工
	二级员工	电气工程师、机械工程师、设计工程师
	三级员工	电气技术员、机械技术员、设计技术员、种植技术员
工勤职系	二级员工	会计、采购、人力资源师
	三级员工	助理、文秘、翻译、出纳、司机
	四级员工	厨工、保安、清洁工

七、薪酬结构（范例）

本薪酬结构共由两个部分组成：工资＋福利。

1. 工资组成部分：工资＝固定工资＋浮动工资＋附加工资

（1）固定工资：基本工资＋岗位工资。

（2）浮动工资：绩效奖金。

（3）附加工资：工龄工资＋学历津贴＋职称津贴＋全勤奖＋通讯补贴＋交通补贴＋餐费补贴。

2. 福利组成部分：福利＝一般福利＋社保福利＋劳保福利

（1）一般福利：节日慰问和年度旅游。

（2）社保福利：养老保险、医疗保险、失业保险、工伤保险和生育保险。

（3）劳保福利：防护用品。

3. 本薪酬结构根据员工职系职等不同，薪酬中固定工资部分和浮动工资部分比例组成也各不相同。

薪酬构成与发放比例　　　　　　　　　　　　　　　单位:%

职系职等	工资比例	固定工资部分	浮动工资部分	
		月度发放	季度发放	年度发放
管理职系	董事长	70		30
	总经理	70		30
	高层	70		30
	中层	70		30
	基层	70		30
销售职系	二级员工	80	20	
	三级员工	85	15	
技术职系	一级员工	75	25	
	二级员工	80	20	
	三级员工	85	15	
工勤职系	二级员工	80	20	
	三级员工	85	15	
	四级员工	90	10	

4. 薪酬中固定工资、浮动工资和附加工资结构

职等职级与薪酬结构　　　　　　　　　　　　　　　单位：元

岗位	职等	职级	调薪幅度	固定工资		浮动工资	合计工资	薪酬范围
				基本工资	岗位工资	绩效奖金		
董事长	M5	37级	0	1860	16690	7950	26500	26500
总经理	M4	36级	0	1860	13190	6450	21500	21500

续表

岗位	职等	职级	调薪幅度	固定工资		浮动工资	合计工资	薪酬范围
				基本工资	岗位工资	绩效奖金		
高层	M3	35 级	1000	1860	12490	6150	20500	16500 ~ 20500
		34 级		1860	11790	5850	19500	
		33 级		1860	11090	5550	18500	
		32 级		1860	10390	5250	17500	
		31 级		1860	9690	4950	16500	
中层	M2	30 级	1000	1860	8990	4650	15500	11500 ~ 15500
		29 级		1860	8290	4350	14500	
		28 级		1860	7590	4050	13500	
		27 级		1860	6890	3750	12500	
		26 级		1860	6190	3450	11500	
基层	M1	25 级	1000	1860	5490	3150	10500	6500 ~ 10500
		24 级		1860	4790	2850	9500	
		23 级		1860	4090	2550	8500	
		22 级		1860	3390	2250	7500	
		21 级		1860	2690	1950	6500	
		4 级		1860	1110	330	3300	
		3 级		1860	1020	320	3200	
		2 级		1860	930	310	3100	
		1 级		1860	840	300	3000	
	……							

注：本表适用于公司所有在职员工，公司特聘人员除外。

工龄工资

工龄	1~2 年	2~4 年	4~6 年	6~8 年	8~10 年	10 年以上
工资标准	10 元/月	30 元/月	50 元/月	70 元/月	90 元/月	110 元/月

注：工龄工资仅限于工作满一年以上的在职员工。

学历津贴

学历	大专	本科	硕士	博士
津贴标准	50 元/月	100 元/月	200 元/月	400 元/月

注：学历津贴仅限于具有全日制学历的在职员工。

职称津贴

职称	初级	中级	高级
津贴标准	100 元/月	200 元/月	300 元/月

注：职称津贴仅限于具有国家主管部门认定职称的在职员工。

全勤奖

奖励对象	非管理人员	管理人员
奖励标准	100 元/月	200 元/月

注：全勤奖仅限于月请假 1 天以下的在职员工，请假半天（含）以下，按全勤奖的 50% 扣除，请假半天以上 1 天（含）以下，按全勤奖的 100% 扣除，迟到早退 3 次以上，按全勤奖的 100% 扣除。

通信补贴

补贴对象	三级员工	二级员工	一级员工	基层	中层	高层
补贴标准	30 元/月	40 元/月	50 元/月	100 元/月	200 元/月	300 元/月

注：通信补贴仅限于三级（含）以上的在职员工。

交通补贴

补贴对象	非管理人员	管理人员
补贴标准	100 元/月	200 元/月

注：交通补贴仅限于三级（含）以上未享受班车接送待遇的在职员工。

餐费补贴

餐次	中餐	晚餐
补贴标准	66 元/月	66 元/月

注：中餐补贴仅限于在职员工，晚餐补贴仅限于在职住宿员工。

八、薪酬调整

九、薪酬特区

1. 设立薪酬特区的目的

2. 设立薪酬特区的原则

3. 薪酬特区人才的选拔

4. 薪酬特区人才的淘汰

5. 特聘人才名额不得超过公司员工总数的 5%

十、其他奖励

其他奖励的目的在于对员工的优秀表现予以肯定，以激励员工自动自发地关心公司的发展，维护公司的形象。

1. 年终奖

（1）固定年终奖发放标准。

（2）浮动年终奖发放标准。

2. 总裁奖

……

十一、其他

1. 试用期工资发放标准

2. 加班工资发放标准

3. 年休假、探亲假、婚丧假、产假、工伤假、病假、事假工资发放标准

4. 对于待岗员工，公司按照萧山区最低工资标准发放

5. 因综合管理部误算或因财务管理部错付的超额工资，公司应予以追索，员工应予以退还

6. 工资计算周期从每月的 1 日起至每月最后一天止，并于次月 10 日发放工资，工资发放当日若适逢休息日或节假日，则顺延至休息日或节假日后第一个工作日发放

7. 下列规定的扣除额，须从工资中直接扣除

（1）个人工资所得税。

（2）缺勤扣除额。

（3）预支工资。

……

十二、附则

1. 本方案如与公司其他相关规定有抵触的，以本方案为准

2. 本方案自总经理审核、董事长批准之日起生效执行

3. 本方案由综合管理部拟订、检讨、修订，并负责解释

编制人：　　　　编制日期：

审核人：　　　　审核日期：

批准人：　　　　批准日期：

第五节　实训项目四　编制薪酬管理制度

一、实训要求

要求学生了解薪酬管理制度设计的基本要求、衡量薪酬管理制度的三项指

标，掌握制定薪酬管理制度的基本依据和构成内容等理论知识，做好实训前的知识储备。

要求学生运用所学知识，结合案例背景，通过查找资料、走访相关行业等工作，尝试为背景公司编制薪酬管理制度。

二、薪酬管理制度的相关知识

（一）薪酬管理制度设计的基本要求

（1）体现保障、激励、调节三大职能。

（2）体现劳动的潜行、流动和凝固三种形态。

（3）体现岗位技能、责任、强度和条件的差别。

（4）建立劳动力市场的决定机制。

（5）合理确定薪酬水平、处理好工资关系。

（6）有效控制人工成本。

（7）构建相应的用工、绩效考核、技能开发、晋升调配支持系统。

（二）制定薪酬管理制度的基本依据

（1）薪酬调查。

（2）岗位分析预评价。

（3）了解劳动力需求关系。

（4）了解竞争对手的人工成本。

（5）了解企业战略。

（6）了解企业的价值观。

（7）了解企业财力状况。

（8）了解生产经营特点和员工特点。

（三）薪酬管理制度的构成内容

（1）总则，主要对企业设立本制度的目的、原则、适用范围进行说明。

（2）薪酬构成，主要规定本企业不同类别员工的薪酬构成的具体内容，并进行详细说明。

（3）薪酬日常管理。主要对薪酬的核算、发放、调整和内容进行规定和说明。

（4）员工福利构成和提倡管理。主要员工福利的具体内容和提供进行规定和说明。

（5）附则，对未竟事宜进行说明。

三、实训的实施流程

（1）做好实训前准备，根据提前准备的资料和相关理论梳理，结合背景案例的薪酬管理现状，为该公司编制薪酬管理制度。

（2）将学生分为4~6人的小组，以便于进行讨论。

（3）每组学生根据分析的结果，确定该公司薪酬管理制度的主要内容。

（4）调动学生积极发言，让每组学生进行充分的分析和讨论，并在小组内部形成统一的结论，由小组代表进行汇报。

（5）各小组根据讨论内容编写实训报告。

四、实训案例背景

本实训要求根据《WS公司薪酬管理现状》的案例背景资料，根据本模块实训项目的要求，自行查找房地产行业的内外部环境资料，对公司目前薪酬管理的问题进行分析，编制一份薪酬管理制度。

实训任务：

通过查询与案例同行业的现状，为该公司编制一份薪酬管理制度。

五、实训报告

在实训结束后，每位同学必须撰写实训报告，实训报告要求文字简练、条理清晰、观点明确。实训报告的参考模板如下所示：

公司薪酬管理制度

一、目的

二、制定原则

三、薪酬体制

1. 年薪制

2. 月薪制

3. 时薪制

四、薪酬评价体系

五、薪资结构

1. 基本工资

2. 考核工资（绩效）（范例）

（1）各岗位员工，根据日常工作业绩、工作态度、综合素质等综合因素进行KPI考核，由相关考评人得出考评分数乘以绩效额度，计算出每月最终考核工资。

（2）考核工资等级标准由人事部起草，总经理审批。

考核工资（绩效）等级标准

职级晋档	1 档	2 档	3 档	4 档	5 档	6 档
高层管理人员	1500	1800	2000	2500	3000	
中层管理人员	600	800	1000	1200	1500	
专业技术人员	400	500	600			
普通员工	300	400	500			

管理层绩效标准

	类别	考核方式	考核额度	原工资	新增额	月考核所得
管理层	组长	采取关键绩效考核/360 度考核/平衡计分卡	600	300	300	考核分数×考核额度
	主管		1000	500	500	
	经理		1500	750	750	
	总监		2500	1250	1250	

3. 补贴

4. 计件工资（提成）

5. 加班工资

6. 季度奖金（范例）：根据员工本季度工作表现，季度采取360度综合能力素质考评奖励

（1）组长以上管理岗位（2016 年）暂不享受季度奖。

（2）入职不满一季度（3 个月）员工不享受季度奖。

（3）季度奖只针对非销售类员工，销售类员工以每季度确定的提成比例为准。

（4）季度奖金额度根据入职年限（和职务高低）进行划分。

360 度奖金发放规则

	360 度打分		季度奖		年终奖	
	员工类别	打分对象（A）	额度（B）	季度奖金（X）	系数（C）	年度奖金（Y）
普通员工	半年以上员工	自评×1×20%	500	X = A×B	实际月数	月平均工资×A×C
	一年以上员工	同事×1×20%	600	X = A×B	1	月平均工资×A×C
	两年以上员工	上级×1×40%	800	X = A×B	1.2	月平均工资×A×C
	三年以上员工	人事×1×20%	1000	X = A×B	1.5	月平均工资×A×C

续表

360 度打分			季度奖		年终奖	
	员工类别	打分对象（A）	额度（B）	季度奖金（X）	系数（C）	年度奖金（Y）
管理层	组长	自评 ×1×20%			0.2	月平均工资 ×A×C
	主管	下级 ×1×20%			0.5	月平均工资 ×A×C
	经理	上级 ×1×40%			1	月平均工资 ×A×C
	总监	人事 ×1×20%			1.5	月平均工资 ×A×C

注：（1）年限以考评当月底的时限为准。

（2）销售类员工指工资与提成挂钩的相关岗位，如售前客服、运营、B2B、B2C、销售、磁性材料等。

（3）非销售类员工指服务性相关岗位，如售后、审单、采购、产品开发、美工、文案、财务、人事等。

7. 年终奖金

六、调岗调薪

职级/薪级晋升（元）

岗位职级	级别	薪级							级别	技术职级
		薪级	1 档	2 档	3 档	4 档	5 档	6 档		
兼职									P1	初级操作员
实习生		2000～2500	2000	2100	2200	2300	2400	2500	P2	
普工		2200～2800	2200	2300	2400	2500	2600	2800	P3	操作员
助理		2200～2800	2200	2300	2400	2500	2600	2800	P4	
专员		3000～4000	3000	3300	3500	3600	3800	4000	P5	
组长	M1	3500～4500	3500	3700	3900	4100	4300	4500	P6	初级工程师
主管	M2	4000～6000	4000	4500	4800	5000	5500	6000	P7	
经理	M3	6000～7000	6000	6200	6400	6600	6800	7000	P8	中级工程师
总监	M4	7000～9000	7000	7500	7800	8000	8500	9000	P9	
副总	M5	8000～10000	8000	8500	8800	9000	9500	10000	P10	高级工程师
合伙人	M6	10000～20000	10000	12000	14000	16000	18000	20000	P11	
总经理	M7	20000～30000	20000	22000	24000	26000	28000	30000	P12	高级研究员
董事长	M8	30000～60000	30000	35000	40000	45000	50000	60000	P13	

1. 薪职调整的条件

2. 薪职调整的类型

3. 薪职调整的时间

4. 薪职异动核定权限

七、薪酬标准

八、薪酬支付

九、薪酬保密

十、附则

第六节　实训项目五　编制员工福利制度

一、实训要求

要求学生了解员工福利的基本形式、掌握几种福利的设计方式等理论知识，做好实训前的知识储备。

要求学生运用所学知识，结合案例背景，通过查找资料、走访相关行业等工作，尝试为背景公司编制员工福利制度。

二、员工福利制度设计的相关知识

福利是一种吸引员工、激励员工、保持企业竞争优势的重要方式。从管理角度看，福利有助于企业相关战略目标的实现。

（一）福利选择的影响因素

（1）雇主因素。与总薪酬成本的关系；成本与收益；竞争对手提供的福利；福利在吸引、保留、激励员工方面的作用；法律规定。

（2）员工因素。公平性；员工个人需求（人口统计特征；员工福利问卷；弹性福利计划）。

（二）福利管理

（1）福利调查：内部调查；外部调查。

（2）福利规划：确定福利项目；确定各种福利项目的福利范围；确定各项福利的支付水平和总的成本预算。

（3）福利实施：按照已制定的福利规划，向员工提供具体的福利。

（4）福利控制：与员工进行沟通，改进福利管理质量。

（三）福利沟通与成本控制

（1）福利沟通。传统的福利沟通方式——员工福利手册：对全部福利的描述，包括对福利水平和资格要求的规定。新技术的应用——局域网和互联网。福利沟通的最新发展——呼叫中心：计算机与电话集成（CTI）技术的应用系统，提高服务水平并维持与员工密切沟通。

（2）成本控制。①等待期，将新员工排除在福利保障之外。②福利限制，如限定固定赔付金额。③联合付费，员工向保险项目支付一定费用。④管理成本控制，竞争性投标降低福利采购成本。⑤外包运动，把福利问题交给福利专家。

三、实训的实施流程

（1）做好实训前准备，根据提前准备的资料和相关理论梳理，结合背景案例的薪酬管理现状，为该公司编制员工福利制度。

（2）将学生分为 4~6 人的小组，以便于进行讨论。

（3）每组学生根据分析的结果，确定该公司员工福利制度的主要内容。

（4）调动学生积极发言，让每组学生进行充分的分析和讨论，并在小组内部形成统一的结论，由小组代表进行汇报。

（5）各小组根据讨论内容编写实训报告。

四、实训案例背景

本实训要求根据《WS 公司薪酬管理现状》的案例背景资料，根据本模块实训项目的要求，自行查找房地产行业的内外部环境资料，对公司目前薪酬管理的问题进行分析，编制一份员工福利制度。

实训任务：

通过查询与案例同行业的现状，为该公司编制一份员工福利制度。

五、实训报告

在实训结束后，每位同学必须撰写实训报告，实训报告要求文字简练、条理清晰、观点明确。实训报告的参考模板如下所示：

员工福利制度

总则

第一条　福利待遇是公司在岗位工资和奖金等劳动报酬之外给予员工的报酬，是公司薪酬体系的重要组成部分。建立一个良好的福利待遇体制能够增加员工对企业的依恋情感，从而增加企业的凝聚力。

第二条　本制度所列福利待遇均根据国家规定及企业自身情况而定。

第一章　福利待遇的种类

第三条　公司提供的福利待遇包括按国家规定执行的福利待遇，以及根据企业自身条件设置的福利待遇。

第四条　按照国家政策和规定，参加统筹保险的有：

（一）养老保险、工伤保险；

（二）基本医疗保险、生育保险；

（三）失业保险。

第五条　随着社会发展的趋势，留住员工，为员工办理住房公积金。

第六条　企业设置的其他福利待遇包括：

（一）补贴福利；

（二）休假福利；

（三）培训福利；

（四）设施福利。

第二章　福利待遇的标准

第七条　养老保险。

第八条　失业保险。

第九条　工伤保险。

第十条　基本医疗保险。

第十一条　生育保险。

第十二条　意外险。

第十三条　公司提供的补贴福利。

第十四条　休假福利。

第十五条　教育培训福利。

第十六条　设施福利。

第三章　福利待遇的给付。

第十七条　统筹保险、基金由财务部统一缴纳，个人应缴纳部分在工资中扣除。

第十八条　现金支付的福利待遇随当月工资核发。

第十九条　享受假期福利的员工，其工资待遇按公司《考勤和劳动纪律管理制度》的规定执行。

第四章　附　则

第二十条　本制度由企管部制定并负责解释。

第二十一条　本制度报公司总经理批准后施行，修改时亦同。

本制度自颁布之日起施行。

第八章　员工关系管理

第一节　理论知识回顾

一、员工关系管理概述

（一）员工关系管理内涵

为保证企业及利益相关者的目标实现，对企业中涉及组织与员工、管理者与被管理者，以及员工之间的各种工作关系、利益冲突和社会关系进行协调和管理的制度、体系及行为。

（二）员工关系管理的工作内容

（1）劳动合同相关管理。

（2）离职和裁员管理及关系协调。

（3）纪律、惩戒及员工不良和不健康行为管理。

（4）员工参与和沟通管理。

（5）员工抱怨、申诉和劳动争议处理。

（6）员工保护与员工援助。

（7）员工满意度调查与分析。

（8）非正式员工关系管理。

（9）新生代及多样化员工关系管理。

二、员工关系管理的环境

（一）员工关系管理的外部环境

（1）政治与政策环境。

政府的作用主要体现在：①改变雇佣关系的运行规则；②通过政策调节企业员工关系管理的一般环境；③通过立法规范雇主和雇员的行为等。

（2）法律和制度环境。①劳动就业和劳动合同的相关立法：劳动合同法；集体协商、集体合同等相关法律法规；劳动标准和劳动保护制度。②劳动保险制度的相关立法：养老保险、失业保险、医疗保险、工伤保险、生育保险。

（3）宏观经济环境。①经济全球化：促成了国际竞争的激烈；改变了资方、政府和工会的三方权力制衡机制；带来人才在国际范围的流动。②劳动力市场：劳动力规模和供求结构变化；失业率变动；非正规就业加大了市场歧视；劳动力队伍多样化加大了管理复杂性。③产业结构的变化：服务业的发展、互联网模式改变了传统的以制造业为典型的员工关系管理模式。

（4）技术变化。①对工作方式的影响；②对员工工作角色和知识技能的影响；③导致组织柔性和团队管理方式的变革；④互联网改变了管理职能和方式；⑤加剧员工之间的竞争和心理压力；⑥促进人力资源管理模式和管理工具的变化。

（5）社会文化环境。①社会文化差异；②教育水平差异；③工作价值观变化。

（6）工会及其作用。①扩充和制衡职能；②维护职能；③教育职能；④监督职能；⑤协调职能。

（二）员工关系管理的内部环境

（1）组织结构。①官僚组织结构：员工话语权弱、参与率低，需要工会具有完备的职能和权力代表性。②扁平化结构的组织：员工的民主权利相对较大，工会的作用有所弱化。③工作团队式的组织结构：所有工作和问题都可在团队内部解决；团队领导被赋予更多的职责和权力；团队成员有较充分的发言权和参与机会。

（2）工作环境。①工作场所硬件：互通开放型办公布局，有利于交流，易引发矛盾和争议；封闭办公布局，不利于沟通和参与，但便于管理。②工作场所的软件：人员结构、规章制度、非正式组织。

（3）企业生产经营战略。差异化战略下，需要提倡员工的参与、自我管理和分享意识，并加大对员工的激励力度，给予更多的赋权等。

（4）管理者和管理方式。①传统主义者管理风格；②复杂专职主义者的管理风格；③复杂的现代人管理风格；④标准的现代人管理风格。

（5）企业文化。①表层文化是指一些可视的客观形式和现象。②中层文化与企业的正式组织和管理制度相辅相成，是对正式制度的补充、强化和贯彻。③深层或隐性文化则表现在企业成员的共有价值观和行为规范之中。员工关系管理更多地体现在深层文化中。

三、劳动合同管理

（一）劳动合同概述

（1）劳动合同的概念和特征。劳动合同是劳动者和用人单位之间确立、变更和终止劳动权利和义务的协议，是用人单位招用劳动者为本单位成员，劳动者在用人单位管理、指挥、监督下提供有偿劳动的协议。

（2）劳动合同的种类：有固定期限劳动合同、无固定期限劳动合同、以完成一定工作为期限的劳动合同。

（3）非全日制用工劳动合同。国际劳工组织认为，非全日制就业是指正常工作时间少于可比性全日制正常工作时数的就业。在我国，非全日制用工是指以小时计酬、劳动者在同一用人单位平均每日工作时间不超过 5 小时，累计每周工作时间不超过 30 小时的用工形式。非全日制劳动合同的内容和形式可以比全日制劳动合同简化和灵活。非全日制劳动合同的解除或终止条件以及手续，也比全日制劳动合同更加简便。

（二）劳动合同的订立和履行

（1）劳动合同订立的原则：平等自愿，协商一致、依法订立。

（2）劳动合同订立的程序：提议、协商、签约。

（3）劳动合同的形式：一般有书面和口头两种方式。

（4）劳动合同的履行。

1）劳动合同履行的条件：①履行主体明确；②履行标的明确；③履行期限明确；④履行地点明确。

2）劳动合同履行的原则：①全面履行原则；②实际履行原则。

（5）无效劳动合同：是指劳动者与用人单位订立的违反劳动法律、法规，不具有法律效力的劳动合同。无效劳动合同主要有：①一方或双方当事人主体不合格；②内容不合法；③严重违反一方当事人真实意思的合同。

劳动合同被确认无效后，应及时处理。①确认劳动合同是全部无效，还是部分无效。②分清造成无效劳动合同的责任。

（三）劳动合同的内容

（1）劳动合同的内容：是指劳动关系双方的权利和义务，由于权利义务是相互对应的，一方的权利即为对方的义务，因此劳动合同往往从义务方面表述双方的权利义务关系。

劳动者的主要义务：①劳动给付的义务；②忠诚的义务；③附随的义务。

用人单位的主要义务：①劳动报酬给付出义务；②照料的义务；③提供劳动条件的义务。

（2）劳动合同的条款。劳动合同的内容是通过具体条款体现的。合同的条款，分为法定条款和约定条款，约定条款只要不违反法律和行政法规，具有与法定条款同样的约束力。

法定条款：①劳动合同期限；②工作内容；③劳动保护和劳动条件；④劳动

报酬；⑤劳动纪律；⑥社会保险；⑦劳动合同终止的条件；⑧违反劳动合同的责任。

约定条款：①试用期；②培训；③保守商业秘密；④竞业限制条款；⑤补充保险和福利待遇；⑥其他事项。

（四）劳动合同的变更

（1）劳动合同变更。是指劳动合同在履行过程中，经双方协商一致，对合同条款进行的修改、补充或废止，具体包括工作内容、工作地点、工资福利的变更等。劳动合同的变更，其实质是双方的权利义务发生改变。

合同变更的条件：①须有正当理由；②须双方协商一致。

合同变更的程序：①提出要求。书面向对方提出变更合同的要求和理由。②做出答复。在规定的期限内给予答复，同意、不同意或提议再协商。③签订协议。在变更协议上签字盖章即生效。

（2）劳动合同解除：是指劳动合同在期限届满之前，双方或单方提前终止劳动合同效力，解除双方劳动权利义务关系的法律行为。它既可以是一方当事人单方面的合法行为，也可以是双方当事人的合法行为。

1）双方协商解除合同。《劳动法》第24条规定："经劳动合同当事人协商一致，劳动合同可以解除。"劳动合同被称为合意上的法律，它既可以通过合意来订立、变更，也可以通过合意而提前终止。

2）用人单位单方解除合同：①过失性解除；②非过失性解除；③经济性裁员；④用人单位不得解除合同。

3）劳动者单方解除合同：①提前通知解除；②随时解除。

4）解除合同的程序：①提前书面通知；②征求工会意见；③经济补偿；④提供书画证明。

（五）劳动合同的终止和续订

（1）劳动合同的终止：是指劳动合同期限届满或双方当事人约定的终止条件出现，以及劳动合同一方当事人消失时，合同规定的权利义务即行消灭的制度。

1）条件：①劳动合同期限届满或者当事人约定的劳动合同终止条件出现。②劳动合同主体一方消失或者劳动者丧失劳动能力，无法继续履行劳动合同。

2）合同终止的程序：①是否需要提前通知。②逾期终止的法律后果。③终止合同是否应支付经济补偿。④办理相关手续。

（2）劳动合同的续订：是指劳动合同期满终止后，经劳动关系双方当事人协商一致，继续签订劳动合同的法律行为。

（六）法律责任

（1）用人单位的法律责任，用人单位违反劳动合同，应承担如下经济赔偿责任：①违反劳动法律、法规规定或不按劳动合同的约定义付劳动报酬，如克扣或者无故拖欠劳动者工资、拒不支付劳动者延长工作时间工资报酬、低于当地最低工资标准支付上资，造成劳动者工资收入损失的，除按劳动者本人应得上资收入支付给劳动者外，还应加付劳动者应得工资收入 25% 的赔偿费用。②解除劳动合同后，未依法支付劳动者经济补偿金的，劳动保障行政部门可以责令支付劳动者赔偿金。③违反劳动法律、法规，对女职工或未成年工造成损害的，应当承担赔偿责任。④由于用人单位的原因签订、执行无效劳动合同，对劳动者造成损害的，应承担赔偿责任。⑤招用尚未解除劳动合同的劳动者，给原用人单位造成经济损失的，该用人单位应承担连带赔偿责任，其连带赔偿的份额应不低于对原用人单位造成经济损失总额的 70%。向原用人单位赔偿的损失包括；对生产、经营和工作造成的直接经济损失；因获取商业秘密给原用人单位造成的经济损失。⑥造成劳动者工伤、医疗待遇损失的，除依法为劳动者提供工伤、医疗待遇外，还应支付劳动者医疗费用一定比例的赔偿金。

（2）劳动者的法律责任。①违反法律规定和合同约定的法律责任劳动者，要支付违约金和赔偿金。②违反保密条款的法律责任劳动者违反劳动合同中约定的保密事项，对用人单位造成经济损失的，应当依法承担赔偿责任。

四、企业特殊用工形式的员工关系管理

（一）非正式雇佣员工管理概述

非正式雇佣，是与正式雇佣相对应的一种用工形式，并被作为传统企业内部正式雇佣的替代或补充。在非正式雇佣形式下，产生了非标准的雇佣关系以及相应的员工关系管理。目前常见的非正式雇佣形式主要有劳务派遣和非全日制用工两种。

（二）劳务派遣员工的关系管理

（1）内涵。派遣劳工受雇于派遣机构，然后通过商务契约的方式，被派往使用公司（User Enterprises）中，执行派遣工作。

（2）劳务派遣业务的运作特征。典型的劳务派遣运作是以商业化运作的中介机构作为劳动力配置的主要杠杆，其运作机制有如金融业，故可将人才中介称为"人才银行"。劳务派遣公司为人才雇主，提供的劳务员工为中介公司的雇员；劳务派遣公司与劳务员工签订雇佣合同；根据合同，劳务派遣公司把雇员派遣到用人企业从事劳务。服务完结后，合同终止或人员仍可回劳务公司等待新的派遣任务。用人单位向派遣公司提供劳务报酬，劳务人员从派遣公司处领取报酬。

（三）非全日制用工员工关系管理

（1）非全日制用工，是指劳动者在同一单位的日工作时间少于标准的全日

制工作时间，且劳动者同时可以与数个用人单位建立劳动关系的一种按时计酬的用工方式。是一种灵活就业的用工形式。在实践中，多称这种用工形式为小时工、临时工、钟点工等。

（2）非全日制用工的规定。①薪酬：以小时为计酬，不低于当地标准。如果劳动者和用人单位协商达成一致，也可以按日或周为单位进行计酬，支付周期不超过 15 天。②工作时间。平均不超过 4 小时/日（同一单位），不超过 24 小时/周。③劳动关系：非全日制用工属于劳动关系（灵活），且可存在着双重甚至多重劳动关系。④适用范围：仅限用人单位用工，不包括个人用工（属民事雇佣关系）；临时性、辅助性、替代性岗位适用。⑤其他：可订立口头协议；不得设试用期；可以随时终止合同，不需经济补偿。

（3）非全日制用工管理。①非全日制用工的形式：书面或口头协议。②非全日制用工合同的内容。工作时间；劳动报酬；合同期限；社会保险/商业意外保险。

五、劳动争议处理

（一）劳动争议处理的原则和方法

（1）劳动争议的分类和意义。一般而言，根据争议的主体不同，可将劳动争议分为个别争议和集体争议两种。根据劳动争议性质不同，劳动争议可区分为权利事项争议和调整事项争议。此外，在市场经济国家，劳动争议种类还可以从其内容上进行分类，区别为下列四类：①由于双方对劳动契约或集体协议规定条款的解释、理解不同而发生的差异，或者对合同条款的执行与否发生的争执。②双方对工资、工时及其他劳动条件在议定载入劳动契约之前所发生的争议。③有关工会的承认或确定集体协议代表权，以及其他团体交涉问题发生的争议。④有关劳工与雇主或其他代理人之间的人事问题引起的争执。

（2）劳动争议的特征：①劳动争议的当事人是特定的；②劳动争议的范围是限定的；③劳动争议内容和形式的特定性；④不同的劳动争议适用不同程序处理。

（3）劳动争议处理的目的是为了和谐劳动关系，化解冲突。妥善处理企业劳动争议，保障用人方和员工的合法权益，是劳动争议立法的直接目的。维护正常的生产经营秩序，发展良好的劳动关系，是劳动争议处理立法的间接目的。促进改革开放的顺利发展，是劳动争议立法的根本目的。

（4）劳动争议处理的原则：①着重调解、及时处理原则。②在查清事实的基础上依法处理原则。③当事人在适用法律上一律平等原则。

（5）劳动争议处理的方法：①一般调整方法：协商；斡旋和调解；仲裁；

审判。②紧急调整方法：坚持优先和迅速处理的原则；政府在必要时可采取强制仲裁，即停止或者限制影响公共利益和国民生活的争议行为，采取紧急的方法提出解决问题的方案；争议行为的实施期限短。

（二）劳动争议调解

（1）劳动争议调解，是指调解委员会对企业与劳动者之间发生的争议，在查明事实，分清是非、明确责任的基础上，依照国家劳动法律、法规，以及依法制定的企业规章和劳动合同，通过民主协商的方式，推动双方互谅互让，达成协议，消除纷争的一种活动。

（2）劳动争议调解的机构。劳动争议调解委员会是进行调解工作的机构。根据《劳动法》第 80 条和《企业劳动争议处理条例》第 7 条的规定，企业可以设立劳动争议调解委员会，负责调解本企业发生的劳动争议。1993 年，劳动部颁发的《企业劳动争议调解委员会组织及工作规则》第 2 条规定：调解委员会是调解本企业劳动争议的组织。从上述规定不难看出，企业内部设立的劳动争议调解委员会是本企业的劳动争议调解组织，负责调解本企业职工与企业间的劳动争议。

（3）劳动争议调解的原则：①自愿原则；②民主协商原则；③当事人适用法律一律平等原则；④尊重当事人申请仲裁和诉讼的权利。

（4）劳动争议案件的受理范围。①劳动争议调解委员会的受案范围：必须是劳动争议；必须是本企业范围内的劳动争议；必须是我国法律规定受案范围内的劳动争议；必须是争议双方自愿调解的劳动争议。②调解本企业内发生的劳动争议；检查督促争议双方当事人履行调解协议；对员工进行劳动法律、法规的宣传教育，做好劳动争议的预防工作。

（5）调解的程序和期限。调解委员会按下列程序进行调解：①及时指派调解委员对争议事项进行全面调查核实，调查应作笔录，并由调查人签名或盖章；②调解委员会主任主持召开有争议双方当事人参加的调解会议，有关单位和个人可以参加调解会议协助调解，简单的争议，可由调解委员会指定 1~2 名调解委员进行调解；③调解委员会应听取双方当事人对争议事实和理由的陈述，在查明事实、分清是非的基础上，依照有关劳动法律，法规，以及依照法律、法规制定的企业规章和劳动合同，公正调解；④经调解达成协议的，制作调解协议，双方当事人应自觉履行，协议书应写明双方当事人的姓名（单位、法定代表人）、职务、争议事项、调解结果及其他应说明的事项，由调解委员会主任（简单争议由调解员）以及双方当事人签名或盖章，并加盖调解委员会印章，调解协议书一式三份（争议双方当事人、调解委员会各一份）；⑤调解不成的，应做记录，并在调解意见书上说明情况，由调解委员会主任签名、盖章，并加盖调解委员会印章，调解意见书一式三份；⑥调解委员会调解劳动争议，应当自当事人申请调解之日起 30 日内结束。

（6）调解协议的执行。调解协议是在调解委员会主持下双方当事人意思表示一致的结果，是双方按照自愿原则达成的。调解协议只能依靠当事人之间的承诺、信任以及道德约束自觉遵守，如果任何一方反悔，不履行协议，任何人都无权强制其履行。

（三）劳动争议仲裁

（1）劳动争议仲裁的含义：劳动争议仲裁指劳动争议仲裁委员会对用人单位与劳动者之间发生的劳动争议，在查明事实、明确是非、分清责任的基础上，依法做出裁决的活动。

（2）仲裁的机构。劳动争议仲裁委员会是国家授权的，依法独立处理劳动争议的专门机构。在我国，县、市、市辖区设立劳动争议仲裁委员会，负责处理本行政区域内发生的劳动争议。省、自治区、直辖市是否设立劳动争议仲裁委员会，由省、自治区、直辖市人民政府根据实际情况自行决定。

（3）仲裁管辖。我国劳动争议案件的管辖可以分为：①地域管辖；②级别管辖；③移送管辖；④指定管辖。

（4）仲裁时效。劳动争议仲裁时效，是指劳动争议发生后，争议当事人如果不在法定的期限内向仲裁机构申请仲裁，则丧失通过仲裁程序保护自己的合法权益的制度。我国仲裁时效应是 60 日。

（5）仲裁人员的回避。根据《企业劳动争议处理条例》第 35 条的规定，仲裁委员会组成成员或仲裁员有下列情形之一的，应当回避：①是劳动争议的当事人或当事人的近亲属的；②与劳动争议有利害关系的；③与劳动争议当事人有其他关系，可能影响公正裁决的。

（6）仲裁调解。一般可以分为以下几个阶段：调解准备；主特调节；结束调解；制作调解书。

（7）仲裁裁决。仲裁裁决是仲裁庭做出的、对当事人具有拘束力的、具体解决争议的决定。

（8）仲裁程序。仲裁程序主要包括三个步骤：立案、裁决和结案。

（四）劳动争议诉讼

（1）劳动争议诉讼的概念：是指劳动争议当事人不服劳动争议仲裁委员会的裁决，在规定的期限内向人民法院起诉，人民法院依照民事诉讼程序，依法对劳动争议案件进行审理的活动。

（2）劳动争议诉讼的原则：①以事实为根据、以法律为准绳的原则；②独立行使审判权的原则；③回避原则，着重调解的原则等。

（3）劳动争议案件的受理。《劳动法》第2条规定的劳动争议，当事人不服劳动争议仲裁委员会做出的裁决。依法向人民法院起诉的，人民法院应当受理：①劳动者与用人单位在履行劳动合同过程中发生的纠纷；②劳动者与用人单位之间没有订立书面劳动合同，但已形成劳动关系后发生的纠纷；③劳动者退休后，与尚未参加社会保险统筹的原用人单位因追索养老金、医疗费、工伤保险待遇和其他社会保险费而发生的纠纷。

（4）劳动争议案件的当事人。当事人双方不服劳动争议仲裁委员会做出的同一仲裁裁决，均向同一人民法院起诉的，先起诉的一方当事人为原告，但对双方的诉讼请求，人民法院应当一并做出裁决。

用人单位与其他单位合并时，合并前发生的劳动争议，由合并后的单位为当事人；用人单位分立为若干单位的，其分立前发生的劳动争议，由分立后的实际用人单位为当事人。用人单位分立为若干单位后，对承受劳动权利义务的单位不明确，分立后的单位均为当事人。

用人单位招用尚未解除劳动合同的劳动者，原用人单位与劳动者发生的劳动争议，可以列新的用人单位为第三人。原用人单位以新的用人单位侵权为由向人民法院起诉的，可以列劳动者为第三人。原用人单位以新的用人单位和劳动者共同侵权为由向人民法院起诉的，新的用人单位和劳动者列为共同被告。

劳动者在用人单位与其他平等主体之间的承包经营期间与发包方和承包方双方或者一方发生劳动争议，依法向人民法院起诉的，应当将承包方作为当事人。

（5）劳动争议诉讼案件的证据规则。在这些规定中，对劳动争议而言，应特别注意：举证责任后果；举证时限制度；证据交换制度；界定了非法取证的范围；被告的答辩义务。

（6）劳动争议案件的受理。劳动争议案件由用人单位所在地或者劳动合同履行地的基层人民法院管辖。劳动合同履行地不明确的，由用人单位所在地的基层人民法院管辖。当专人双方就同一仲裁裁决分别向有管辖权的人民法院起诉的，后受理的人民法院应当将案件移送给无受理的人民法院。

（五）集体争议处理

（1）集体争议的本质，是劳动者依据团结权进行团体交涉，进而行使争议权，以达到改善劳动条件之目的。集体争议是法律工具有特定含义和意义的专有名词，并不是一切冲突、械斗、纠纷都可以称为争议行为。

（2）集体争议处理方法：自行交涉；调解；仲裁。

（3）我国集体争议处理。①因集体协商发生的争议处理，协调处理集体协商争议应当按照以下程序进行：受理协调处理申请；调查了解争议的情况；研究制定协调处理争议的方案，对争议进行协调处理，制作《协调处理协议书》。②因履行集体合同发生的争议处理。我国法律、法规规定，因履行集体合同发生的争议，当事人协商解决不成的，可以依法向劳动争议仲裁委员会申请仲裁，对仲裁裁决不服的可以在法定期限内向人民法院提起诉讼。

（六）争议预防和处理技巧

（1）健全和完善企业人力资源管理制度。企业人力资源管理制度主要包括薪酬制度、招聘管理、培训管理、业绩考评与奖惩管理，工作时间和休息调理、劳动保护和劳动条件、福利保险管理、劳动者的行为准则等，这些制度都应该用书面文件形式，且必须公开透明。

（2）提高争议预见能力，掌握应诉技巧。规章制度措辞要准确，条款要严谨，并注意及时更新；处理员工要以事实为根据，预先准备好证据；依法保护权益，增强仲裁时效意识。

（3）几种特殊争议处理应注意的问题：①企业追索劳动者培训费争议的处理；②精神病患者解除劳动合同争议的处理；③员工未缴纳风险抵押金、股金等而被开除、辞退、安排下岗的争议处理。

六、员工参与及其管理

1. 员工参与概述

员工参与一般是指名义上不具有管理职权的员工参与企业经营决策或管理实践活动的制度、过程或行为。就参与的层次和形式而言有三个层面：①参与企业的管理过程和管理行为；②参与企业的经营决策；③参与企业所有权及其分配。

2. 员工参与的形式

（1）工人自治。工人自治是最高层次的工业民主形式，是工人共同所有、共同管理企业的制度和组织形式。

（2）员工决策参与。①工人委员会及"共决制"；②个人监事制度。

（3）收益参与和员工持股计划。①收益分享计划：斯坎伦计划；拉克计划；分享生产率促进计划；②员工持股计划由企业内部职工出资认购本企业股权，委托给职工管理会进行托管运作，从而达到员工参与企业管理、分享企业利润分配目的的一种股权形式。

七、员工沟通管理

（一）概述

（1）内涵。沟通是人与人之间通过语言、文字、符号或其他的表达形式，进行信息传递和交换的过程。

（2）沟通的构成要素。信息、传送者和接收者。

（3）企业沟通活动中的参与主体。高级管理人员；人力资源及员工关系管理专员；直线经理；一线员工。

（二）员工关系沟通的渠道

（1）正式沟通渠道的实现形式。①由上至下的下行沟通渠道；②由下至上的上行沟通渠道；③平行沟通渠道。

（2）非正式沟通渠道的实现形式。①到基层走动，与员工随意交谈、闲聊；②走访员工家庭，和亲属交谈，拉近与员工的关系；③在一些非正式的活动中了解员工的所思所想。

（三）沟通网络的类型

正式沟通网络。①链式沟通网络：直线的，即由下至上或由上至下的传递信息，它是垂直等级组织特殊的交流方式，适合于单线联系特点的群体。②轮式沟通网络：群体稳定集中，每个成员只与中间那个人沟通，与其余人不直接沟通。③Y式沟通网络：两位下属向一位管理者汇报，管理者的上面还有两位领导，解决问题的速度比较快，但信息容易失真。④环式沟通网络：一个沟通群体内，每一个人都从与他临近的两位员工那里接收和发送信息，而不与其他人直接沟通。⑤全渠道式沟通网络：允许所有的成员之间随意进行沟通，没有人以领导者或中心者的身份处于网络的核心位置，完全是一种开放式的沟通。而且，群体成员之间的沟通不受任何限制，所有成员都是平等的。

（四）沟通方式

沟通方式包括：①指示与汇报；②各类会议和上下级交谈；③组织内部宣传物；④领导见面会和员工座谈会；⑤其他沟通方式。

（五）沟通障碍的类别

分别包括：①语言运用障碍；②信息过滤障碍；③沟通者心理障碍；④时间压力障碍；⑤信息阻塞障碍；⑥官僚制组织障碍；⑦沟通技巧障碍。

（六）沟通障碍的诊断与原因分析

（1）诊断的必要性与目的：分析组织中沟通活动的运行状况，辨别造成沟通障碍的技术原因和非技术原因，从而为消除沟通障碍提出明确的任务目标。

（2）沟通障碍形成的原因：①沟通系统中的技术缺陷；②相关主体的沟通技能欠缺；③沟通距离过长；④相关主体的沟通动机不同。

（3）沟通障碍的消除：①沟通技术平台的建设；②组织开发与沟通环境的缔造；③员工沟通技能的开发。

八、员工援助计划

（一）员工援助计划概述

员工援助计划的内涵。①广义内涵：企业通过合理的干预方法，积极主动地了解、评估、诊断及解决影响员工工作表现及绩效问题的过程。②狭义内涵：企业为面临情绪、压力、酗酒、赌博等方面问题的员工提供咨询服务、治疗措施等，以帮助他们渡过困难的过程。

（二）员工援助计划的内容

（1）为那些处于困境的雇员提供咨询、培训和援助，以改善其工作环境，提高雇员工作绩效，并使员工和家人了解提供 EAP 服务的组织和专业工作者。

（2）识别与评估可能影响员工工作绩效的问题，对员工个人问题及其服务提供保密。

（3）运用建设性的面谈、激励和短期干预等方法，帮助员工处理可能影响工作绩效的问题。

（4）为员工提供和推荐诊断、治疗方案，并提供持续的监控和跟踪服务。

（5）在工作组织与服务供应商之间建立和保持良好的关系，提供咨询和服务契约的管理。

（6）为企业组织提供员工心理和行为问题的咨询和适合的医疗服务（包括但不限于：酗酒、药物滥用、精神和情感紊乱）等，使员工的健康保障具有实用性和可获得性。

（7）对为企业组织和员工工作绩效提供的 EAP 服务的效果进行鉴定。

（8）员工援助计划的运作模式。①内部模式。组织内部设置专门机构或在人力资源部等相关部门内新设职能，由内部专职人员负责策划和组织实施。②外部模式。通过契约方式将计划外包，由外部具有社会工作、心理咨询和治疗知识和经验的专业人员或机构提供援助服务。③混合模式。内部实施部门与外部专业机构联合，共同提供服务项目。④联合模式。几个组织联合成立一个专门提供援助的机构，该机构设置专人管理，聘用具有社会工作、心理咨询等知识和经验的专业人员，为各企业的员工提供服务。⑤共同委托模式。几家企业共同委托具有专业能力的服务人员与机构，提供员工援助计划服务。

（三）员工援助方案的设计与实施

（1）制定政策和程序。①结合实际：结合企业特色，选择合适的员工援助计划及其运行机制。②明确职责：明确员工援助计划的实施部门和成员以及相应的职权。③获取外援：选择适合的外部专家或外部服务机构，共同商讨确定外部服务商的服务范围和企业内部 EAP 的服务范围。④强化沟通：鼓励员工认识自己存在的问题并寻找问题的根源。

（2）员工援助计划需求分析。

1）需求分析目的：了解组织特点；了解员工和组织需要；通过评估、挖掘组织和员工的深层次问题。

2）需求评估。组织特征和工作环境；员工需求；组织需求。

3）员工援助计划宣传与推广。说明心理健康的重要性和不良心理健康的症状及危害；指出员工援助计划的作用、意义、主要内容、实施原则及保密原则，以及管理者与员工的角色定位等。宣传形式有：印刷品宣传，使用手册、海报和宣传栏；广播和电视等被广泛使用的传媒手段；网络宣传。

4）制定和实施员工援助计划方案。方案制定，结果层面、执行方面、规划层面。方案实施，明确目的，提高认识；打消顾虑；以预防为重点。

5）评估员工援助计划方案：实施情况和服务满意度；对员工个人的影响；对组织运行的影响；投资回报率分析。

为组织提供建议。计划的提供者必须通过员工提供接受服务时反映的情况来发现组织存在的问题，进行整理分析后，提供给组织和相关的部门，为改进管理提供参考。

（3）员工援助计划实施的影响因素。组织实力、组织规模和特性、行业差异、员工特性。

第二节　实训项目一　劳动合同的管理

一、实训要求

要求学生了解劳动合同管理的重要性、掌握劳动合同的订立、执行、变更与解除的基本程序等理论知识。做好实训前的知识储备，如梳理理论知识、相关书籍、典型案例等

要求学生运用所学知识，结合案例背景，为背景公司设计一份劳动合同管理制度，并起草公司的用工合同（试用）。

二、劳动合同管理的相关知识

1. 劳动合同的内容

（1）劳动合同的内容：是指劳动关系双方的权利和义务，由于权利义务是

相互对应的，一方的权利即为对方的义务，因此劳动合同往往从义务方面表述双方的权利义务关系。

1）劳动者的主要义务：①劳动给付的义务；②忠诚的义务；③附随的义务。

2）用人单位的主要义务：①劳动报酬给付的义务；②照料的义务；③提供劳动条件的义务。

（2）劳动合同的条款：劳动合同的内容是通过具体条款体现的。合同的条款，分为法定条款和约定条款，约定条款只要不违反法律和行政法规，具有与法定条款同样的约束力。

法定条款：①劳动合同期限；②工作内容；③劳动保护和劳动条件；④劳动报酬；⑤劳动纪律；⑥社会保险；⑦劳动合同终止的条件；⑧违反劳动合同的责任。

约定条款：①试用期；②培训；③保守商业秘密；④竞业限制条款；⑤补充保险和福利待遇；⑥其他事项。

2. 劳动合同的变更

（1）劳动合同变更。

1）合同变更的含义：劳动合同的变更，指劳动合同在履行过程中，经双方协商一致，对合同条款进行的修改、补充或废止，具体包括工作内容、工作地点、工资福利的变更等。劳动合同的变更，其实质是双方的权利义务发生改变。

2）合同变更的条件：①须有正当理由；②须双方协商一致。

3）合同变更的程序：①提出要求。书面向对方提出变更合同的要求和理由。②做出答复。在规定的期限内给予答复，同意、不同意或提议再协商。③签订协议。在变更协议上签字盖章即生效。

（2）劳动合同解除，是指劳动合同在期限届满之前，双方或单方提前终止劳动合同效力，解除双方劳动权利义务关系的法律行为。它既可以是一方当事人单方面的合法行为，也可以是双方当事人的合法行为。

1）双方协商解除合同。《劳动法》第24条规定："经劳动合同当事人协商一致，劳动合同可以解除。"劳动合同被称为合意上的法律，它既可以通过合意来订立、变更，也可以通过合意而提前终止。

2）用人单位单方解除合同：①过失性解除；②非过失性解除；③经济性裁员；④用人单位不得解除合同。

3）劳动者单方解除合同：①提前通知解除；②随时解除。

4）解除合同的程序：①提前书面通知；②征求工会意见；③经济补偿；④提供书画证明。

3. 劳动合同的终止和续订

（1）劳动合同的终止，是指劳动合同期限届满或双方当事人约定的终止条件出现，以及劳动合同一方当事人消失时，合同规定的权利义务自行消灭的制度。

1）合同终止的条件：①劳动合同期限届满或者当事人约定的劳动合同终止条件出现。②劳动合同主体一方消失或者劳动者丧失劳动能力，无法继续履行劳动合同。

2）合同终止的程序：①是否需要提前通知。②逾期终止的法律后果。③终止合同是否应支付经济补偿。④办理相关手续。

（2）劳动合同的续订，是指劳动合同期满终止后，经劳动关系双方当事人协商一致，继续签订劳动合同的法律行为。

三、实训的实施流程

（1）做好实训前准备，根据提前准备的资料和相关理论梳理，结合背景公司劳动关系管理的现状，列出劳动合同管理制度的主要内容。

（2）将学生分为4~6人的小组，以便于进行讨论。

（3）每组学生根据分析的结果，确定该公司合同管理制度和劳动合同的主要内容。

（4）调动学生积极发言，让每组学生进行充分的分析和讨论，并在小组内部形成统一的结论，由小组代表进行汇报。

（5）各小组根据讨论内容编写实训报告。

四、实训案例背景①

T建筑公司劳动关系管理的现状

T建筑公司拥有总承包三级的房屋建筑工程施工企业资质，可承建单项建安合同金额不超过5000万元的房屋建筑工程。该公司拥有技术骨干70余名，各类机械50余台，近年来随着房地产市场的发展不断扩大市场范围，逐步开始承接附近地区的施工项目，最近三年施工合同金额均超过5000万元，属于辖区内逐步发展壮大的中小型施工企业。

该公司总经理以下设置有4个主要部门，分别为行政部、工程部、财务部、材料供应部，同时针对具体承建的各个项目选择性地在项目所在地设置有项目部，主要由工程部派驻项目经理进行现场管理。整个公司的组织结构如图8-1所示。

---

① 林夏历.T建筑公司劳动关系管理研究［D］.华侨大学博士学位论文，2019.

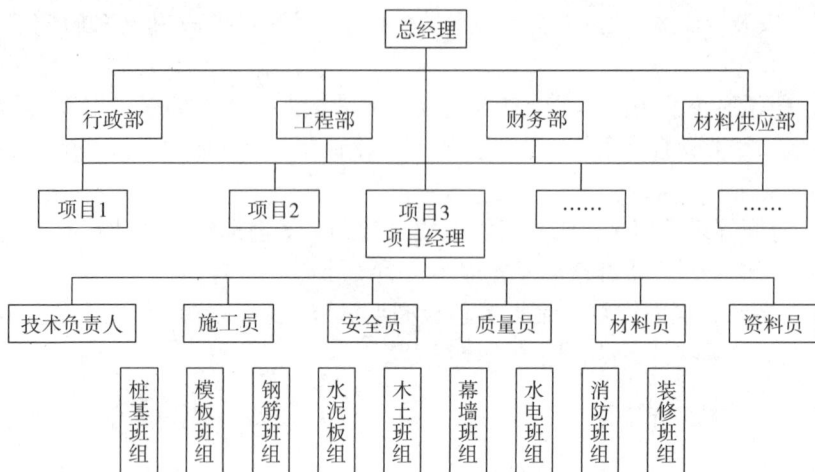

图 8-1 T 建筑公司的组织结构

笔者在了解过程中获悉该公司中签订固定期限劳动合同的人员类型只有两类：分别为该公司的管理人员以及技术人员，主要分布在该公司的行政部、工程部、财务部、材料供应部及各项目部的管理层。具体人员岗位如表 8-1 所示：

表 8-1 T 建筑公司的人员岗位情况

序号	部门	岗位	人数
1	工程部	经理、总工程师、项目经理、工程师、放线员、预算员、质检员、安全员、技术员、资料员、劳务员	52
2	行政部	经理、文秘、人事、法务、总务	10
3	财务部	经理、会计、出纳、预算员、审计员	6
4	材料供应部	经理、保管员、采购员、设备员、材料员	6
5	各项目部	主要来自工程部人员的调配派驻	

该公司在长期经营过程中，已形成相对固定的合作施工班组。当该公司承接一个项目后，会派出工程部管理人员到项目所在地设立项目部并派驻现场进行管理，同时根据施工进度调配各施工班组工人陆续进场施工，基本流程如下：

（1）项目部与施工班组长签订施工承包协议，约定工程款结算方式。

（2）项目部办理工人用工登记、购买工伤保险及意外伤害险等。

（3）项目部开展施工班组培训工作（规章制度、安全要求、质量要求）。

（4）施工班组入场施工，接受施工员指导，主要服从班组长现场管理。

（5）施工任务完成，工程款结算，解除合同。

长期合作的施工班组人员较为稳定，当该公司的施工任务可以持续不断提供给施工班组的情况下，施工班组会越来越依附于公司，形成较为稳定的管理对象。鉴于这类施工的工人已经熟悉公司的管理流程及相关工艺、安全、质量等要求，所以公司在开展培训工作时就可以相应缩减相关内容。然而，当公司在外地或偏远的地区承接项目时，施工班组大部分只能从当地重新雇佣，这就对工人入场前的相关培训显得尤为重要。

另外，因为每个班组入场的时间都不一样，甚至有些施工班组，如水电班组、防水班组、架子班组可能一个月内在这个工地就只上几天，其他时间就到其他工地去施工或者休息；甚至可能盖一栋楼，一层楼板的混凝土或泥水等班组人员跟二层楼板的混凝土或泥水班组人员就不一样。这种模式就与平常典型的企业固定劳动周期的稳定劳动关系存在着较大不同，这也是建筑施工行业独有的劳动关系特征。

实训任务：

（1）根据背景公司劳动关系管理的现状，为该公司编制一份劳动合同管理制度。

（2）为该公司起草一份劳动合同范本、试用期协议书、临时工聘用合同等劳动合同管理的文本材料。

五、实训报告

在实训结束后，每位同学必须撰写实训报告，实训报告要求文字简练、条理清晰、观点明确。实训报告的参考模板如下所示：

劳动合同管理制度

一、目的
二、适用范围
三、管理职责
四、劳动合同的订立
1. 劳动合同以书面形式订立。
2. 知情权。
3. 合同条款：根据《劳动法》规定，本公司劳动合同具备以下必备条款：
（1）劳动合同期限；
（2）工作内容；
（3）劳动保护和劳动条件；

（4）劳动报酬；

（5）工作地点；

（6）劳动纪律；

（7）劳动合同终止的条件；

（8）违反劳动合同的责任；

（9）根据本公司的实际，协商约定服务期和保守商业秘密等其他条款。

4. 合同期限。

5. 试用期。

6. 服务期。

7. 保守秘密。

8. 违约金。

五、劳动合同的履行

1. 生效履行。

2. 合同变更。

3. 合同中止。

4. 合同解除。

（1）协商解除。

（2）公司解除。

（3）员工解除。

5. 合同终止。

6. 合同顺延。

六、经济补偿与违约责任

1. 经济补偿。

2. 补偿标准。

（1）给付标准。

（2）计算标准。

3. 法律责任：因主观上有过错，导致劳动合同无效或部分无效，给对方造成损害的，应当承担赔偿责任；违反劳动合同的，应当承担相应的责任，给对方造成经济损失的，应当承担赔偿责任。

4. 劳动争议。

七、劳动合同管理

1. 制度管理。

2. 操作实务：公司按以下操作程序和书面手续办理劳动合同的签订、续订、变更、解除、终止。

（1）订立。

（2）解除。

（3）续订。

（4）顺延。

（5）终止。

3. 管理台账。

（1）劳动合同基本情况台账（总账）；

（2）劳动合同签订、变更、解除、终止台账（个人明细账）；

（3）员工培训记录台账（入职培训，转岗培训、出资培训）；

（4）员工出勤统计台账（工时、休假、加班等情况）；

……

八、其他

1. 本制度与国家有关法律、法规、规章和规范性文件相抵触的，将及时予以修改。

2. 所有员工，都要熟悉了解本制度，全面正确地实施本制度，以维护公司和员工双方的合法权益、促进和提高劳动生产力。

九、本制度自×××年×月×日起执行

劳动合同（范例）

甲方	乙方
企业名称： 法定代表人： 单位地址：	姓名：_____身份证号： 住址： 紧急事情联系人： 联系人身份证号：

甲方因生产（工作、业务）需要，按照企业用人的相关规定，招用乙方为单位职工。根据《中华人民共和国劳动法》《中华人民共和国劳动合同法》及有关规定，甲乙双方本着合法、公平、平等自愿、协商一致的原则，订立本劳动合同，共同遵守所列条款。

第一条　劳动合同期限

1.1　甲乙双方选择以下第_____种形式确定合同期限：

1.1.1　固定期限，甲乙双方签订本合同期为_____年。自_____年____月____日起，至_____年____月____日止。其中_____年____月____日至_____年____月____日为试用期，计____月。

1.1.2 无固定期限，自_____年___月___日起。其中_____年___月___日至_____年___月___日为试用期，计___月。

1.1.3 以_____工作任务为期限的劳动合同。自_____年___月___日起，至该项工作任务完成之日止。

第二条 工作内容和工作地点

2.1 根据甲方生产（工作）的需要，乙方在甲方_____岗位从事生产工作，本岗位_____属于国家规定的有毒有害工种。

2.2 乙方应按照岗位职责和工作要求，按时完成规定的工作任务，达到规定的质量标准，爱护甲方财产，保守甲方商业秘密。

2.3 甲方因生产（工作、业务）需要，或因乙方的能力及表现，与乙方协商一致后可变更或调整乙方的工作岗位和工作内容。

2.4 乙方的工作地点为_____。

第三条 工作时间和休息休假

3.1 甲方严格执行国家规定的工作制度。

3.2 甲方因生产（工作、业务）需要，经与乙方协商后，可以延长工作时间。

3.3 甲方有权根据工作需要对乙方的工作班次和休息日进行合理安排。

3.4 乙方因生产（工作、业务）需要加班时，应征得甲方的确认和同意，否则不视为加班。

3.5 乙方有权依照国家相关规定享受法定的节假日。

第四条 劳动报酬

4.1 甲方根据国家的有关规定和甲方的工资管理及业绩考核等办法，向乙方支付劳动报酬，并保证不低于政府所规定的本地区最低工资标准。

4.2 甲方实行基本工资、岗位津贴、工作补贴、绩效考核相结合的工资制度，乙方基本工资的标准为_____元/月，在试用期间工资为_____元/月。

4.3 甲方薪资发放日期为每月15日。

4.4 乙方每月工资报酬，由甲方依照其工资管理制度，并根据乙方的工作业绩、出勤、纪律情况考核发放。

4.5 合同期间，如乙方的工作岗位发生变化，其工资报酬也随之调整。

第五条 劳动条件和劳动保护

5.1 甲方根据乙方工作岗位的需要和国家劳动保护的有关规定，为乙方提供必要的劳动安全卫生条件及必要的劳动保护用品。

5.2 乙方在劳动过程中必须严格遵守各项安全操作规程。

5.3 乙方应认真参加甲方组织的各项劳动安全培训教育。

第六条 社会保险、福利

6.1 甲乙双方应按照国家及甲方的有关规定,缴纳养老、医疗、失业及其他社会保险费用。

6.2 乙方患病或非因工负伤,其病假工资和医疗待遇依照国家及甲方的有关规定执行。

6.3 乙方因工负伤或致残的工资和医疗保险待遇,依照国家的有关规定执行。

第七条 劳动纪律

乙方应严格遵守国家的法律法规及甲方依法制定的各项规章管理制度。

第八条 劳动合同的履行、变更、解除、续订、终止规定。

8.1 甲乙双方应严格按照本合同的约定,全面履行各自的义务。

8.2 经甲乙双方协商一致,可以变更或解除本合同。

8.3 甲方有《劳动合同法》第三十八条规定情形之一的,乙方有权单方解除劳动合同。

8.4 乙方有下列情形之一的,甲方有权单方解除劳动合同。

8.4.1 在试用期间内发现不符合录用条件的;

8.4.2 严重违反公司规章管理制度的;

8.4.3 严重失职或营私舞弊,给公司造成重大损害的;

8.4.4 同时与其他用人单位建立劳动关系,对完成本单位的工作任务造成严重影响,或者经公司提出,拒不改正的;

8.4.5 无故拒不服从正常工作管理,经教育仍不予改正的;

8.4.6 偷盗公司或私人财物以及其他公共财物;

8.4.7 在约定的时间内,无故不提供其相关资料,致使甲方无法办理其录用及社会保险等相关手续的;

8.4.8 经查实应聘时向甲方提供其虚假个人资料(包括但不限于:离职证明、身份证明、户籍证明、学历证明、体检证明等),情节严重的;

8.4.9 应聘前具有下列情况之一,而在应聘时未声明的:患有精神病、传染性疾病以及其他严重影响工作的疾病;曾受到其他单位记过、留厂察看、开除(除名)等严重处分;有吸毒等劣迹,或曾被劳动教养、拘役或者依法追究刑事责任的;

8.4.10 泄露公司商务、技术、人事、薪资、财务等经营管理机密,致使公司蒙受严重损害或经济损失的;

8.4.11 擅自参与或经营与公司业务有关联的活动,侵害公司利益的;

8.4.12 利用公司名义在外从事商务活动,给公司声誉或利益造成损害的;

8.4.13 在工作中以欺骗、隐瞒等不正当手段获取个人利益；

8.4.14 连续旷工二天以上或累计旷工五天以上（一个年度内）；

8.4.15 被依法追究刑事责任的。

8.5 对解除劳动合同的人员，公司仍保留追究其相应经济赔偿责任的权利。

第九条 离职手续

依照甲方的相关管理规定执行。

第十条 保守商业秘密

10.1 乙方有义务遵守甲方的保密制度，保护甲方商业秘密。

10.2 乙方不得以任何方式将甲方商业秘密泄露或提供给他人，也不得自行使用或利用甲方商业秘密，满足或谋求个人私利，或直接或间接损害甲方的利益；如有违犯，经查实后，按照严重违反规章制度的行为处理，并有权按照相关规定追究其经济赔偿和法律责任。

第十一条 职务成果权益的归属

乙方在合同期间，因工作任务，或利用、使用甲方的设备、能源和原材料，或利用资料所创作产生的成果和作品，其著作权由甲方享有；任何研究、发明、创造的专利、专有技术、设计、改良、生产等智慧财产权利由甲方享有。

第十二条 双方需约定的其他事项

12.1 乙方在甲方所从事的岗位或业务离任时，根据需要应当接受离任审计的，离任时应当接受甲方的审计。甲方对在审计中发现的问题及损害甲方利益的行为，依法享有追究其经济和法律责任的权利。

12.2 乙方不辞而别或者下落不明，或者未履行本合同第八条8.5项、第九条、第十二条12.1项所规定的义务，致使甲方无法办理或迟延办理与乙方离职相关手续的，乙方在此不可撤销地承认其负有过错，并承担其相应的责任。

12.3 乙方同意，在其处于联系障碍状态（包括但不限于乙方因病住院、丧失人身自由等情形）时，本合同"紧急事情联系人"作为乙方的受委托人。该受委托人享有接受和解与调解，代领、签收相关文书的权限。

　　同意紧急事情联系人　　　　　　　　在本合同12.3项情况下作为我的受委托人，并享有所规定的权限。

第十三条 违约责任

甲乙双方任何一方违反本合同规定给对方造成经济损失的，应当依法和根据甲乙双方的有关规定承担其赔偿责任。

第十四条 劳动争议处理

甲乙双方因履行本合同发生争议时，应通过协商解决。若双方不能协商解决的，甲乙任何一方可向甲方所在地的劳动争议仲裁委员会申请仲裁或向甲方所在地的人民法院提起诉讼解决。

第十五条　其他

15.1　甲方依法制定的有关管理规定和制度均作为本合同的附件。

15.2　甲乙双方签订的培训协议、保密协议以及甲乙双方有关劳动合同其他内容的协议均作为本合同的附件。

15.3　乙方应聘、入职情况登记表均作为本合同的附件。

15.4　本合同经甲乙双方签字盖章后生效。

15.5　本合同一式三份，甲方执二份，乙方执一份。

15.6　其他应作为本合同附件的：

甲方（盖章）：　　　　　　　　　　　乙方（签字）：

法定代表人（签字）

或委托代理人（签字）：

　　　年　月　日　　　　　　　　　　　　年　月　日

劳动关系变更协议

甲方：×××

法定代表人：×××

地址：×××

乙方：×××

法定代表人：×××

地址：×××

丙方：×××

身份证号：×××

住址：×××

经甲、乙、丙三方协商一致，达成以下协议，并承诺共同遵守。

1. 丙方同意自＿＿＿年＿＿月＿＿日起将劳动关系由甲方变更至乙方，原与甲方签订的自＿＿＿年＿＿月＿＿日至＿＿＿年＿＿月＿＿日的劳动合同（聘用协议）解除，无任何经济补偿金。

2. 丙方与乙方新签订劳动合同（聘用协议）后，丙方在甲方劳动关系存续期间的工龄（自＿＿＿年＿＿月＿＿日至＿＿＿年＿＿月＿＿日，合计：＿＿＿月）为有效功率，合并计入丙方在乙方的工龄。

3. 乙方与丙方新签订的劳动合同自＿＿＿年＿＿月＿＿日至＿＿＿年＿＿月＿＿日，工作地点为：＿＿＿＿＿＿＿，岗位为：＿＿＿＿＿＿＿，薪资为：＿＿＿＿＿＿。

4. 甲方有义务协助乙方办理丙方有关档案等资料的交接工作。

5. 丙方有义务按照甲方相关规章制度办理交接手续。

6. 甲方应安排丙方进行体检，不合格者及时告知丙方及乙方，根据甲方用工制度做出相应的处理。

7. 本协议经甲方、乙方、丙方三方签字或盖章后生效。

8. 本协议一式三份，甲方、乙方、丙方各执一份，复印无效。

甲方（签章或签字）：　　　乙方（签章或签字）：　　　丙方（签字）：

　　日期：　　　　　　　　　日期：　　　　　　　　　　日期：

试用协议书（范例）

甲方：

乙方：　　　　　　　　　（身份证号：　　　　　　　　　）

根据国家和本地劳动管理规定和本公司员工聘用办法，按照甲方关于公司新进各类人员均需试用的精神，双方在平等、自愿的基础上，经协商一致同意签订本试用协议。

一、试用协议期限：

自＿＿＿＿年＿＿月＿＿日至＿＿＿＿年＿＿月＿＿日，有效期为＿＿个月。

二、试用岗位根据甲方的工作安排，聘请乙方在＿＿＿＿＿＿＿＿工作岗位。

三、试用岗位根据双方事先之约定，甲方聘用乙方的月薪为＿＿＿＿＿元，该项报酬包括所有补贴在内。

四、甲方的基本权利与义务：

1. 甲方的权利。

有权要求乙方遵守国家法律和公司各项规章制度；

有权对乙方违法乱纪和违反公司规定的行为进行处罚；

对试用员工不能胜任工作或不符合录用条件，有权提前解除本合同。

2. 甲方的义务。

为乙方创造良好的工作环境和条件；

按本协议支付给乙方薪金。

五、乙方的基本权利和义务：

1. 乙方的权利。

享有国家法律法规赋予的一切公民权利；

享有当地政府规定的就业保障的权利；

享有公司规章制度规定可以享有的福利待遇的权利；

对试用状况不满意，请求辞职的权利。

2. 乙方的义务。

遵守国家法律法规、当地政府规定的公民义务；

遵守公司各项规章制度、员工手册、行为规范的义务；

维护公司的声誉、利益的义务。

六、甲方的其他权利、义务：

试用期满，发现乙方不符合录用条件，甲方有权不再签订正式劳动合同；

对员工有突出表现，甲方可提前结束试用，与乙方签订正式劳动合同；

试用期甲方一般不为乙方办理各项保险手续，如乙方被正式录用，可补办有关险种，从试用期起算；

试用期间，乙方请长病假10天、事假超过7天者，试用合同自行解除。

七、乙方的其他权利、义务：

试用期满，有权决定是否签订正式劳动合同；

乙方有突出表现，可以要求甲方奖励；

具有参与公司民主管理、提出合理化建议的权利；

反对和投诉对乙方试用身份不公平的歧视。

八、试用期间公司可以根据工作需要或乙方能力，对乙方岗位进行调整。

九、本协议如有未竟事宜，双方本着友好协商原处理。

十、本协议一式两份，甲、乙双方各执一份，具同等效力，经甲乙双方签章生效。

甲方：　　　　　　　　　　　　　　　　　　乙方：

代表人：　　　　　　　　　　　　　　　　　签字：

签约日期：　　　年　　月　　日

签约地点：

临时工聘用合同（范例）

甲方：

乙方：　　　　　　　　（身份证号：　　　　　　　　　）

根据《中华人民共和国劳动法》，甲乙双方经平等协商，自愿签订本合同，共同遵守本合同所列条款。

一、合同期限

甲方聘用乙方在甲方＿＿＿＿＿＿＿＿＿＿＿＿（部门）担任临时岗位工作。合同期限为＿＿＿＿，自＿＿＿＿年＿＿月＿＿日至＿＿＿＿年＿＿月＿＿日。

二、乙方工作内容（须填写）

三、甲方的权利与义务

（一）负责乙方的日常人事管理；

（二）负责支付乙方工资，每日_____元；

（三）其他。

四、乙方的权利与义务

（一）接受甲方的管理，并按合同要求认真履行岗位职责，服从工作岗位安排或调整，遵纪守法，圆满完成工作任务；

（二）享受合同规定的工资待遇；

（三）在签订本合同时自愿遵守甲方的有关规定；

（四）其他。

五、聘用合同的变更、解除、终止

（一）乙方有下列情况之一，甲方可以解除合同，须提前____天以书面形式通知：

1. 履行合同差、完不成工作任务、考核不合格；

2. 甲方撤并或减缩编制需要减员，经双方协商就调整岗位达不成协议的；

3. 患病或非因工负伤按国家规定的医疗期满后，经有关机关鉴定，乙方不能从事原工作，或医疗期满尚未痊愈的；

4. 订立合同的客观情况发生重大变化，经当事人协商不能就变更合同达成协议的。

（二）乙方有下列情况之一，甲方可以随时解除合同：

1. 严重违反劳动纪律或用人单位规章制度，损害单位经济权益，造成严重后果以及严重违背职业道德，给单位造成极坏影响的；

2. 连续或累计旷工时间超过三天的；

3. 无理取闹、打架斗殴、恐吓威胁单位领导、严重影响工作秩序和社会秩序的；

4. 贪污、盗窃、赌博、营私舞弊情节严重的；

5. 违反工作规定或操作规程，发生责任事故，造成严重经济损失的；

6. 伪造成绩单、学历、健康证明及用其他不正当手段欺骗甲方的；

7. 被开除、劳教、判刑、依法追究刑事责任的；

8. 其他违反国家、学校、甲方规定的。

（三）乙方有下列情况之一，甲方不得与乙方解除合同：

1. 患病或非因工负伤，在国家规定的医疗期内的；

2. 因工负伤，并经劳动鉴定部门鉴定完全或大部分丧失工作能力的；

3. 实行计划生育女职工在孕期、产期及规定哺乳期内的；

4. 符合国家规定其他条件的。

对上述人员，可根据业务发展需要调整适当的岗位，待遇随岗而定。

（四）合同期内，乙方要求违约解除合同的，应提前____天以书面形式向甲方提出申请。解除合同时间从甲方同意之日计算。

（五）有下列情况之一的，乙方可以随时通知甲方解除合同：

1. 甲方未按规定支付劳动报酬的；

2. 甲方以暴力、监禁等非法手段强迫乙方工作的。

（六）有下列情况之一，本合同自行终止：

1. 合同期限届满；

2. 合同期内乙方死亡；

3. 法律、法规规定的其他情况。

六、违反合同的责任和争议解决

合同一经签订具有法律效力。合同期未满，又不符合解除合同条件单方解除合同的，要承担违约责任。因解除合同甲、乙双方发生争议，应先由双方协商解决。协商无效的，可以向有关仲裁机构申诉。

七、其他

本合同经双方签字后生效，本合同一式二份，甲、乙双方各执一份。

甲方（盖章）　　　　　　　　　　　　乙方（签名）

　　年　月　日　　　　　　　　　　　　年　月　日

第三节　实训项目二　劳动争议管理

一、实训要求

要求学生了解劳动争议的概念、分类、特征、处理原则，掌握劳动争议的处理方法等理论知识，做好实训前的知识储备。

要求学生运用所学知识，结合案例背景，通过查找资料、走访相关行业等工作，尝试编制劳动争议管理制度。

二、劳动争议处理的方法

（一）劳动争议调解

（1）劳动争议调解的机构。劳动争议调解委员会是进行调解工作的机构。根据《劳动法》第80条和《企业劳动争议处理条例》第7条的规定，企业可以设立劳动争议调解委员会，负责调解本企业发生的劳动争议。1993年，劳动部颁发的《企业劳动争议调解委员会组织及工作规则》第2条规定：调解委员会是调解本企业劳动争议的组织。从上述规定不难看出，企业内部设立的劳动争议调解委员会是本企业的劳动争议调解组织，负责调解本企业职工与企业间的劳动争议。

（2）劳动争议案件的受理范围。

1）劳动争议调解委员会的受案范围：①必须是劳动争议。②必须是本企业范围内的劳动争议。③必须是我国法律规定受案范围内的劳动争议。④必须是争议双方自愿调解的劳动争议。

2）主要内容：①调解本企业内发生的劳动争议；②检查督促争议双方当事人履行调解协议；③对员工进行劳动法律、法规的宣传教育，做好劳动争议的预防工作。

（3）调解的程序和期限。调解委员会按下列程序进行调解：①及时指派调解委员对争议事项进行全面调查核实，调查应作笔录，并由调查人签名或盖章；②调解委员会主任主持召开有争议双方当事人参加的调解会议，有关单位和个人可以参加调解会议协助调解，简单的争议，可由调解委员会指定1~2名调解委员讲行调解；③调解委员会应听取双方当事人对争议事实和理由的陈述，在查明事实、分清是非的基础上，依照有关劳动法律，法规，以及依照法律、法规制定的企业规章和劳动合同，公正调解；④经调解达成协议的，制作调解协议，双方当事人应自觉履行，协议书应写明双方当事人的姓名（单位、法定代表人）、职务、争议事项、调解结果及其他应说明的事项，由调解委员会主任（简单争议由调解员）以及双方当事人签名或盖章，并加盖调解委员会印章，调解协议书一式三份（争议双方当事人、调解委员会各一份）；⑤调解不成的，应做记录，并在调解意见书上说明情况，由调解委员会主任签名、盖章，并加盖调解委员会印章，调解意见书一式三份；⑥调解委员会调解劳动争议，应当自当事人申请调解之日起30日内结束。

（4）调解协议的执行。调解协议是在调解委员会主持下双方当事人意思表示一致的结果，是双方按照自愿原则达成的。调解协议只能依靠当事人之间的承诺、信任以及道德约束自觉遵守，如果任何一方反悔，不履行协议，任何人都无权强制其履行。

（二）劳动争议仲裁

（1）仲裁的机构。劳动争议仲裁委员会是国家授权的，依法独立处理劳动争议的专门机构。在我国，县、市、市辖区设立劳动争议仲裁委员会，负责处理本行政区域内发生的劳动争议。省、自治区、直辖市是否设立劳动争议仲裁委员会，由省、自治区、直辖市人民政府根据实际情况自行决定。

（2）仲裁管辖。我国劳动争议案件的管辖可以分为：①地域管辖；②级别管辖；③移送管辖；④指定管辖。

（3）仲裁时效。劳动争议仲裁时效，是指劳动争议发生后，争议当事人如果不在法定的期限内向仲裁机构申请仲裁，则丧失通过仲裁程序保护自己的合法权益的制度。我国仲裁时效应是 60 日。

（4）仲裁人员的回避。根据《企业劳动争议处理条例》第 35 条的规定，仲裁委员会组成成员或仲裁员有下列情形之一的，应当回避：①是劳动争议的当事人或当事人的近亲属的；②与劳动争议有利害关系的；③与劳动争议当事人有其他关系，可能影响公正裁决的。

（5）仲裁调解。一般可以分为以下几个阶段：调解准备；主特调节；结束调解；制作调解书。

（6）仲裁裁决。仲裁裁决是仲裁庭做出的、对当事人具有拘束力的、具体解决争议的决定。

（7）仲裁程序主要包括三个步骤：立案、裁决和结案。

（三）劳动争议诉讼

（1）劳动争议案件的受理。《劳动法》第 2 条规定的劳动争议，当事人不服劳动争议仲裁委员会做出的裁决。依法向人民法院起诉的，人民法院应当受理：①劳动者与用人单位在履行劳动合同过程中发生的纠纷；②劳动者与用人单位之间没有订立书面劳动合何，但已形成劳动关系后发生的纠纷；③劳动者退休后，与尚未参加社会保险统筹的原用人单位因追索养老金、医疗费、工伤保险待遇和其他社会保险费而发生的纠纷。

（2）劳动争议案件的当事人。当事人双方不服劳动争议仲裁委员会作出的同一仲裁裁决，均向同一人民法院起诉的，先起诉的一方当事人为原告，但对双方的诉讼请求，人民法院应当一并做出裁决。

用人单位与其他单位合并时，合并前发生的劳动争议，由合并后的单位为当事人；用人单位分立为若干单位的，其分立前发生的劳动争议，由分立后的实际用人单位为当事人。用人单位分立为若干单位后，对承受劳动权利义务的单位不明确，分立后的单位均为当事人。

用人单位招用尚未解除劳动合同的劳动者，原用人单位与劳动者发生的劳动争议，可以列新的用人单位为第三人。原用人单位以新的用人单位侵权为由向人民法院起诉的，可以列劳动者为第三人。原用人单位以新的用人单位和劳动者共同侵权为由向人民法院起诉的，新的用人单位和劳动者列为共同被告。

劳动者在用人单位与其他平等主体之间的承包经营期间与发包方和承包方双方或者一方发生劳动争议，依法向人民法院起诉的，应当将承包方作为当事人。

（3）劳动争议诉讼案件的证据规则。在这些规定中，对劳动争议而言，应特别注意：举证责任后果；举证时限制度；证据交换制度；界定了非法取证的范围；被告的答辩义务。

（4）劳动争议案件的受理。劳动争议案件由用人单位所在地或者劳动合同履行地的基层人民法院管辖。劳动合同履行地不明确的，由用人单位所在地的基层人民法院管辖。当专人双方就同一仲裁裁决分别向有管辖权的人民法院起诉的，后受理的人民法院应当将案件移送给无受理的人民法院。

三、实训的实施流程

（1）做好实训前准备，根据提前准备的资料和相关理论梳理，结合背景案例劳动关系管理的现状，为该公司编制一份劳动争议管理制度。

（2）将学生分为4~6人的小组，以便于进行讨论。

（3）每组学生根据分析的结果，确定劳动争议管理制度的主要内容。

（4）调动学生积极发言，让每组学生进行充分的分析和讨论，并在小组内部形成统一的结论，由小组代表进行汇报。

（5）各小组根据讨论内容编写实训报告。

四、实训案例背景

本实训要求根据《T建筑公司劳动关系管理的现状》的案例背景资料，根据本模块实训项目的要求，自行查找建筑行业的内外部环境资料，对公司劳动关系管理现状进行分析，编制一份劳动争议管理制度。

实训任务：

根据背景公司劳动关系管理的现状，编制一份劳动争议管理制度。

五、实训报告

在试训结束后，每位同学必须撰写实训报告，实训报告要求文字简练、条理清晰、观点明确。实训报告的参考模板如下所示：

劳动争议管理制度

第一章　总　则

第一条　目的

第二条　适用范围（范例）

本制度适用公司与其员工之间的劳动纠纷。因企业录用、考核、薪酬、调动、开除、辞职、辞退、自动离职等方面发生的纠纷，具体包括以下几个方面：

1. 因公和非因公病、伤残、死亡和待聘、离退休、培训、社会和生活福利待遇方面发生的争议。

2. 因奖惩产生的争议。

3. 因工作报酬发生的争议。

4. 因执行、变更、解除、终止聘用合同发生的争议。

5. 因女职工特殊保护及未成年工问题发生的争议。

6. 其他涉及人事劳资的争议。

第三条　适用对象：本公司全体职工

第二章　劳资纠纷预防

第四条　各部门管理人员应及时了解下属员工的情况和劳动关系矛盾，并协同人力资源部采取有效措施，防患于未然。

第五条　人力资源部应广开言路，积极深入到员工生活、工作中，了解公司员工的整体思想动态。

第六条　对现有劳动关系形式进行分析，预见可能发生的劳资纠纷问题，及时加以了解和解决。

第三章　劳动纠纷协商

第七条　劳动纠纷发生后，双方当事人（员工与员工所在部门、员工与人力资源部）可在合法及兼顾双方利益的前提下进行协商。

第八条　协商有利益自愿达成协议，解决争议，消除隔阂，加强团结，防止事态的进一步恶化。

第九条　任何一方不能强迫对方进行协商，一方不愿协商和协商不成的，可以向人力资源部员工关系专员反映申请调解。

第四章　劳动纠纷调解

第十条　经人力资源部劳动关系专员与纠纷双方调解无效的情况下，进入劳动纠纷调解程序。

第十一条　调解委员会。调解委员会是企业中解决劳动纠纷的专门机构，由人力资源部劳动关系专员或是工会代表负责组成，成员包括员工所在部门主管或是经理及人力资源部相关人员。

第十二条　调解程序及期限。调解委员会调解劳动纠纷，一般包括调解准备、调解开始、实施调解、调解终止等几个阶段。

第十三条　调解申请必须于纠纷之日起 5 个工作日内向人力资源部以书面或是口头提出申请，人力资源总监应在 7 个工作日内做出是否受理的决定，对不受理的，应说明理由。

第十四条　对影响较大或是处理结果明显显示公平或无章可循的劳动纠纷，

人力资源部可根据本款第②项而受理。

下列情形之一的劳动纠纷不予受理。

①一般的民事纠纷。

②调解申请人不是劳动纠纷当事人（方）。

③已经经过劳动仲裁裁决或是法院判决的劳动纠纷。

第十五条　向劳动纠纷的双方当事人（方）调查，听取双方当事人（方）的意见或是要求，收集有关证据。

第十六条　召开调查委员会全体会议，对调查取证材料分析整理，讨论确定调解方案和调解意见。

第十七条　调解。调解委员会在查明事实、分清责任的基础上，根据争议的轻重程度等具体情况，由人力资源部劳动关系专员对当事人进行调解，也可以在调查过程中试行调解。

第十八条　调解工作步骤：

1. 由人力资源部劳动关系专员宣布到会人员情况，听取双方当事人（方）有无要求某人回避的请求，调解委员会对回避申请应及时做出决定。

2. 人力资源部宣布申请人（方）请求调解的纠纷事项，调解纪律，当事人（方）应现场表明态度。

3. 听取当事人陈述。

4. 公布调查结果和调解意见。

第十九条　有下列情况之一者，可视调解申请结束：

1. 申请调解的当事人（方）撤回申请。

2. 经调解双方当事人（方）达成协议，调解视为结束。

3. 调解不成。自当事人（方）申请调解之日起，15 日内到期未结束的。

第五章　仲裁和申诉

第二十条　调解不成的，当事人可以自劳动争议发生之日起 15 日内，向昆明市西山区劳动纠纷仲裁委员会申请仲裁。

第二十一条　对仲裁裁决不服的，可以在收到仲裁裁决书之日起 7 日内向人民法院起诉。

第二十二条　仲裁裁决书应写明：

（一）申诉人和被诉人的姓名、性别、年龄、民族、职业、工作单位和住址，单位名称、地址及其法定代表人（或负责人）或代理人的姓名、职务；

（二）申诉的理由、争议的事实和要求；

（三）裁决认定的事实、理由和适用的法律、法规；

（四）裁决的结果及费用的负担；

（五）不服裁决，向人民法院起诉的期限。

第二十三条　公司与职工为劳动争议的当事人。公司法人由其法定代表人参加仲裁活动。委托他人参加仲裁活动，必须向仲裁委员会提交有委托人签名或盖章的授权委托书，委托书应当明确委托事项和权限。无民事行为能力和限制行为能力的员工可由其法定代理人代为申诉。

第二十四条　发生劳动争议的职工一方在三人以上，并有共同理由的，应当推举代表参加仲裁活动。代表人数由仲裁委员会确定。

第六章　罚　则

第二十五条　当事人及有关人员在劳动争议处理过程中有下列行为之一的，仲裁委员会予以批评教育、责令改正；情节严重的，依照《中华人民共和国治安管理处罚条例》有关规定处罚；构成犯罪的，依法追究刑事责任：

（一）干扰调解和仲裁活动、阻碍仲裁工作人员执行公务的；

（二）提供虚假情况的；

（三）拒绝提供有关文件、资料和其他证明材料的；

（四）对仲裁工作人员、仲裁参加人、证人、协助执行人，进行打击报复的。

第二十六条　处理劳动争议的工作人员在工作中，徇私舞弊、滥用职权、泄露秘密和个人隐私的，由单位或者相关领导给予行政处分，是仲裁员的，仲裁委员会应当予以解聘；构成犯罪的，依法追究刑事责任。

第七章　附　则

第二十七条　如若公司员工与公司发生劳动争议，参照本条例执行。

第二十八条　本制度从董事长批准之日起发布执行，其解释权、修改权归人力资源部。

劳动争议调解意见书

_____意字〔　　〕第　　号

申请人：

委托代理人：

被申请人：

法定代表人：

委托代理人：

申请人因_____一案申请调解，经受理后并组织调解，申请人_____及其委托代理人_____、被申请人_____及其委托代理人_____参加了调解，因_____

双方未达成一致意见，现终止调解。

双方当事人的争议，如符合劳动人事争议仲裁受理范围和条件的，当事人可依法向有管辖权的劳动人事争议仲裁委员会申请仲裁。

申请人：　　　　　　被申请人（盖章）：

年　月　日　　　　　　年　月　日

调解员：

＿＿＿＿＿＿＿劳动争议调解委员会（盖章）

年　月　日

注：1. 本意见书一式三份，申请人、被申请人、基层劳动争议调解委员会各一份；

2. 申请人应注明：姓名、性别、身份证号、工作单位、家庭住址，联系方式；

3. 被申请人应注明：单位名称、基层类型、地址、联系方式；

4. 委托代理人注明：姓名、性别、工作单位、住址；

5. 法定代表人注明：姓名、性别、职务。

第四节　实训项目三　编制劳务派遣合同

一、实训要求

要求学生了解劳务派遣合同的概念、优势，掌握劳务派遣的流程和招聘程序等理论知识，做好实训前的知识储备。

要求学生运用所学知识，结合案例背景，通过查找资料、走访相关行业等工作，尝试编制劳务派遣合同。

二、劳务派遣的相关知识

（一）劳务派遣概述

劳动者由派遣单位雇用后被派往用人单位工作。对劳动者来说劳动者派遣是一种新型就业方式，区别于传统就业方式的是，劳动者在一次就业过程中不是只和一个单位而是与两个单位发生关系；对单位来说，劳动者派遣是一种新型用工方式，区别于传统用工方式的是，雇工的单位不用工，用工的单位不雇工。

（二）劳务派遣的优势

（1）降低用人成本支出。

（2）人事管理便捷专业。

（3）减少劳动纠纷。

（4）也可作为延长员工试用期的补充手段。

（三）劳务派遣的流程

（1）业务咨询：初步了解双方意向，确认合法资质，交换公司基本情况并加以说明。

（2）分析考察：依据用人单位提出的要求，对实际工作环境、岗位进行了解，如有必要可进行考察。

（3）提出派遣方案：根据不同用人单位要求及现有状况，制定劳务派遣方案。

（4）洽谈方案：双方研究、协商劳务派遣方案内容，并在合法用工的前提下修改、完善派遣方案。

（5）签订《劳务派遣合同》：明确双方权利、义务，分清法律责任，依法签订《劳务派遣合同》。

（6）实施，提供服务：与员工签订劳动合同，严格执行《劳务派遣合同》之各项约定。

（四）劳务派遣人员的招聘流程

（1）用人单位负责进行招聘及面试初审，确定符合条件人员后，向本公司提交劳务人员名单，由公司办理派遣手续。

（2）派遣公司进行招聘，原则上用人单位须派人参加面试初审，面试合格后，由用人单位确定录用劳务人员名单，派遣公司办理派遣手续。

三、实训的实施流程

（1）做好实训前准备，根据提前准备的资料和相关理论梳理，结合背景案例劳动关系管理的现状，编制相应的劳务派遣合同。

（2）将学生分为4~6人的小组，以便于进行讨论。

（3）每组学生根据分析的结果，确定劳务派遣合同的主要内容。

（4）调动学生积极发言，让每组学生进行充分的分析和讨论，并在小组内部形成统一的结论，由小组代表进行汇报。

（5）各小组根据讨论内容编写实训报告。

四、实训案例背景

本实训要求根据《T建筑公司劳动关系管理的现状》的案例背景资料，根据本模块实训项目的要求，自行查找建筑行业的内外部环境资料，对公司劳动关系管理现状进行分析，编制一份劳务派遣合同。

实训任务：

通过查询与案例同行业劳动关系管理的现状，编制一份劳务派遣合同。

五、实训报告

在实训结束后，每位同学必须撰写实训报告，实训报告要求文字简练、条理清晰、观点明确。实训报告的参考模板如下所示：

劳务派遣协议（范本）

用工单位： 　　　　　（以下简称甲方）

派遣单位： 　　　　　（以下简称乙方）

为了促进就业，满足甲方的用人需求，甲乙双方经过友好、平等协商，在《中华人民共和国劳动合同法》框架内建立劳务派遣合作关系。甲方将本企业所需劳动力交由乙方统一派遣。双方经协商一致，就劳务派遣事宜签订以下协议：

一、劳务派遣人员的条件和提供劳务的方式

乙方按甲方要求招聘、录用符合条件的人员，以劳务派遣的方式派往甲方（具体人数另约定）。

二、劳务派遣人员的招录与变更

1. 劳务派遣人员可由甲方自行面试、确认录用，也可委托乙方进行招聘并交由甲方确定。派遣的劳务人员一经确定，甲、乙双方应拟定《劳务派遣人员名单》，并签字、盖章，作为本合同的附件，由乙方与劳务派遣人员签订劳动合同。

2. 甲、乙双方按照商定对被派遣的劳务人员进行变更的，要相应更改《劳务派遣人员名单》，并须经双方签字、盖章认可。劳务派遣人员在甲方工作期间依法需要辞退的，甲方应提前35个工作日将辞退意见以书面形式通知乙方，由乙方负责与劳务派遣人员办理终止或解除劳动合同手续，甲方应依法支付经济补偿金。

3. 劳务派遣人员在甲方工作期间，因病、工伤（含职业病）在医疗期内的，以及女性职工的"三期"期间，甲方不得通知乙方与其终止、解除劳动关系，甲方应按劳动法的有关规定继续履行用人单位的职责。

三、劳务派遣人员的工资、各项社会保险费的支付

1. 劳务派遣人员的工资标准和福利待遇按照甲方依法制定的标准执行，实行同工同酬。

2. 劳务派遣人员的工资、各项社会保险费，甲方应于每月＿＿日前转入乙方银行账户。乙方根据甲方提供的劳务派遣人员的工资清单，转入每个劳务派遣人员的银行工资卡账户内。

3. 甲方应做好劳务派遣人员的工资、各项社会保险费明细表，乙方根据甲方转入的工资、各项社会保险费足额发放和缴纳。

4. 劳务派遣人员的每月工资、各项社会保险费甲方如不能按期支付，以及乙方未能按期转入工资卡账户，违约方应自逾期之日起每日按未支付总额5‰的比例向对方支付违约金。

四、甲方权利与义务

1. 必须按照劳动法的规定合法规范用工，安排劳务派遣人员在甲方的具体工作岗位，监督、检查、考核劳务派遣人员完成工作的情况。

2. 对劳务派遣人员是否适合要求有最终决定权。

3. 劳务派遣人员有以下情形之一的，甲方可立即通知并退回乙方。

（1）在试用期内不符合甲方工作要求的。

（2）严重违反甲方劳动纪律、规章制度的。

（3）严重工作失职，营私舞弊，给甲方造成重大经济损失的。

（4）被依法追究刑事责任的。

4. 甲方要求劳务派遣人员进入公司前需身体健康，并根据甲方的要求提供健康证明，体检不合格的人员退回乙方，乙方自行安排。

5. 甲方确因生产经营变化需减少或退回乙方劳务派遣人员时，应提前35个工作日书面通知乙方。甲方须结算清本协议第六条第一项1、2、3款的费用，经甲、乙双方商定后，由乙方负责办理有关手续。

6. 因社保费用为提前申报，故甲方每月10日前应将社保费用增减情况通知乙方（如遇休息日及节假日应相应提前一日）。

7. 确定和调整劳务派遣人员的劳务报酬标准。

8. 因甲方原因造成劳务派遣人员与乙方提前解除劳动合同的，其经济补偿责任，由甲方按照劳动法相关规定执行。

9. 对乙方不履行合同的，甲方有权追究其违约责任。

10. 对劳务派遣人员的职业道德规范、工作任务、技能培训、应达到的工作要求、应注意的安全事项、应遵守的各项纪律等履行告知、教育、管理督察的义务。

11. 为劳务派遣人员提供必需的劳动条件、劳动工具和业务用品，以及符合国家规定的劳动安全卫生设施和必要的劳动防护用品，为劳务派遣人员提供简单的工厂医疗服务。

五、乙方的权利与义务

1. 乙方有义务把甲、乙双方签订劳务派遣协议的事实告知劳务派遣人员，并且作为乙方和劳务派遣人员签订劳动合同的其中一项条款。

2. 对甲方不履行合同的，乙方有权追究其违约责任。

3. 全面负责被派遣劳务人员的劳务用工管理、劳务纠纷处理与社保办理，处理涉及劳动关系的所有事宜，与劳务派遣人员签订劳动合同，并且提供给甲方备案。

4. 负责劳务派遣人员档案管理，负责建立、接转劳务派遣人员档案。

5. 按合同条款规定派遣符合条件的劳务人员到甲方工作。对于甲方按本合同相关条款停止派遣并退回乙方的劳务人员，乙方应予接收并负责处理与劳务人员之间的劳动关系等后续工作，尽量避免对甲方的正常生产运营造成不利影响。

6. 劳务派遣人员发生工作事故的，乙方接到甲方通知后，按相关保险条例妥善处理，并负责办理申报和理赔事宜。

7. 对劳务派遣人员给甲方造成的经济损失，乙方应积极帮助甲方向劳务人员索赔，甲方提供必要的协助。

8. 乙方应指定专人定期到甲方处，了解劳务派遣人员的思想动态、工作表现、遵纪情况以及对乙方的合理要求，乙方应尽力提供最佳服务。

9. 乙方负责劳务派遣人员的日常生活、工作的协调处理工作。

10. 劳务派遣人员应遵守甲乙双方的规章制度，服从甲、乙双方的工作安排与管理，因个人原因需要提前结束服务期的，应提前 30 日向甲、乙双方同时书面申请。待批准并办理完毕与甲方的移交手续后方可离职，其相关手续由乙方负责办理。

六、费用的支付

1. 甲方向乙方支付的劳务费用包括：

（1）劳务派遣人员的劳务报酬。

（2）劳务派遣人员的社会保险费用或实习生的意外险费用。

（3）劳务派遣的服务管理费用。

2. 费用的标准：

（1）甲方应支付的相关社会保险费用数额按双方约定的标准，由乙方书面通知甲方。

（2）不参加社会保险的实习生的万元额度的意外险保费，按每人一份年交额一次性划入乙方指定银行账户。

（3）劳务派遣服务管理费标准：①每人每月××元；②按职工工资总额的××%收取。

3. 支付方式和支付时间：

甲方于每月____日前将2项中（1）、（2）、（3）款规定的费用以月结的方式支付给乙方（其中：劳务人员的工资发放标准以甲方的工资清单为准；各项社会保险费如遇国家及××县政策调整，双方也应依法及时调整；劳务派遣服务管理费不满1个月的按1个月计算）。

七、劳务派遣人员的日常管理

1. 劳务派遣人员在派往甲方工作期间，其日常管理工作、安全教育、月评、季评及年度考核等均由甲方负责落实。

2. 劳务派遣人员在派往甲方工作期间，享有甲方规定的福利、劳保、工作、学习、休息等待遇和评优、评先等权利。

八、工伤事故处理

1. 甲方应遵守有关安全生产和职业病防治的法律法规，预防工伤事故的发生。

2. 劳务派遣人员在甲方工作期间发生工伤，甲方应积极组织抢救、保护现场，并且及时通知乙方。乙方应承担工伤认定申请和劳动能力鉴定申请，以及协调工作，甲方应积极配合。工伤认定申请和劳动能力鉴定申请结束后，由甲方按照《工伤保险条例》的有关规定承担用人单位的义务，并按有关规定执行。

3. 因发生工伤而引起的所有费用，除社会保险机构按政策规定支付外，其他费用均由甲方支付，乙方负责办理。

4. 劳务派遣人员发生工伤，在接受治疗的停工留薪期，原工资福利待遇不变，由甲方按月支付。

九、劳务派遣协议的期限

本协议期为_____年，自_____年____月____日起，至_____年____月____日止，如合同期满甲、乙双方无疑义，合同顺延；合同期满后甲、乙双方一方提出异议，双方协商解决。

十、合同的变更、解除、终止和其他

1. 甲、乙双方应共同遵守本合同的各项条款。未尽事宜，由双方协商解决。经双方协商一致对本合同进行修改、补充达成的补充协议与本合同具有同等法律效力。

2. 本合同期满即终止。甲、乙任何一方如拟变更本合同内容或提前终止本合同的，都应提前一个月书面通知对方，并协商解决。合同终止后，甲方仍继续使用被派遣劳务人员的，则视为本派遣协议继续有效，合同期顺延，甲、乙双方应当及时补办派遣协议手续。

3. 甲乙双方任一方违约，违约方应向对方承担违约责任，并承担相应的经济赔偿。

十一、争议解决

合同履行过程中发生的争议，双方协商解决；如协商不成提交乙方所在地法院解决。

十二、其他

本合同正本一式两份，甲、乙双方各执一份，签字后生效。

甲方（盖章）：　　　　　　　　　　　　乙方（盖章）：

法定代表人/授权人签字：　　　　　　　法定代表人/授权人签字：

日期：　年　月　日　　　　　　　　　日期：　年　月　日

劳务派遣员工合同（范本）

甲方（用人单位）：

乙方（职工）：

甲乙双方根据《中华人民共和国劳动合同法》（以下简称《劳动合同法》）和国家、省市的有关规定，遵循合法、公平、平等自愿，协商一致、诚实信用原则，订立本合同。

一、合同期限

（一）合同期限

甲、乙双方同意按以下第1种方式确定本合同期限：

1. 有固定期限：从_____年___月___日起至_____年___月___日止。

2. 无固定期限：从_____年___月___日起至法定的终止条件出现时止。

3. 以完成一定的工作为期限：从_____年　__月___日起至____工作任务完成时止，并以____为标志。

（二）试用期限

双方同意按以下第____种方式确定试用期期限（试用期包括在合同期内）：

1. 无试用期。

2. 试用期从_____年___月___日起至_____年___月___日止。

（合同期限三个月以上不满一年的，试用期不得超过一个月；合同期限在一年以上不满三年的，试用期不得超过二个月；三年以上固定期限和无固定期限的合同，试用期不得超过六个月。以完成一定工作任务为期限的合同或合同期限不满三个月的，不得约定试用期。同一用人单位与同一劳动者只能约定一次试用期。）

二、工作内容和工作地点

（一）乙方的工作内容：_____。

（二）乙方工作内容确定为（填"是"）：（　　）管理和专业技术类/（　　）工人类。

（三）甲方因生产经营需要调整乙方的工作内容，应协商一致，按变更本合同办理，双方签字或盖章确认的协议书或依法变更通知书作为本合同的附件。

（四）乙方工作地点：_____。

（五）甲方在合同期内可根据生产经营需要或其他原因调整乙方的工作地点和工作岗位双方签字按变更合同办理。

三、工作时间和休息休假

（一）甲、乙双方同意按以下第____种方式确定乙方的工作时间：

1. 标准工时制，即每日工作____小时，每周工作____天，每周正常工作不超过 40 小时，并至少休息一天。

2. 不定时工作制，即经劳动行政部门审批，乙方所在岗位实行不定时工作制，每周至少休息一天。

3. 综合计算工时工作制，即经劳动行政部门审批，乙方所在岗位实行以（填"是"）：年（　　）、半年（　　）、季（是）或月（　　）为周期的综合计算工时工作制。

（二）甲方执行法定的及用工单位依法自行补充的有关工作、休息、休假制度，按规定给予乙方享受法定休假日、丧假等带薪假期，并按本合同约定的工资标准支付工资。

四、劳动报酬

（一）乙方正常工作时间的工资标准（计算加班工资基数），按下列第（1）种形式执行，并不得低于当地最低工资标准及本单位集体合同约定的标准。

1. 计时工资：____元/月（元/周）。

2. 计件工资：____（70% 以上职工在正常工作时间内可以完成的，本项约定方为成立）；

3. 其他形式：_____。

（二）乙方试用期工资为____元/月（不得低于第（一）款约定工资的 80%或单位同一岗位最低档工资，并不得低于本市最低工资标准）。

（三）甲方依法安排乙方加班的，应按《劳动法》第四十四条的规定支付加班工资。

（四）工资必须以法定货币支付，不得以实物或其他有价证券等形式替代货币支付。

（五）甲方与乙方可以依法根据本单位的经营状况、物价指数情况，经过双方协商或者通过集体协商，确定工资正常增长的具体办法。

（六）甲方给乙方发放工资的时间为：每月____日（或周）。如遇节假日或休息日，应提前到最近的工作日支付。

五、社会保险

（一）甲、乙双方按照国家和省、市有关规定，参加社会保险，缴纳社会保险费，乙方依法享受相应的社会保险福利待遇。

（二）乙方患病或非因工负伤，甲方应按国家和地方的规定给予乙方医疗期和享受医疗待遇，并在规定的医疗期内支付病假工资或疾病救济费。

（三）乙方患职业病、因工负伤或者因工死亡的，甲方应按国家和省市的工伤保险法律法规的规定办理。

六、劳动保护、劳动条件和职业危害防护

（一）甲方按国家和省、市有关劳动保护规定为乙方提供符合国家劳动卫生标准的劳动作业场所，切实保护乙方在生产工作中的安全和健康。如乙方工作过程中可能产生职业病危害，甲方应如实告知乙方，并应切实按《职业病防治法》的规定，保护乙方的健康及其相关权益。

（二）甲方按国家有关规定，发给乙方必要的劳动保护用品，并按劳动保护规定每（年/季/月）安排乙方进行体检。

（三）甲方按国家和地方有关规定，做好女职工和未成年工的劳动保护工作。

（四）如甲方或用工单位违章指挥、强令冒险作业危及人身安全的，乙方有权拒绝，并可以随时解除本劳动合同。对用人单位及其管理人员漠视乙方安全和健康的行为，乙方有权要求改正并向有关部门检举、控告。

七、劳动合同的变更、解除、终止

（一）符合《劳动合同法》规定的条件或者经甲、乙双方协商一致，可以变更劳动合同的相关内容或者解除固定期限合同、无固定期限合同和以完成一定工作为期限合同。

（二）除因乙方不胜任工作，甲方可以依法适当调整其工作内容外，变更劳动合同，双方应当签订《变更劳动合同协议书》。

（三）《劳动合同法》规定的终止条件出现，终止本劳动合同。

（四）符合下列条件之一的，本合同即告终止（有固定期限的合同除外）：

1. 本合同所约定的工作任务已经完成；

……

八、经济补偿金、医疗补助费的发放

解除或者终止本合同，经济补偿金、医疗补助费等发放按《劳动合同法》和国家、省、市有关规定执行。

九、通知和送达

甲乙双方在本合同履行过程中相互发出或者提供的所有通知、文件、文书、资料等，均可以当面交付或以本合同所列明的通讯地址履行送达义务。一方如果迁址或变更电话，应当及时书面通知另一方。

十、因履行本合同发生纠纷的解决办法

乙方认为甲方侵害自己合法权益的，可以先向甲方提出，或者向甲方工会反映，寻求解决。无法解决的，可以向就近的劳动行政部门投诉。属双方因履行本合同发生争议，应当先协商解决；协商不成的，可自争议发生之日起30日内向甲方劳动争议调解委员会申请调解，或者60日内向劳动争议仲裁委员会申请仲裁。

十一、本合同的条款与国家、省、市新颁布的法律、法规、规章不符的，按新的法律、法规、规章执行。

十二、双方需要约定的其他事项

（一）在试用期内，乙方被证明不符合录用条件的，甲方有权随时终止劳动合同。所谓试用期不符合录用条件包括：

1. 乙方被证实不符合录用条件的。

2. 乙方在30日前未能提供入职规定应提交的相关资料的。

3. 乙方不能达到所担任岗位的绩效指标或者相应要求的。

4. 乙方在试用期内请假次数超过5天或者迟到早退超过6次的。

5. 乙方的背景调查或者在履历中发现有弄虚作假行为的。

6. 乙方在工作期间发生斗殴行为或违反企业规章制度的。

7. 其他损害公司及派遣公司利益的行为。

（二）招聘岗位要求及应履行职责：

……

（三）甲、乙双方应当严格遵守国家的各项法律、法规。甲方及用工单位依法制定的各项规章制度和劳动纪律要告知乙方，乙方要予以遵守并服从甲方及用工单位的管理。

乙方承诺严格遵守甲方及用工单位的企业规章制度，绝不将甲方及用工单位的经营情况和业务情况向第三方泄露；不将业务档案、业务凭证等资料复制、泄露或转借给第三方。

（四）违反本合同的责任。

1. 甲方有下列情况之一的，应当承担违约责任：

（1）违反法律、法规规定，单方面解除本合同的。

（2）甲方未按本合同监督用工单位约定支付劳动报酬的。

（3）甲方以暴力、威胁、监禁或非法限制人身自由的手段强迫劳动的。

2. 乙方有下列情况之一的，应承担违约责任并无偿解除（终止）劳动关系：

（1）泄露甲方及用工单位商业秘密，给甲方或用工单位造成损失的。

（2）违反甲方或用工单位规章制度、业务规程或劳动纪律，符合按照甲方及用工单位内部理制度应当予以辞退情形的或乙方有《劳动合同法》第三十九条之一的或违反其他相关法律法规符合解除劳动关系的。

（3）乙方存在虚假欺骗行为（包括但不限于其假工作经历、假学历证、假身份证明等），使甲方违背真实意思的情况下与乙方订立合同的。

（4）乙方无故连续旷工3天，年累计旷工5天或未办理任何交接手续擅自离职的，将按自动离职处理；给甲方或乙方所服务的用工单位造成损失的，甲方有权依法追究乙方相关法律责任。

3. 赔偿金：赔偿金按违约方实际造成的损失计算。赔偿的范围包括：竞业限制、专项培训（具体参见《竞业限制协议》《专项培训服务协议》）。

4. 无论因何种原因致使双方解除或终止合同，乙方均应按甲方要求及时与甲方所服务的公司办理离职手续，按规定办理工作交接手续，包括且不限于工作中的未尽事项、文件、资料、各种办公物品、软件、专卖店图纸、账册、项目报告、客户资料等，须全部清点移交用工单位指定人员并填写办理《离职会签单》。

5. 凡涉及甲方或有关联公司的人事、财务、技术、战略、软件、蓝图、软件构思、开发策略和方法等方面的信息均属于甲方的商业秘密，无论乙方在职或离职，如乙方泄露了与甲方建立合作关系的用工单位商业秘密或者侵犯甲方知识产权的，并造成损失时，乙方需赔偿相关损失，并同时向甲方支付同等违约金和赔偿金。

6. 除特别规定的情况外，工资（含奖金）将由用工单位直接汇入员工指定的银行账号或以现金形式发放。发薪后的3个工作日内员工如对工资无疑议，则视为支付完成。

7. 乙方应遵守国家有关计划生育政策规定，如未在规定时间内提供计划生育证件、提供虚假证明或受其他部门追究法律责任时甲方有权与乙方立即解除劳动关系，由乙方承担一切法律责任。

8. 本合同自签字之日起生效，合同期满前十五天甲方应向乙方发出《续、终止合同通知书》，若双方均未提异议，可签订续约本合同。

本合同（含附件）一式两份，双方签字后，各执一份，均具有同等法律效力。

附件：附加声明书；派遣员工劳动合同补充协议书

甲方：（盖章）　　　　　　　　　　　　乙方：（签名）

法定代表人

（委托代理人）：

　　　年　月　日　　　　　　　　　　　　　年　月　日

如乙方为首次与甲方建立劳动关系，须签订下列附加声明，作为本合同之附件。

附加声明

本人已与原单位解除劳动关系，如被证实在签署本合同时仍与任何其他单位存在劳动关系，则本合同即时解除，甲方无须向本人支付任何经济补偿，本人亦不向甲方追究任何责任。

特此声明

乙方签字：　　　　　　　　　　　　日期：　　年　月　日

派遣员工劳动合同补充协议书（范本）

一、工作内容、工作地点

（一）乙方同意并接受由甲方临时派遣至（以下简称用工单位）工作，工作地点为：派遣期限自合同生效之日至用工单位将乙方退回甲方之日止，在派遣期间乙方的工作岗位为。

（二）乙方同意并接受因用工单位生产经营管理需要等原因将乙方退回甲方时，甲方可安排乙方到中华人民共和国境内的其他甲方所提供劳务派遣服务的用工单位工作。工作岗位、工作地点、工时制度及派遣期限依新用工单位需要重新安排。

（三）乙方承诺根据所派驻用工单位的实际需要，履行其安排的岗位工作职责，按质按量地完成用工单位指标或有期限标准的生产（工作）任务安排。

二、劳动报酬

在被派遣其间，乙方享受甲方与所在用工单位达成的关于乙方各项浮动工资和福利待遇，当乙方同意并接受被用工单位退回甲方时，原享用的浮动工资和福利待遇不再享有，待业期间的工资待遇按工作所在地当年最低工资标准向其按月支付报酬。

三、社会保险

甲、乙双方按照国家和省、市有关规定，参加社会保险，社会保险由甲方及乙方按规定的比例缴纳，乙方同意并接受在参保次月对缴费金额及标准有异议的，以书面形式向甲方提出。未及时书面提出的视为同意并接受购买和扣费方式。

四、劳动纪律

1. 乙方同意并承诺遵守劳动合同及相关协议约定，服从甲方依合同约定调派的工作安排。

2. 乙方同意并接受在被用工单位退回（领取最低标准工资）期间，遵守甲方的工作纪律，按时到甲方报到，接受甲方的学习和培训安排，服从再就业推荐。

3. 乙方在派遣期间，因用工单位生产经营发生变化或其他原因被退回，应当在得知用工单位退回决定之日起，在三日内以书面、邮件或传真形式告知甲方。

4. 乙方承诺上下班搭乘合法营运的交通工具，若搭乘非法营运的交通工具同意甲方按违纪处理，并无须甲方承担由此造成的一切损失和责任。

五、劳动合同的变更

乙方同意甲方或用工单位基于合同约定或法律规定，适当调整乙方工作内容的，不另行签订《变更劳动合同协议书》，因乙方被用工单位退回，将乙方派遣至其他用工单位的，其工作内容，工作地点及浮动工资及工作岗位相关的福利待遇见《劳务派遣通知书》，双方签字后作为劳动合同的附件具有法律效力。

六、劳动合同的解除

（一）乙方合同未满而依照《劳动合同法》第三十七条解除本合同的，应当按照试用期内提前 3 日，试用期满期的提前 30 日以书面形式通知甲方的规定，未遵循以上规定的，给甲方及派遣单位造成经济损失的，应当赔偿以下经济损失：

1. 乙方所在工作岗位因缺员导致用工单位生产经营减产损失。

2. 乙方所在工作岗位因补员产生的工资支出或替代人员的工资。

3. 甲方及用人单位因乙方擅自离职造成的其他损失。

（二）如有以下情形，视同乙方自动离职，并不向甲方提出任何经济补偿要求：

1. 被用工单位退回时两日内不到甲方报到办理相关手续的，不主动与甲方联系的。

2. 被用工单位退回时不遵守甲方的劳动纪律，连续 3 天不到甲方指定地点报到的或连续三次不服从甲方安排工作的或不依时参加甲方组织的学习和培训的。

3. 拒绝接受甲方推荐安排工作的或自行重新就业的。

4. 法律法规规定的其他情形。

七、其他事项

1. 本协议自乙方被甲方派遣到用工单位正式上班之日起生效。

2. 甲方依法制定的规章制度（包括但不仅限于《员工手册》《员工派遣单》《派遣员工劳动合同补充协议书》《岗位责任书》《绩效工资考核办法》《培训协议》《保密协议》《安全准则》等）均属本合同及协议书的主要附件，其效力与合同条款同等的法律效力。

3. 乙方与甲方建立劳动关系时，须向甲方提交劳动部门所需的用工资料，以便甲方为乙方办理签订劳动合同及录用备案手续，若乙方未能按要求提交资料，导致甲方无法为乙方办理用工手续，发生任何其他经济纠纷及赔偿，将由乙方本人承担责任。

4. 乙方的通信地址及电话号码变更，在变更后的三天内书面通知用工单位和甲方，甲方和用工单位向乙方发出任何书面通知，按下列方法发出视为送达：①经乙方当面签收。②通过快递或挂号信寄送到本合同载明的乙方地址。③向乙方当面送交书面通知，如果乙方拒绝签收，经公司或用工单位两名以上员工署名见证。④乙方同意，在其处于联系障碍状态（包括但不限于乙方因病住院、丧失人身自由等情形）时，委托《员工登记表》中的"紧急状态联系人"作为乙方的受委托人，该受委托人享有接受和解与调解、代领、签收相关文书的权限。

本协议的条款与国家和省市颁布的法律、法规、规章不符的，按新的法律、法规、规章执行。

甲方：（印章）　　　　　　　　　　乙方：（签名）

甲方签名：

日期：　年　月　日　　　　　　　日期：　年　月　日

第五节　实训项目四　制订员工援助计划

一、实训要求

要求学生了解员工援助计划的内涵、内容和运作模式，掌握员工援助计划的设计等理论知识，做好实训前的知识储备。

要求学生运用所学知识，结合案例背景，通过查找资料、走访相关行业等工作，制订员工援助计划。

二、员工援助计划的设计与实施

（一）制定政策和程序

（1）结合实际：结合企业特色，选择合适的员工援助计划及其运行机制。

（2）明确职责：明确员工援助计划的实施部门和成员以及相应的职权。

（3）获取外援：选择适合的外部专家或外部服务机构，共同商讨确定外部服务商的服务范围和企业内部 EAP 的服务范围。

（4）强化沟通：鼓励员工认识自己存在的问题并寻找问题的根源。

（二）员工援助计划需求分析

（1）需求分析目的：①了解组织特点；②了解员工和组织需要；③通过评估、挖掘组织和员工的深层次问题。

（2）需求评估：①组织特征和工作环境；②员工需求；③组织需求。

（三）员工援助计划宣传与推广

（1）说明心理健康的重要性和不良心理健康的症状及危害；指出员工援助计划的作用、意义、主要内容、实施原则及保密原则，以及管理者与员工的角色定位等。

（2）宣传形式：印刷品宣传，即使用手册、海报和宣传栏；广播和电视等被广泛使用的传媒手段；网络宣传。

（四）制订和实施员工援助计划方案

（1）方案制订：结果层面；执行方面、规划层面。

（2）方案实施：明确目的，提高认识；打消顾虑；以预防为重点。

（五）评估员工援助计划方案

（1）实施情况和服务满意度。

（2）对员工个人的影响。

（3）对组织运行的影响。

（4）投资回报率分析。

（六）为组织提供建议

计划的提供者必须通过员工提供接受服务时反映的情况来发现组织存在的问题，进行整理分析后，提供给组织和相关的部门，为改进管理提供参考。

三、实训的实施流程

（1）做好实训前准备，根据提前准备的资料和相关理论梳理，结合背景案例劳动关系管理的现状，制订员工援助计划。

（2）将学生分为 4~6 人的小组，以便于进行讨论。

（3）每组学生根据分析的结果，确定员工援助计划的内容。

（4）调动学生积极发言，让每组学生进行充分的分析和讨论，并在小组内部形成统一的结论，由小组代表进行汇报。

（5）各小组根据讨论内容编写实训报告。

四、实训案例背景

本实训要求根据《T 建筑公司劳动关系管理的现状》的案例背景资料，根据本模块实训项目的要求，自行查找建筑行业的内外部环境资料，对公司劳动关系管理现状进行分析，制订相应的员工援助计划。

实训任务：

通过查询与案例同行业劳动关系管理的现状，制订一份员工援助计划。

五、实训报告

在实训结束后，每位同学必须撰写实训报告，实训报告要求文字简练、条理清晰、观点明确。实训报告的参考模板如下所示：

员工援助计划

一、背景

二、目的

1. 组织角度

2. 个人角度

三、定义与内容

1. 员工援助计划（EAP）

2. 主要内容

（1）微观方面

（2）宏观方面

1）事前预防。

2）事中处理。

3）事后改善。

四、实施模式

1. 从服务资源角度，分为内部模式、外部模式、混合模式

（1）内部模式：职能设在人力资源部，由部门专职人员负责员工援助计划

项目的策划、组织和实施。

（2）外部模式：指将员工援助计划外包，由外部具有社会工作、心理咨询辅导的专业机构或人员提供援助计划服务。

（3）混合模式：有内部部门借助外部专业机构的力量，共同制订援助计划，分工协作，推动落实援助服务。这种方式最为理想，能保证服务人员的专业性，确保员工的信任度，对于计划的落实、效果更利于控制。

2. 从项目周期角度，分为长期模式和短期模式

（1）长期模式。

（2）短期模式。

五、基本思路

基于目前对员工援助计划的理解，可按照以下思路或框架进行探讨和讨论：

阶段		目的	开展方式
一、宣传		①获取公司领导的支持；②向员工介绍 EAP，让工了解，并从心理上接受和关注	讲座、简报、公司报纸、集团微信公众号等
二、需求调查		通过调查了解员工在心理方面主要的问题和需求点，从而有针对性地制订计划内容	个别访谈、问卷调查、讲座沟通等
三、制订计划组织实施（内容需要评估探讨）	心理测评	通过测评让工自己正确意识到，并且关注自己的心理压力问题	网络工具测评（可借助外部资源）
	培训讲座	通过针对性地开展一些心理课程或者户外活动，帮助员工认识和疏导心理压力，如压力情绪管理类、职业心理健康类、工作生活协调类、人际关系类等	课程培训、集体讲座、户外拓展训练等
	心理咨询	通过聘请专业的心理咨询师帮助员工进行心理辅导，疏导和缓解压力	个体面谈咨询、团体咨询、电话咨询等
	内部环境创新改善	公司内部通过创新举措，营造良好的环境和氛围，侧面改善	下午茶活动、设立发泄室、内部沟通渠道建设等
四、评估总结		通过阶段性总结和改进，提升预期效果	总结报告、内部研讨

人力资源部

××××年××月××日

参考文献

［1］董克用，李超平．人力资源概论（第五版）［M］．北京：中国人民大学出版社，2019.

［2］赵曙明．人力资源战略与规划（第四版）［M］．北京：中国人民大学出版社，2017.

［3］萧鸣政，张满，张占武．组织设计与工作分析［M］．北京：高等教育出版社，2019.

［4］葛玉辉，焦亿雷．工作分析与工作设计实务（第二版）［M］．北京：清华大学出版社，2019.

［5］黛安娜·阿瑟著，卢瑾．员工招聘与录用：招募、面试、甄选和岗前引导实务［M］．张梅等译．北京：中国人民大学出版社，2015.

［6］孙宗虎，刘娜．招聘、面试与录用管理实务手册（第四版）［M］．北京：人民邮电出版社，2017.

［7］石金涛，颜世富．培训与开发（第四版）［M］．北京：中国人民大学出版社，2019.

［8］赵曙明．人员培训与开发——理论、方法、工具、实务（第二版）［M］．北京：人民邮电出版社，2019.

［9］方振邦，唐健．战略性绩效管理（第五版）［M］．北京：中国人民大学出版社，2018.

［10］刘昕．薪酬管理（第五版）［M］．北京：中国人民大学出版社，2017.

［11］刘艳红．薪酬管理理论与实务［M］．北京：电子工业出版社，2016.

［12］李新建．员工关系管理（第二版）［M］．北京：中国人民大学出版社，2020.

［13］李艳．员工关系管理实务手册［M］．北京：人民邮电出版社，2017.

［14］魏钧．人力资源管理实训（第二版）［M］．北京：科学出版社，2019.

［15］李亚慧，池永明．人力资源管理实验实训教程［M］．北京：经济科

学出版社，2019.

[16] 余珊，窦先琴，宋雯等．人力资源管理综合实训教程［M］．北京：高等教育出版社，2016.

[17] 赵君，刘荣志．人力资源管理实训教程［M］．武汉：武汉大学出版社，2016.

[18] 翟群臻．人力资源管理实验实训教程［M］．北京：清华大学出版社，2019.